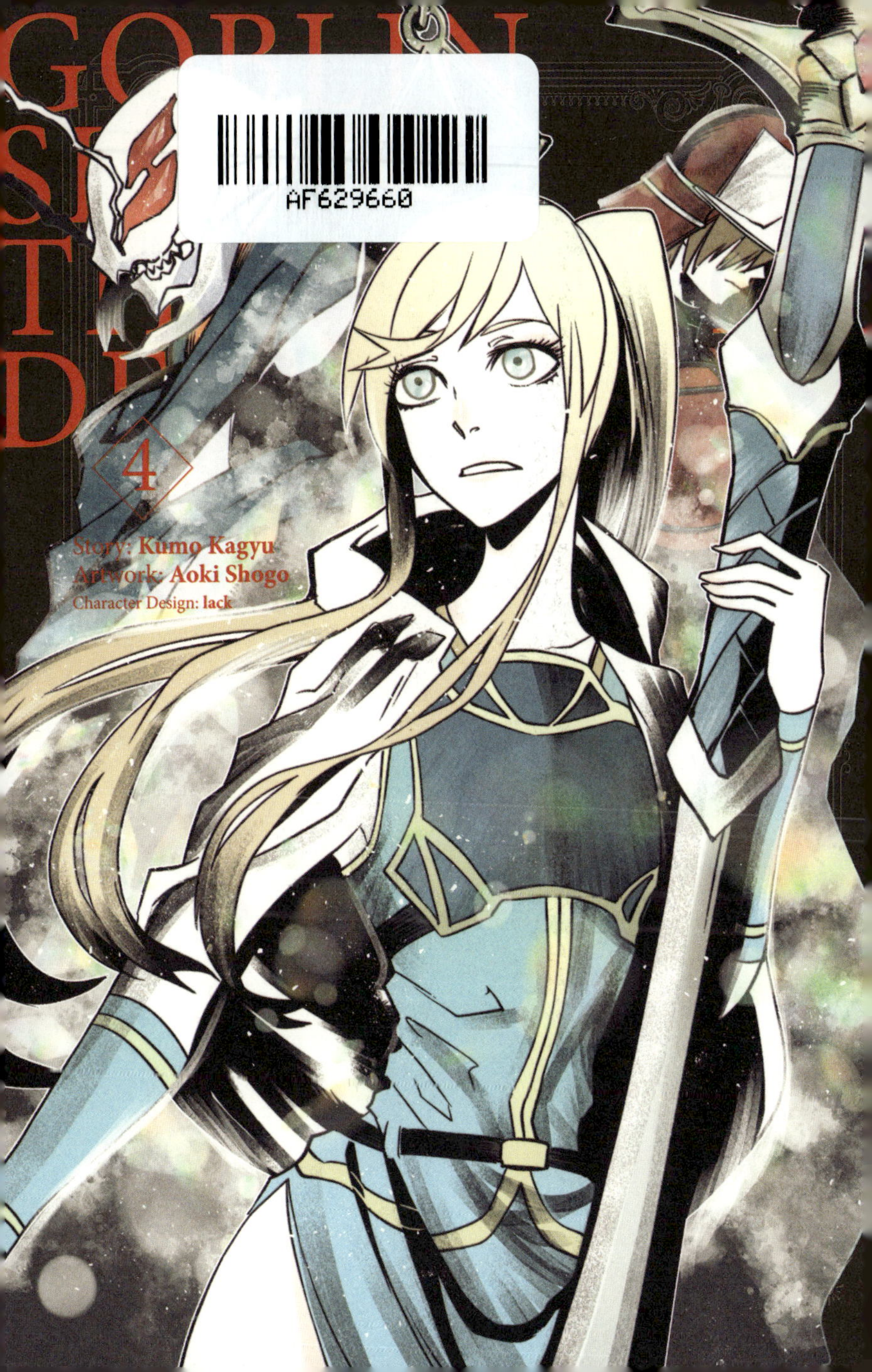
4
Story: Kumo Kagyu
Artwork: Aoki Shogo
Character Design: lack

INHALT

GOBLIN SLAYER!

THE SINGING DEATH

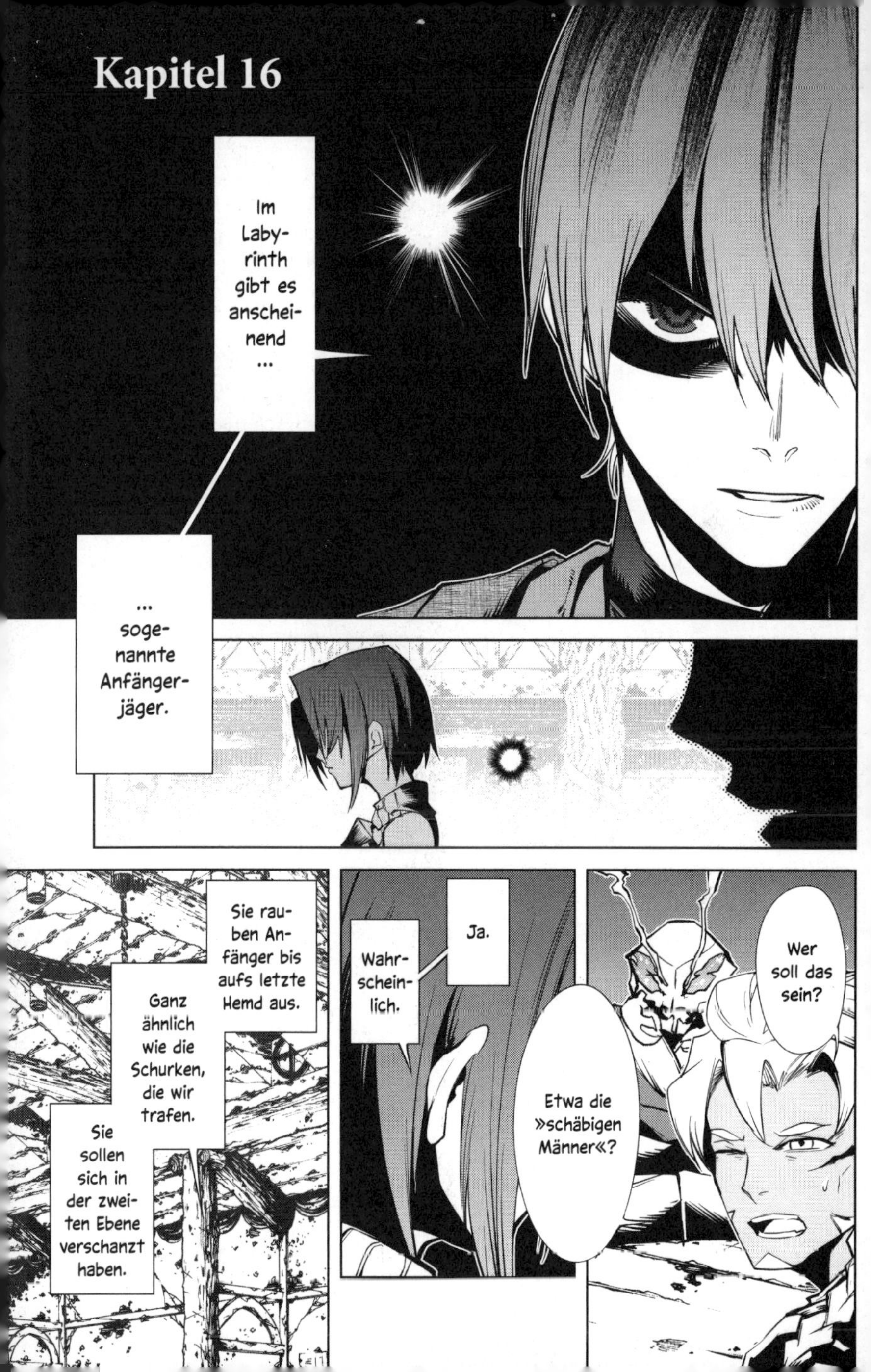
Kapitel 16
Im Labyrinth gibt es anscheinend ...
... sogenannte Anfängerjäger.
Wer soll das sein?
Etwa die »schäbigen Männer«?
Ja.
Wahrscheinlich.
Sie rauben Anfänger bis aufs letzte Hemd aus.
Ganz ähnlich wie die Schurken, die wir trafen.
Sie sollen sich in der zweiten Ebene verschanzt haben.

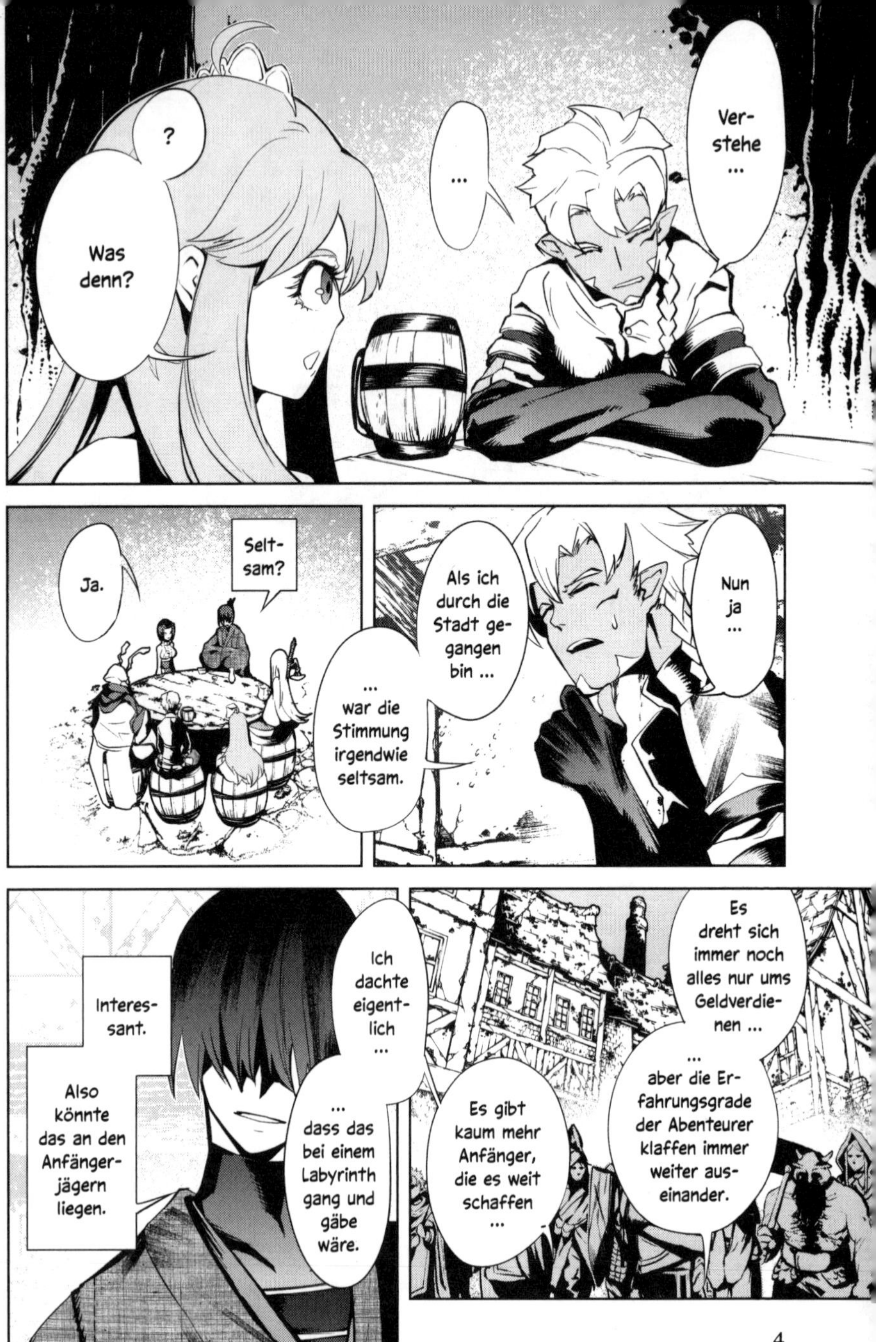
Verstehe ...
...
?
Was denn?
Nun ja ...
Als ich durch die Stadt gegangen bin ...
... war die Stimmung irgendwie seltsam.
Seltsam?
Ja.
Es dreht sich immer noch alles nur ums Geldverdienen ...
... aber die Erfahrungsgrade der Abenteurer klaffen immer weiter auseinander.
Es gibt kaum mehr Anfänger, die es weit schaffen ...
Ich dachte eigentlich ...
... dass das bei einem Labyrinth gang und gäbe wäre.
Interessant.
Also könnte das an den Anfängerjägern liegen.

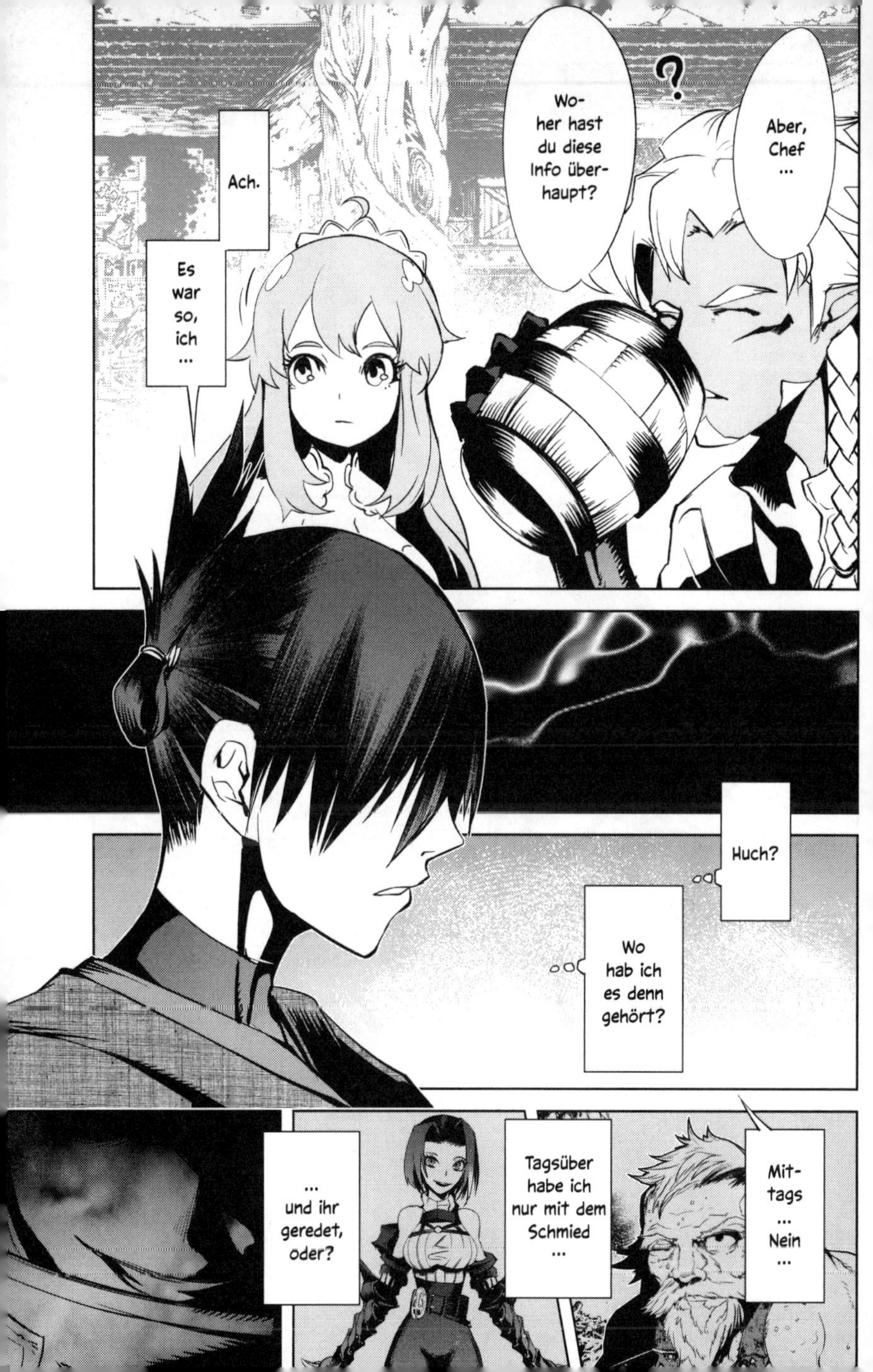
Aber, Chef ...
Wo-her hast du diese Info über-haupt?
?
Ach.
Es war so, ich ...
Huch?
Wo hab ich es denn gehört?
Mit-tags ... Nein ...
Tagsüber habe ich nur mit dem Schmied ...
... und ihr geredet, oder?

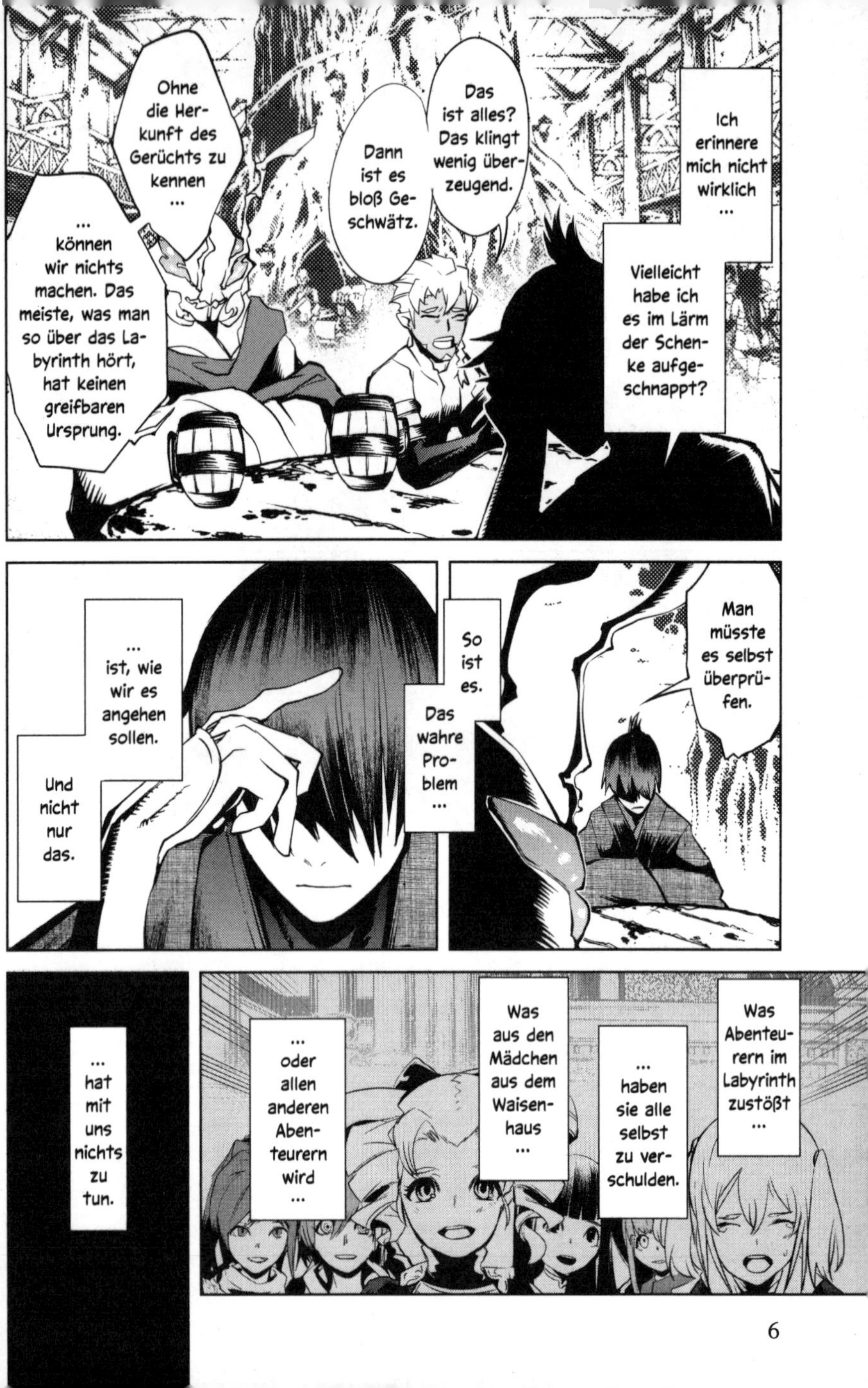
Ich erinnere mich nicht wirklich ...
Vielleicht habe ich es im Lärm der Schenke aufgeschnappt?
Das ist alles? Das klingt wenig überzeugend.
Dann ist es bloß Geschwätz.
Ohne die Herkunft des Gerüchts zu kennen ...
... können wir nichts machen. Das meiste, was man so über das Labyrinth hört, hat keinen greifbaren Ursprung.
Man müsste es selbst überprüfen.
So ist es.
Das wahre Problem ...
... ist, wie wir es angehen sollen.
Und nicht nur das.
Was Abenteurern im Labyrinth zustößt ...
... haben sie alle selbst zu verschulden.
Was aus den Mädchen aus dem Waisenhaus ...
... oder allen anderen Abenteurern wird ...
... hat mit uns nichts zu tun.

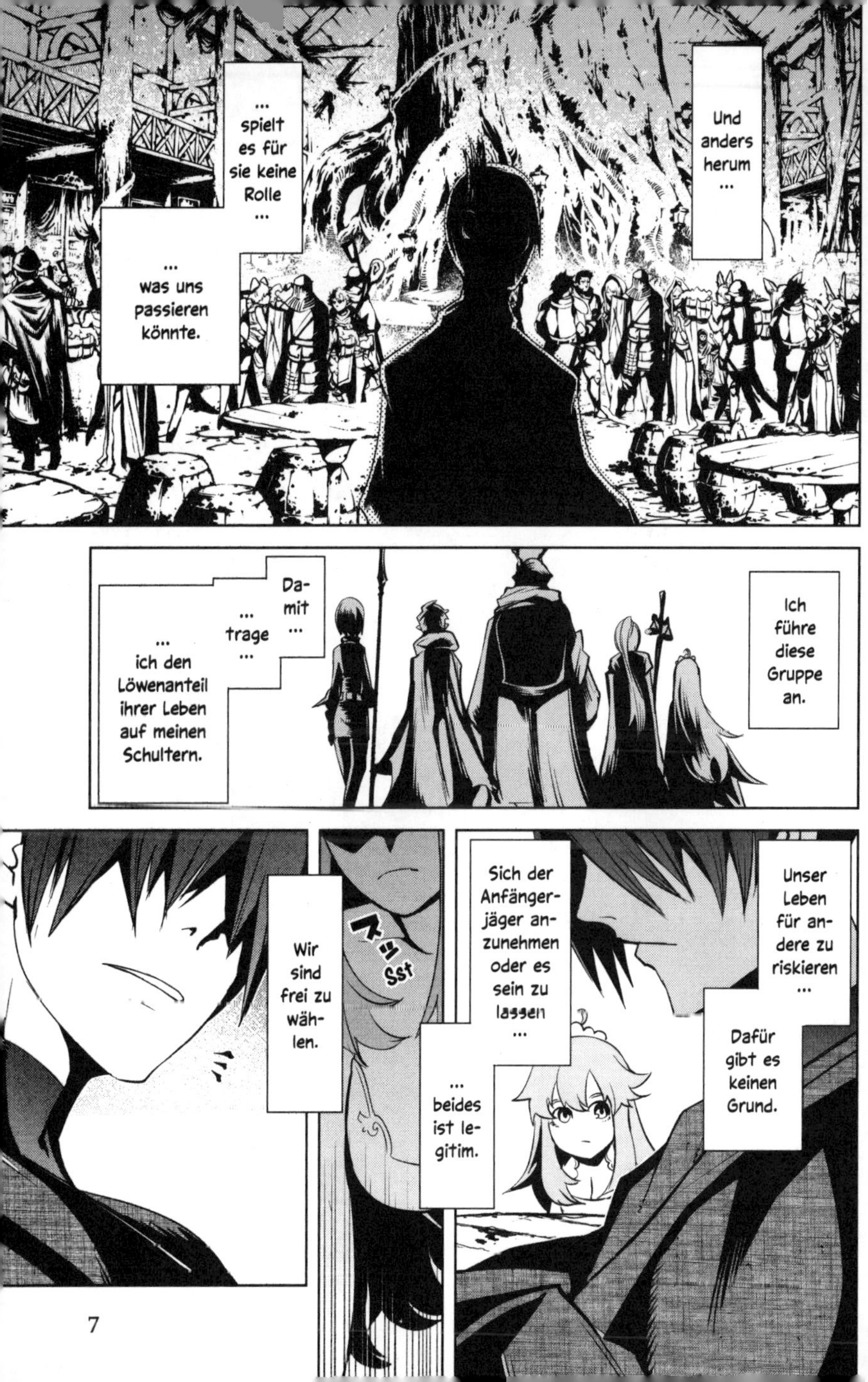
Und anders herum ...
... spielt es für sie keine Rolle ...
... was uns passieren könnte.
Ich führe diese Gruppe an.
Damit ...
... trage ...
... ich den Löwenanteil ihrer Leben auf meinen Schultern.
Unser Leben für andere zu riskieren ...
Dafür gibt es keinen Grund.
Sich der Anfängerjäger anzunehmen oder es sein zu lassen ...
... beides ist legitim.
Sst
Wir sind frei zu wählen.

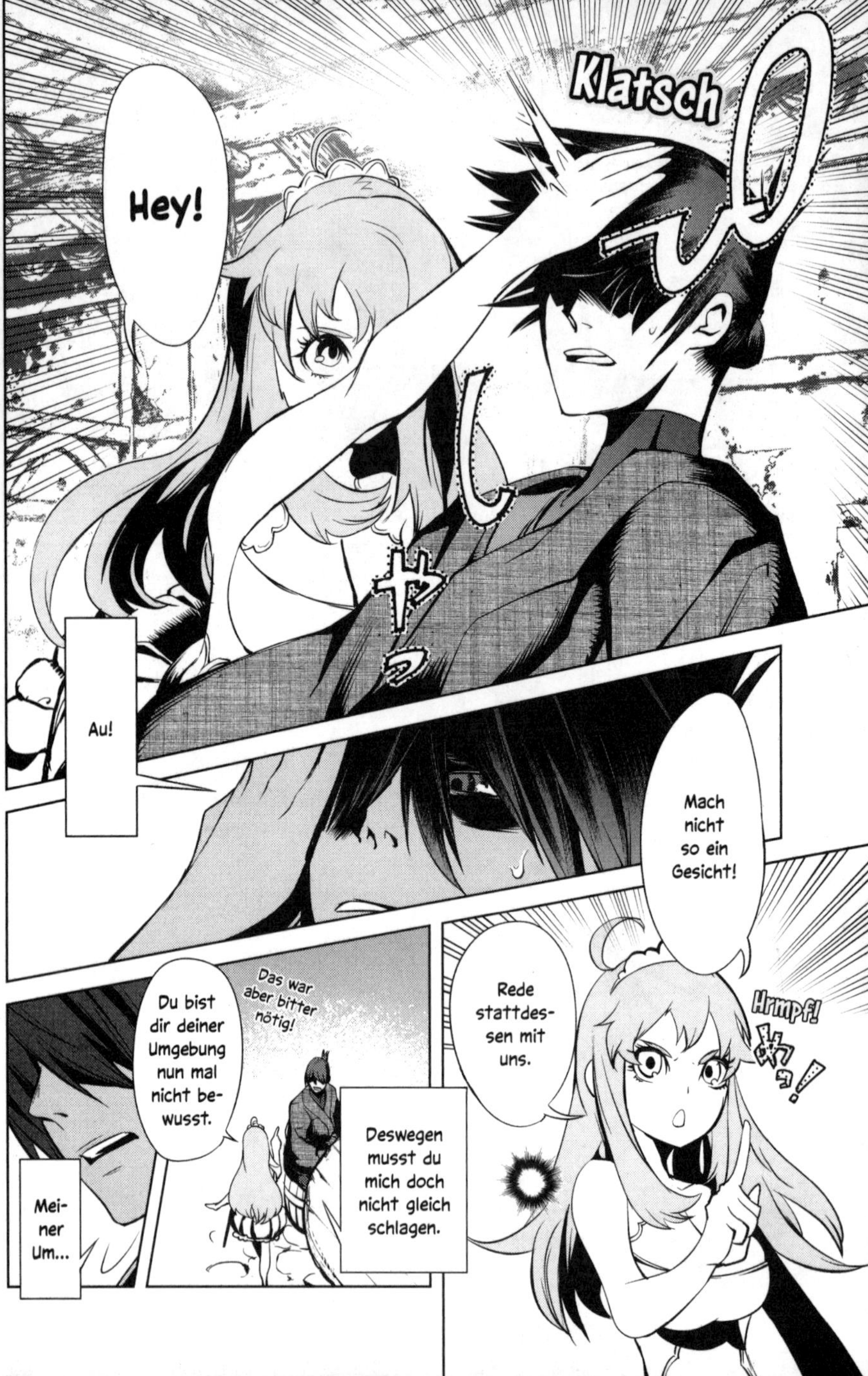
Klatsch
Hey!
Au!
Mach nicht so ein Gesicht!
Hrmpf!
Rede stattdessen mit uns.
Du bist dir deiner Umgebung nun mal nicht bewusst.
Das war aber bitter nötig!
Deswegen musst du mich doch nicht gleich schlagen.
Meiner Um...

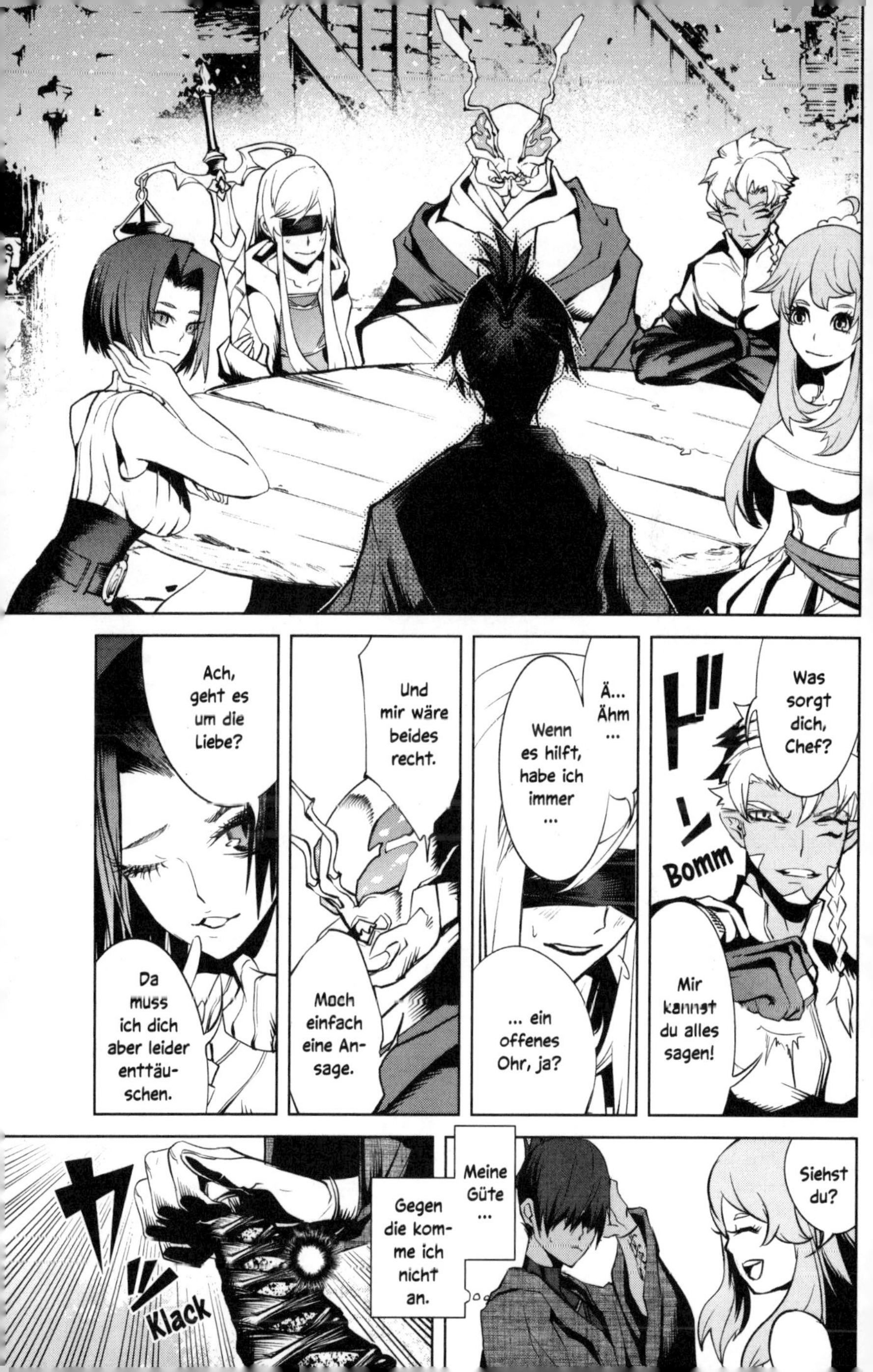
Was sorgt dich, Chef?
Bomm
Mir kannst du alles sagen!
Ä... Ähm ...
Wenn es hilft, habe ich immer ...
... ein offenes Ohr, ja?
Und mir wäre beides recht.
Mach einfach eine Ansage.
Ach, geht es um die Liebe?
Da muss ich dich aber leider enttäuschen.
Siehst du?
Meine Güte ...
Gegen die komme ich nicht an.
Klack

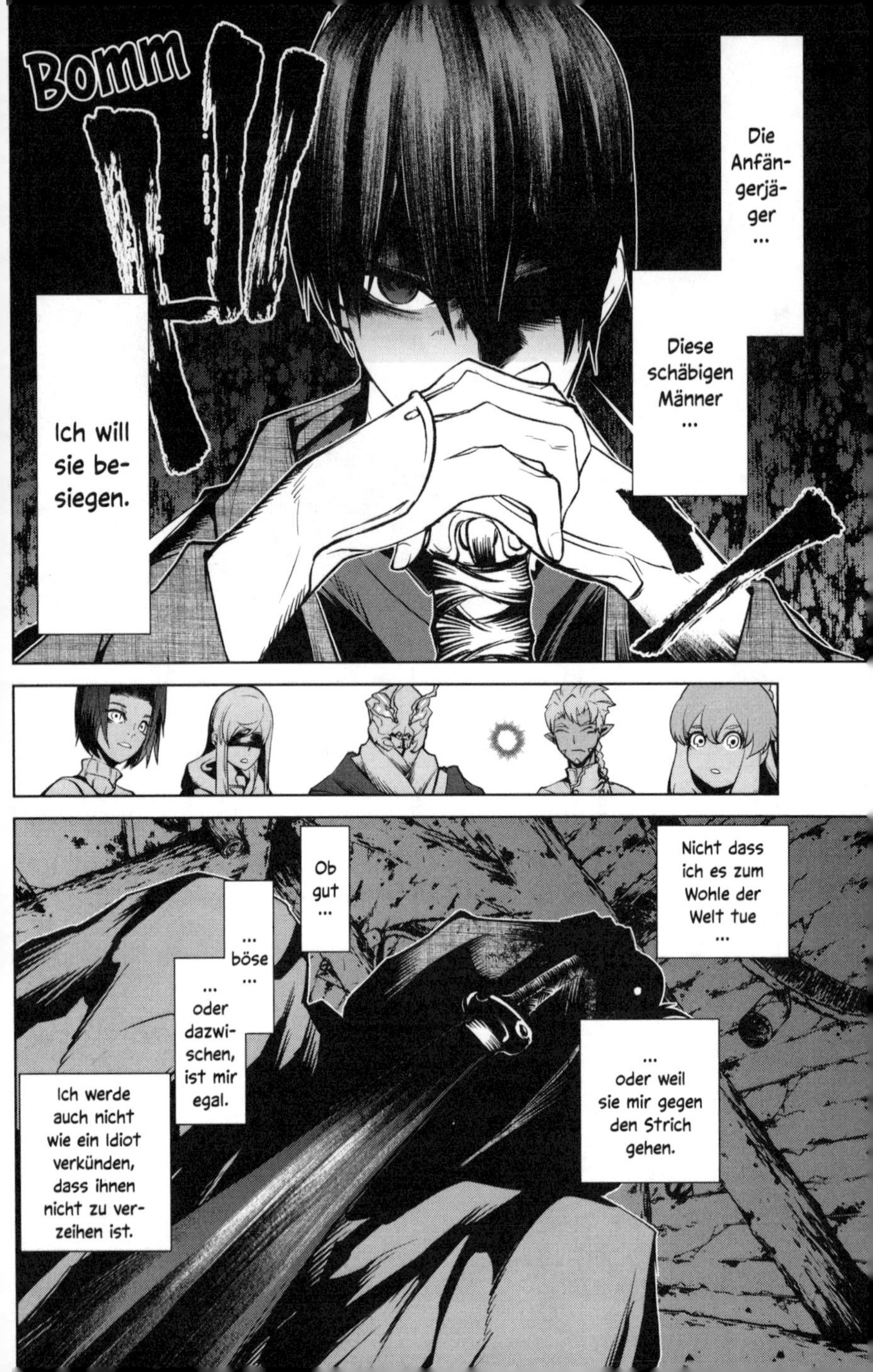

Bomm
Die Anfängerjäger ...
Diese schäbigen Männer ...
Ich will sie besiegen.
Nicht dass ich es zum Wohle der Welt tue ...
... oder weil sie mir gegen den Strich gehen.
Ob gut ...
... böse ...
... oder dazwischen, ist mir egal.
Ich werde auch nicht wie ein Idiot verkünden, dass ihnen nicht zu verzeihen ist.

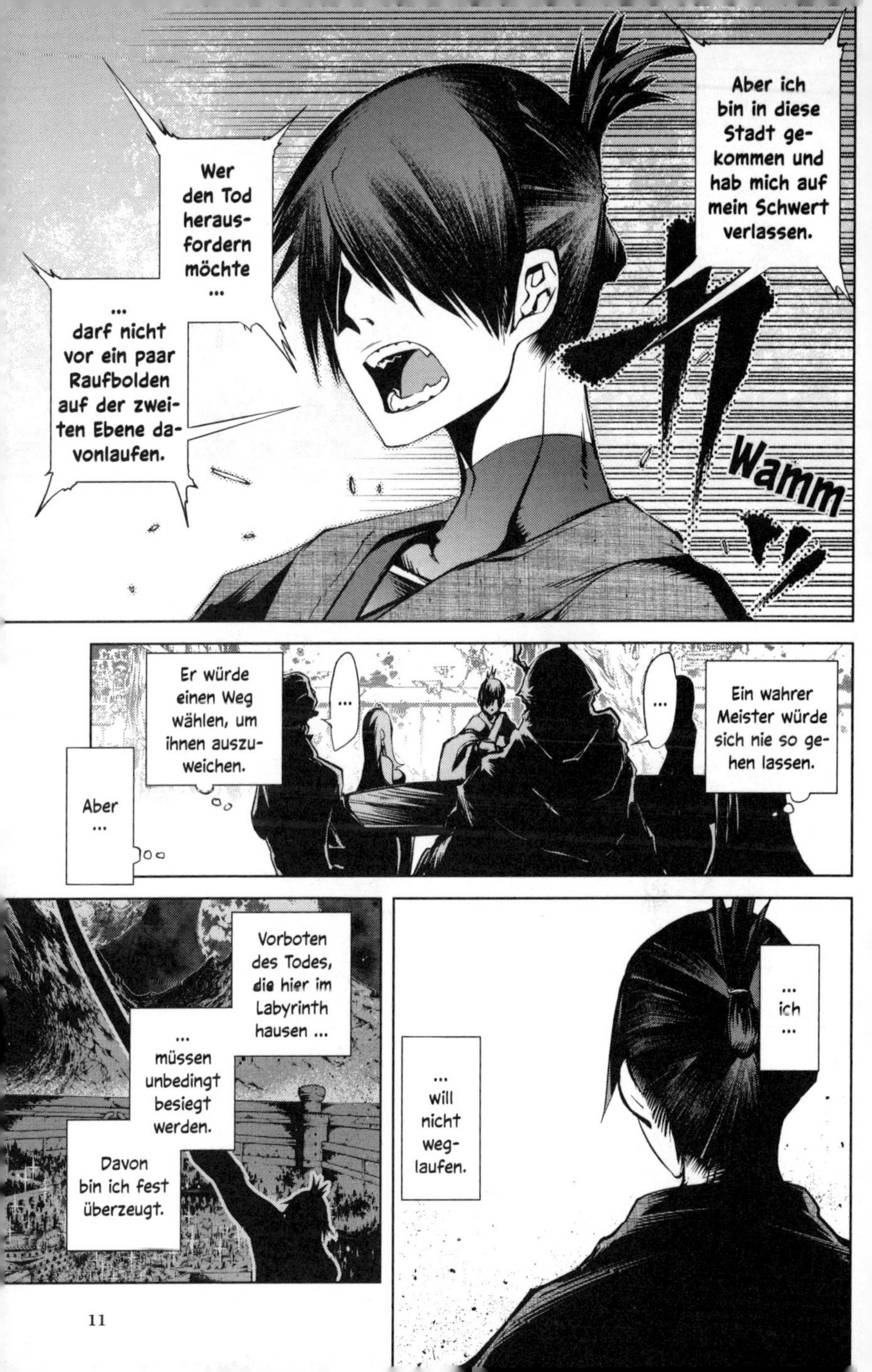
Aber ich bin in diese Stadt gekommen und hab mich auf mein Schwert verlassen.
Wer den Tod herausfordern möchte ...
... darf nicht vor ein paar Raufbolden auf der zweiten Ebene davonlaufen.
Wamm
Ein wahrer Meister würde sich nie so gehen lassen.
...
...
Er würde einen Weg wählen, um ihnen auszuweichen.
Aber ...
... ich ...
... will nicht weglaufen.
Vorboten des Todes, die hier im Labyrinth hausen ...
... müssen unbedingt besiegt werden.
Davon bin ich fest überzeugt.

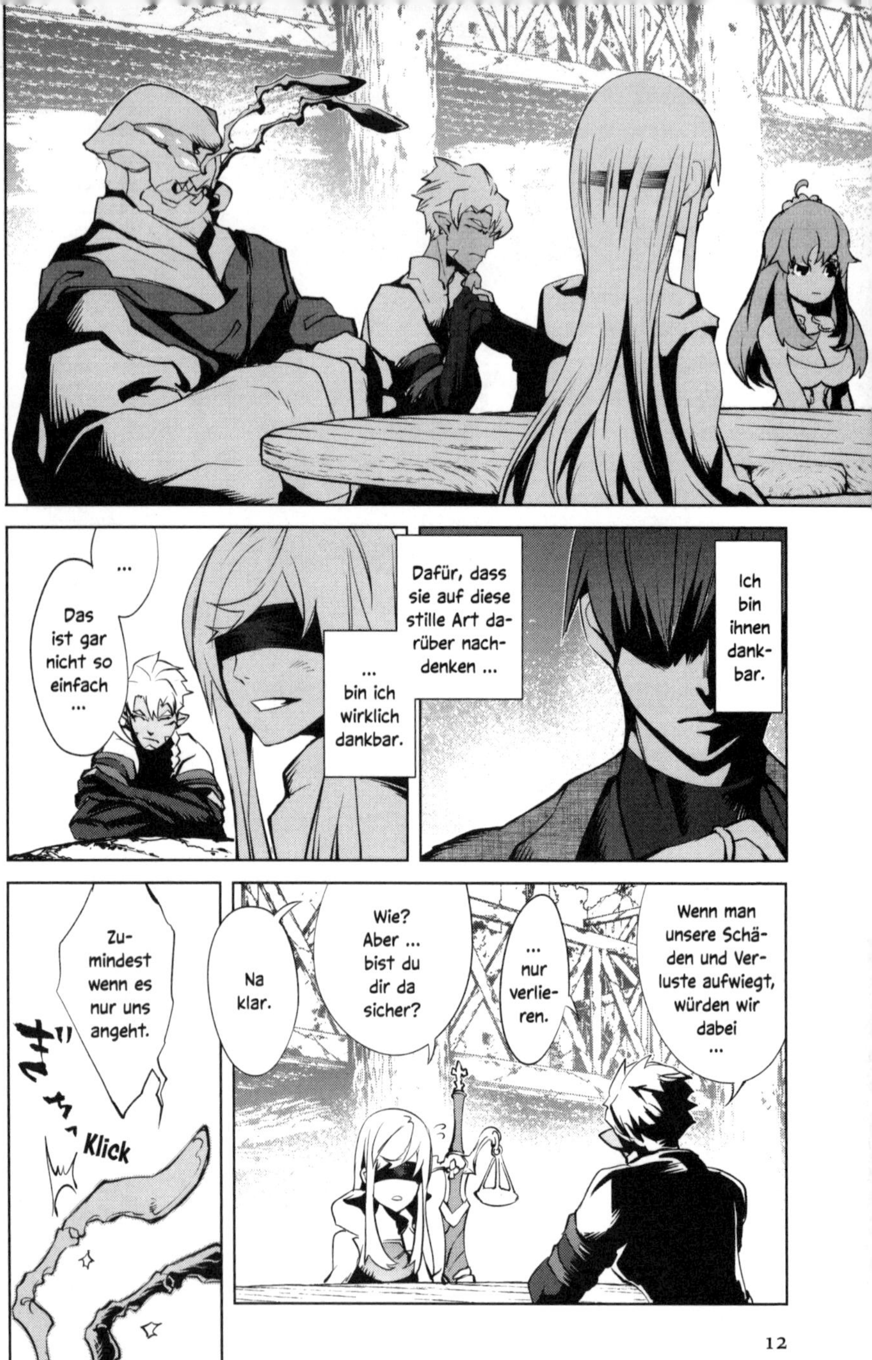
Ich bin ihnen dankbar.
Dafür, dass sie auf diese stille Art darüber nachdenken ...
... bin ich wirklich dankbar.
... Das ist gar nicht so einfach ...
Wenn man unsere Schäden und Verluste aufwiegt, würden wir dabei ...
... nur verlieren.
Wie? Aber ... bist du dir da sicher?
Na klar.
Zumindest wenn es nur uns angeht.
Klick

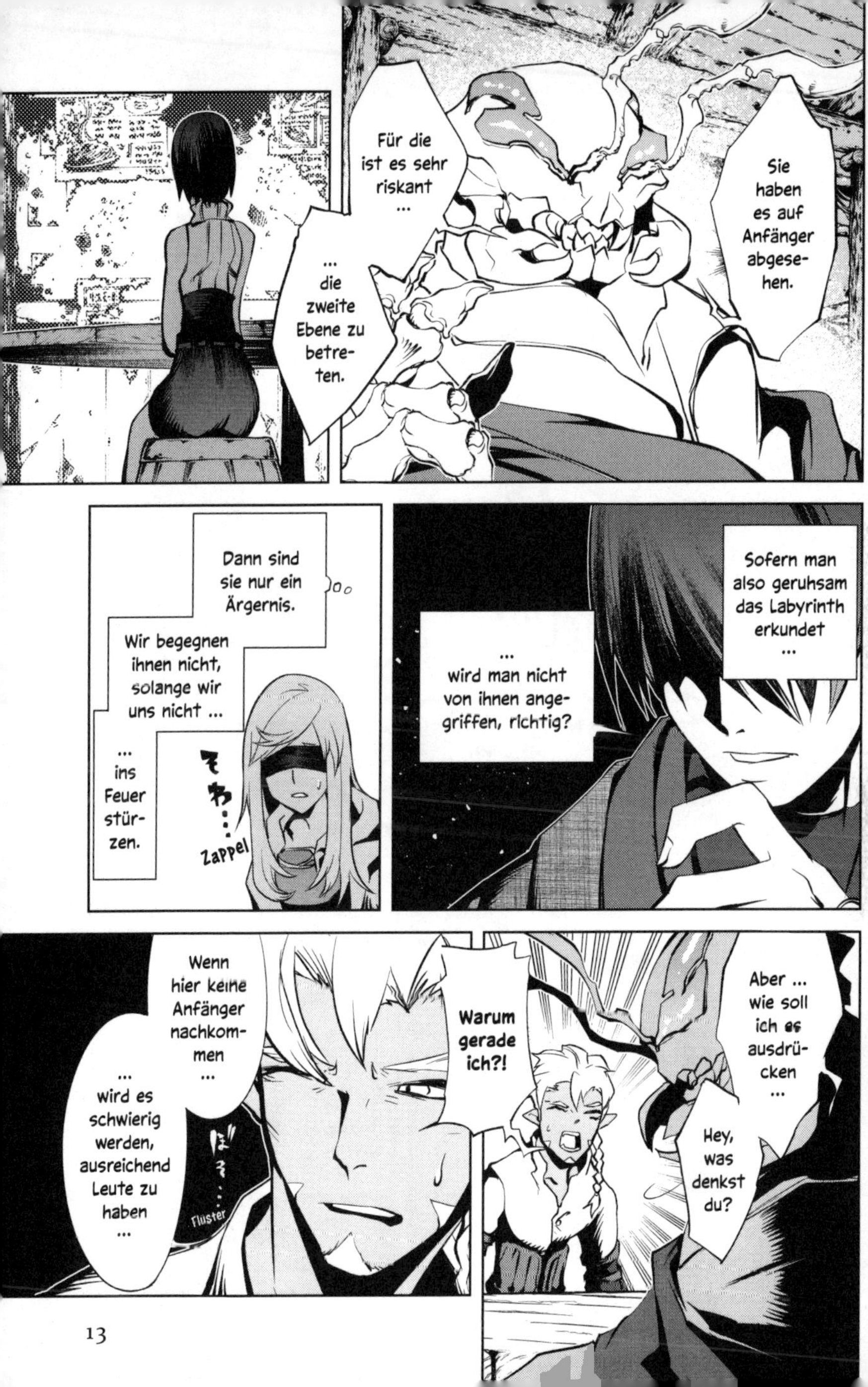
Sie haben es auf Anfänger abgesehen.
Für die ist es sehr riskant ...
... die zweite Ebene zu betreten.
Sofern man also geruhsam das Labyrinth erkundet ...
... wird man nicht von ihnen angegriffen, richtig?
Dann sind sie nur ein Ärgernis.
Wir begegnen ihnen nicht, solange wir uns nicht ...
... ins Feuer stürzen.
Zappel
Aber ... wie soll ich es ausdrücken ...
Hey, was denkst du?
Warum gerade ich?!
Wenn hier keine Anfänger nachkommen ...
... wird es schwierig werden, ausreichend Leute zu haben ...
Flüster

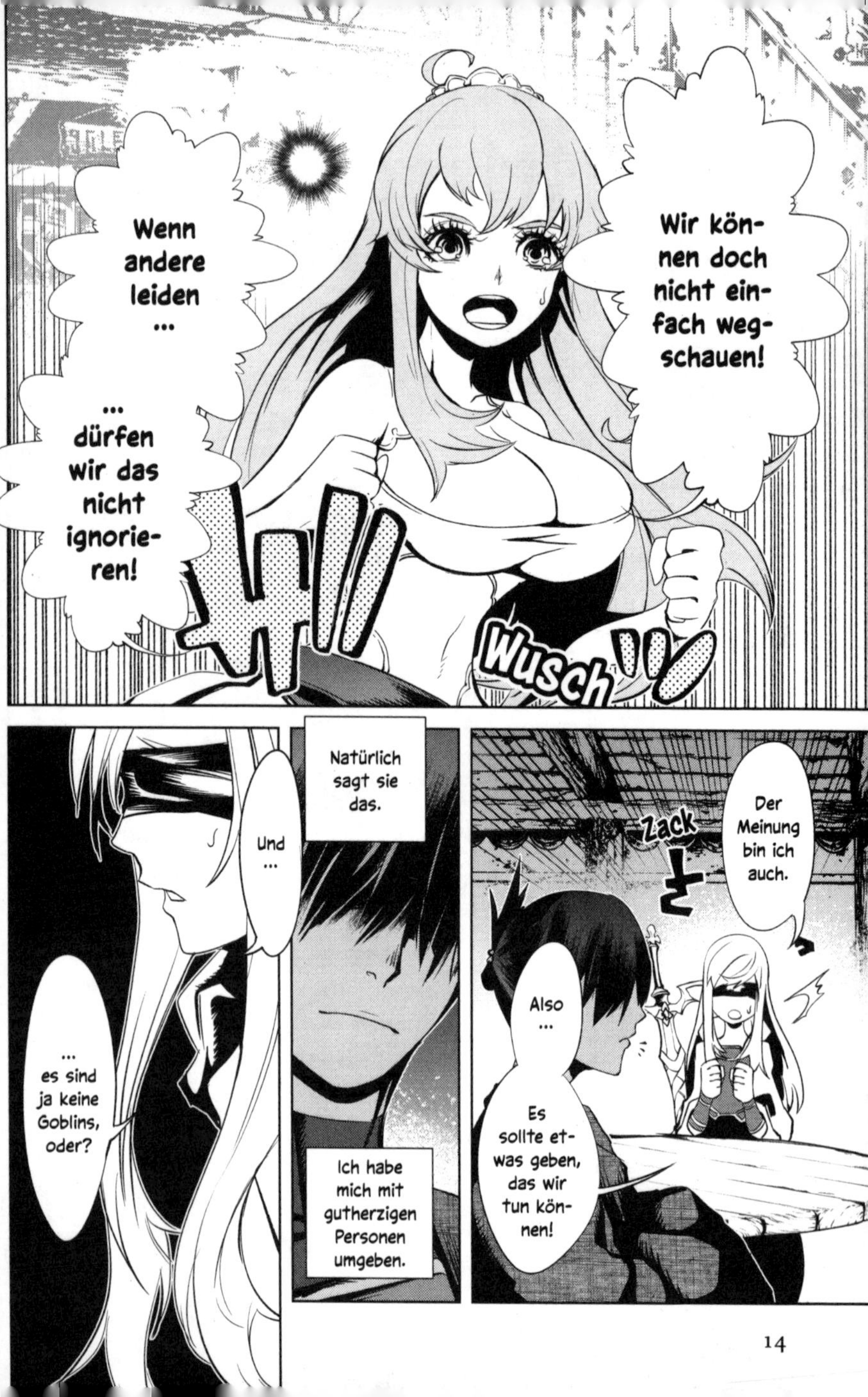
Wir kön-
nen doch
nicht ein-
fach weg-
schauen!
Wenn
andere
leiden
...
...
dürfen
wir das
nicht
ignorie-
ren!
Wusch
Zack
Der
Meinung
bin ich
auch.
Also
...
Es
sollte et-
was geben,
das wir
tun kön-
nen!
Natürlich
sagt sie
das.
Ich habe
mich mit
gutherzigen
Personen
umgeben.
Und
...
...
es sind
ja keine
Goblins,
oder?

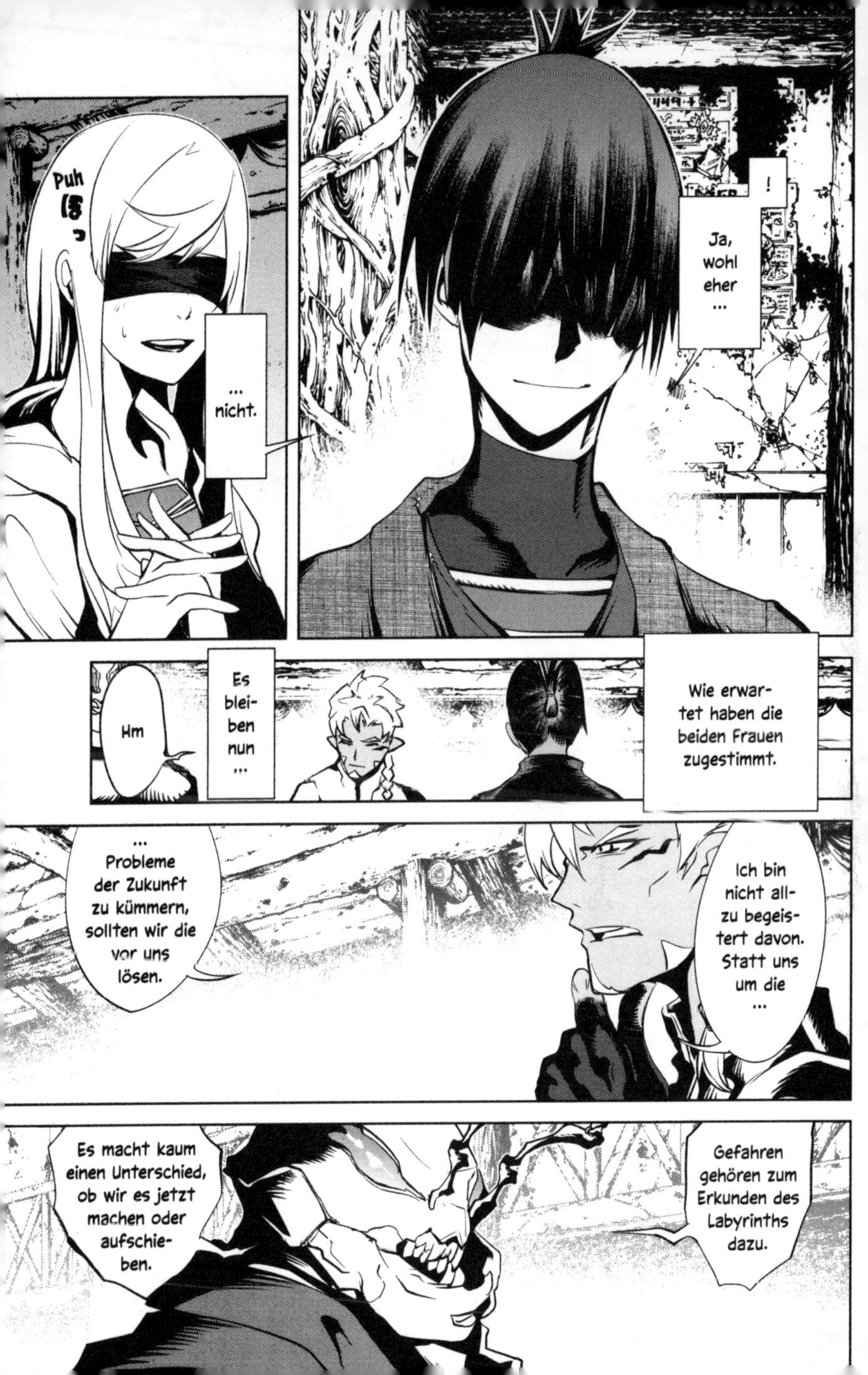
!
Ja, wohl eher ...
... nicht.
Puh
ほっ
Wie erwartet haben die beiden Frauen zugestimmt.
Es bleiben nun ...
Hm
Ich bin nicht allzu begeistert davon. Statt uns um die ...
... Probleme der Zukunft zu kümmern, sollten wir die vor uns lösen.
Gefahren gehören zum Erkunden des Labyrinths dazu.
Es macht kaum einen Unterschied, ob wir es jetzt machen oder aufschieben.

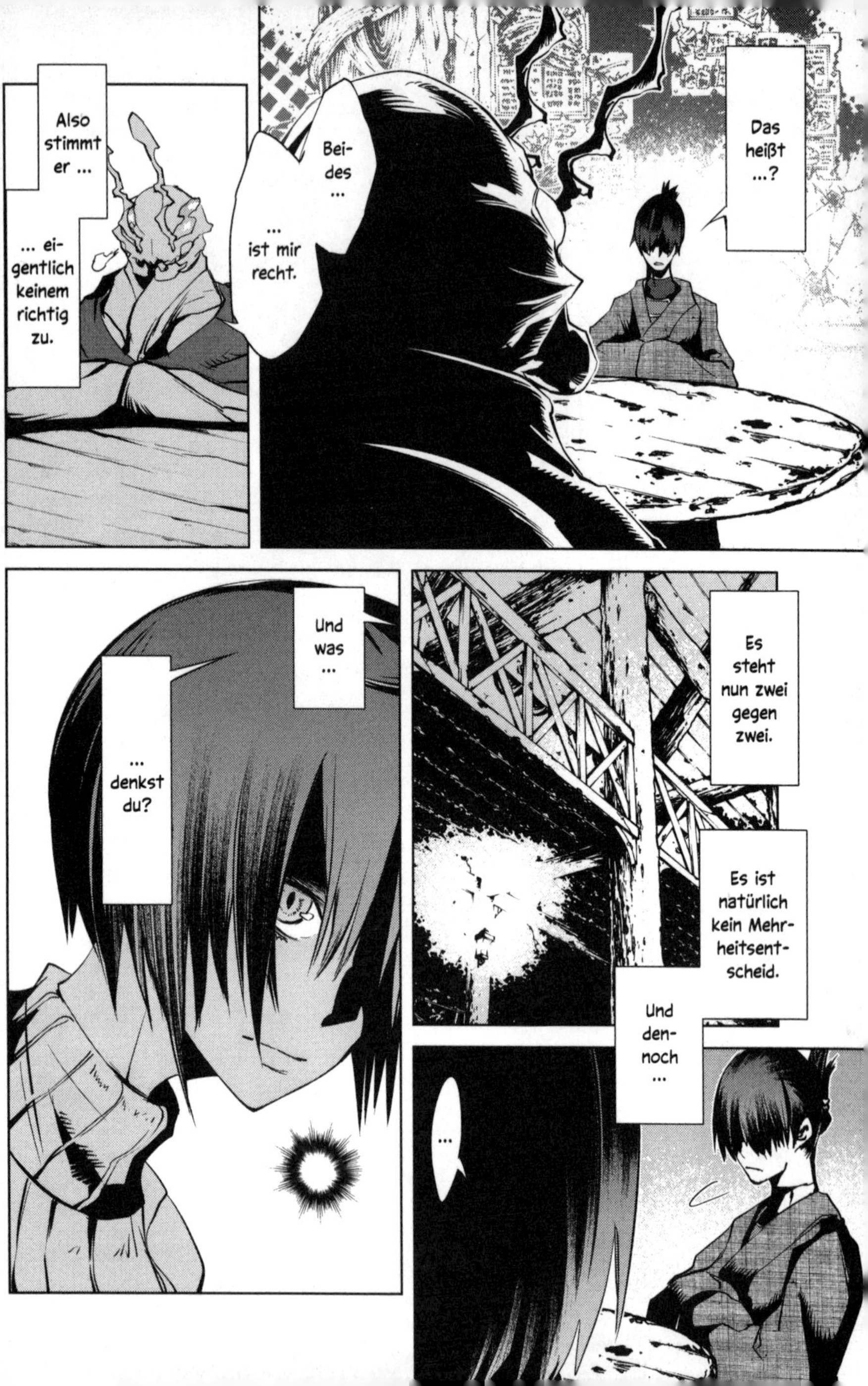

Das heißt ...?
Beides ...
... ist mir recht.
Also stimmt er ...
... eigentlich keinem richtig zu.
Es steht nun zwei gegen zwei.
Es ist natürlich kein Mehrheitsentscheid.
Und dennoch ...
...
Und was ...
... denkst du?

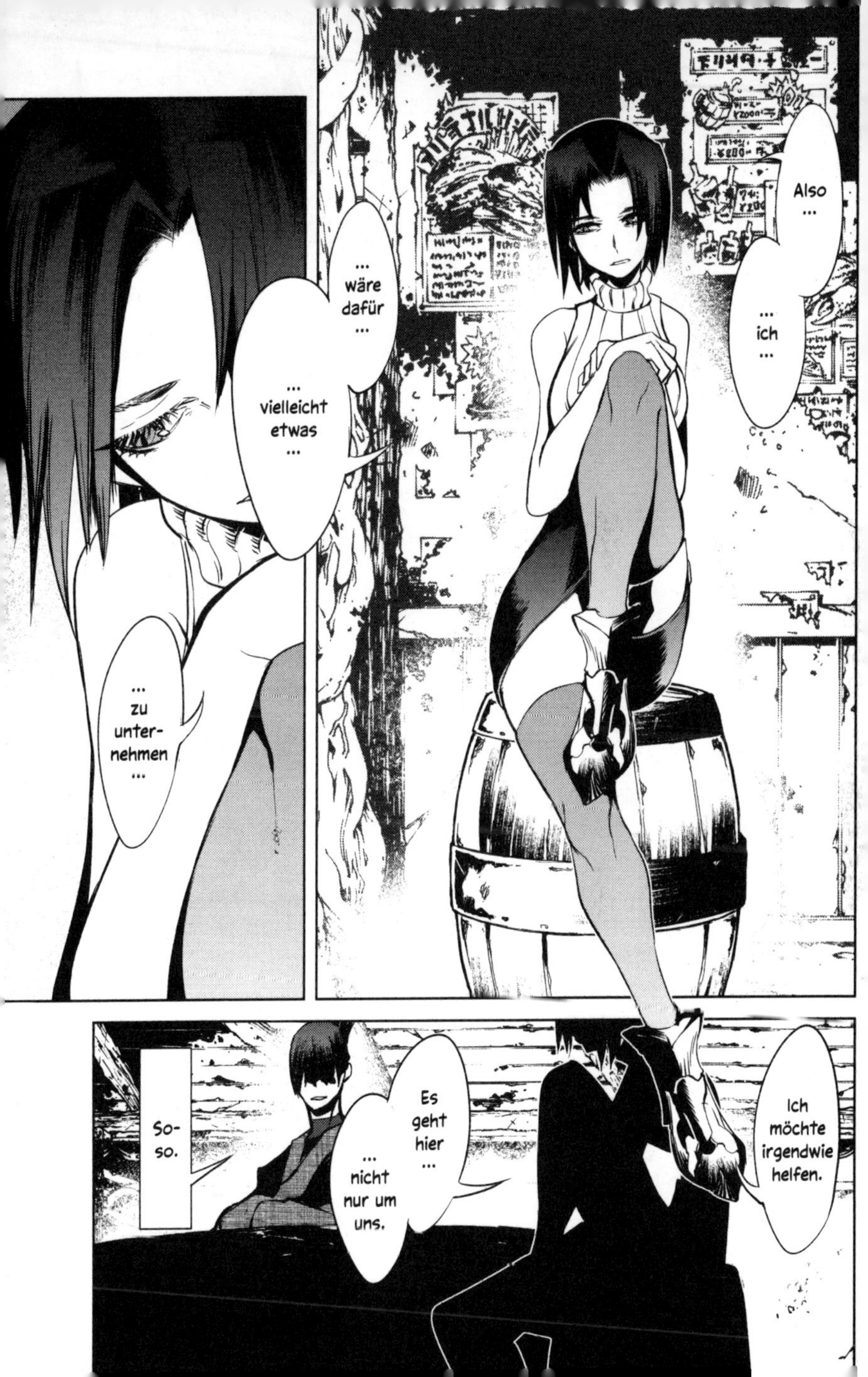
Also …
… ich …
… wäre dafür …
… vielleicht etwas …
… zu unter-nehmen …
Ich möchte irgendwie helfen.
Es geht hier …
… nicht nur um uns.
So-so.

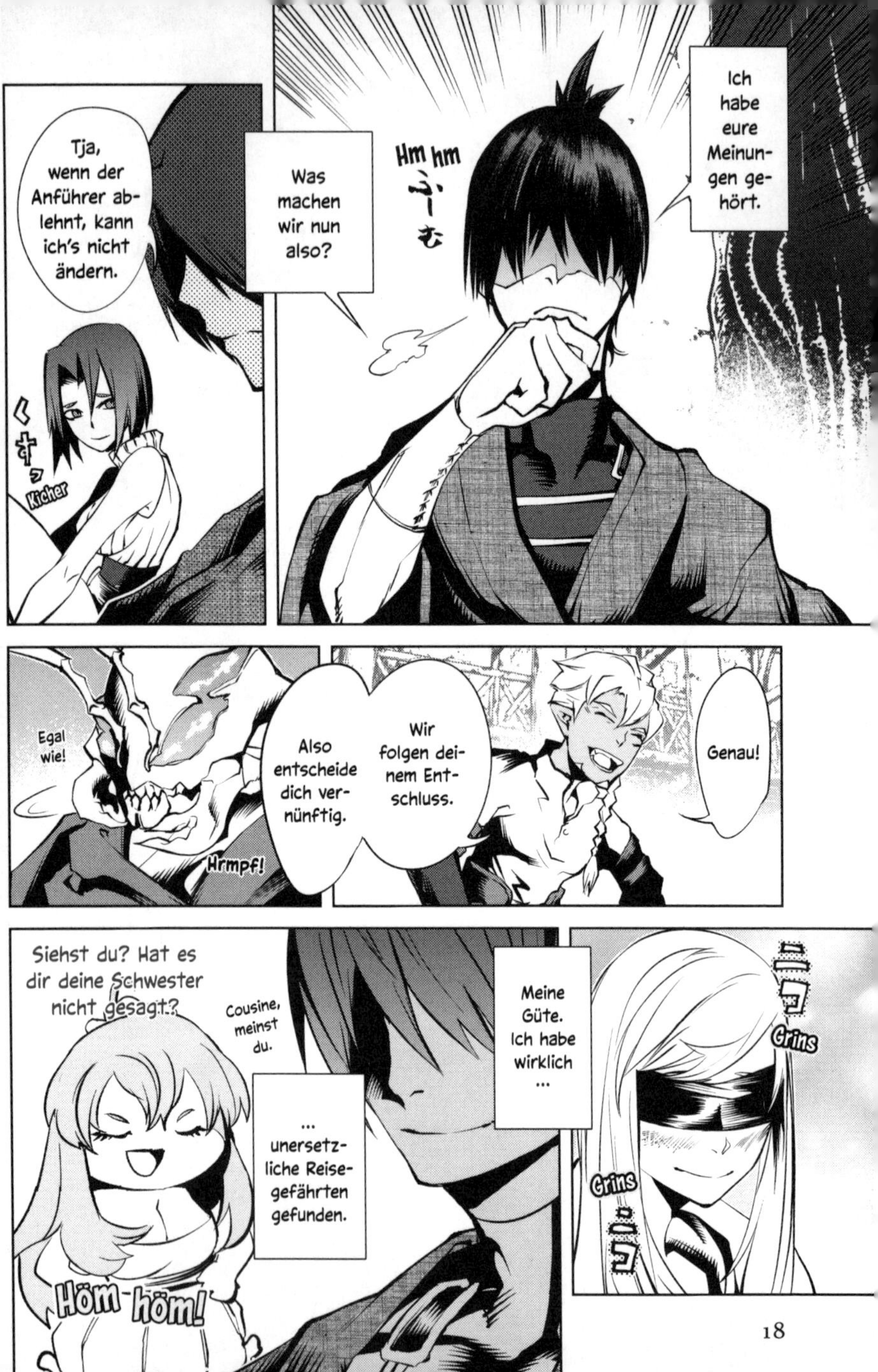
Ich habe eure Meinungen gehört.
Hm hm
ふーむ
Was machen wir nun also?
Tja, wenn der Anführer ablehnt, kann ich's nicht ändern.
くすっ
Kicher
Genau!
Wir folgen deinem Entschluss.
Also entscheide dich vernünftig.
Egal wie!
Hrmpf!
ニコ
Grins
Grins
ニコ
Meine Güte. Ich habe wirklich ...
... unersetzliche Reisegefährten gefunden.
Cousine, meinst du.
Siehst du? Hat es dir deine Schwester nicht gesagt?
Höm höm!

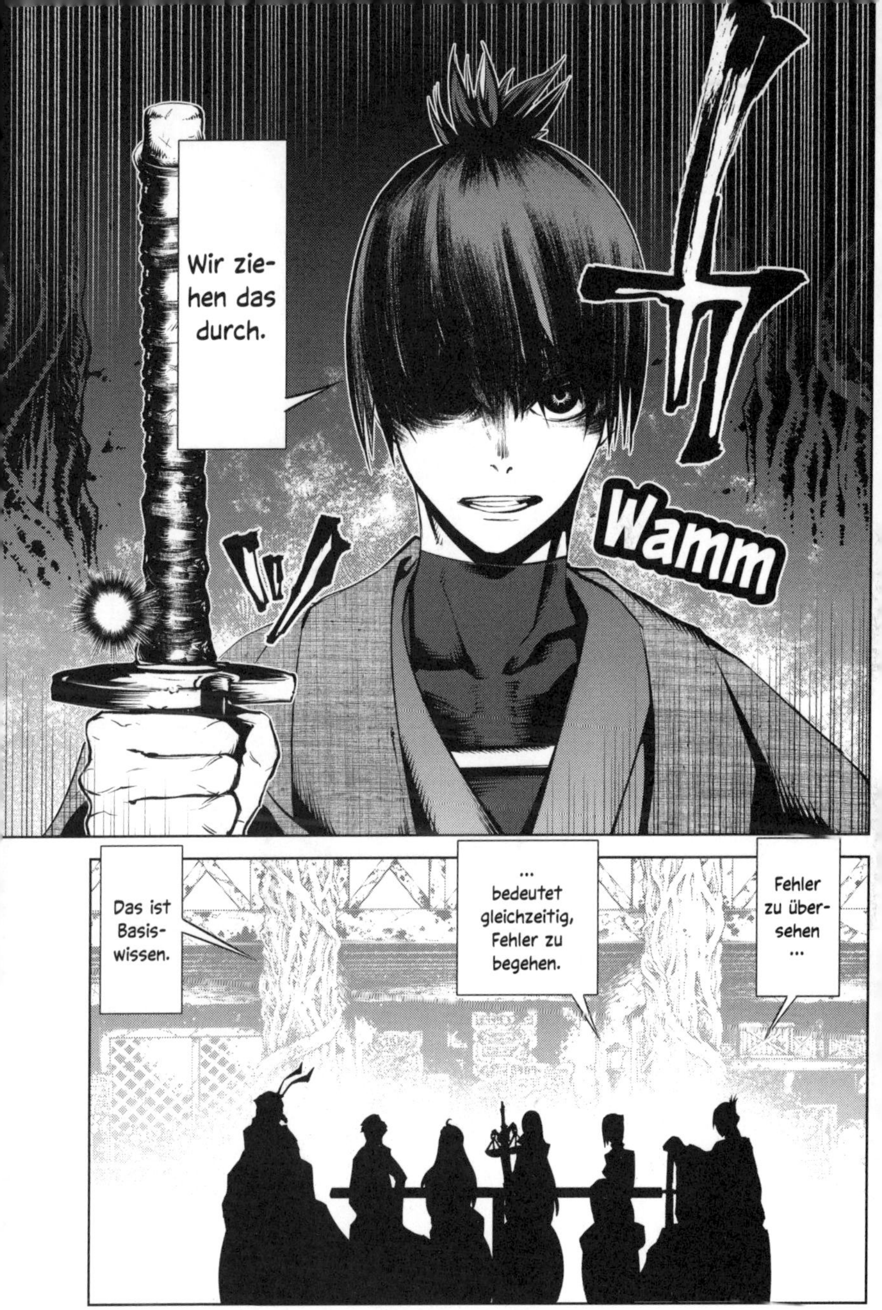
Wir ziehen das durch.
Wamm
Fehler zu übersehen ...
... bedeutet gleichzeitig, Fehler zu begehen.
Das ist Basiswissen.

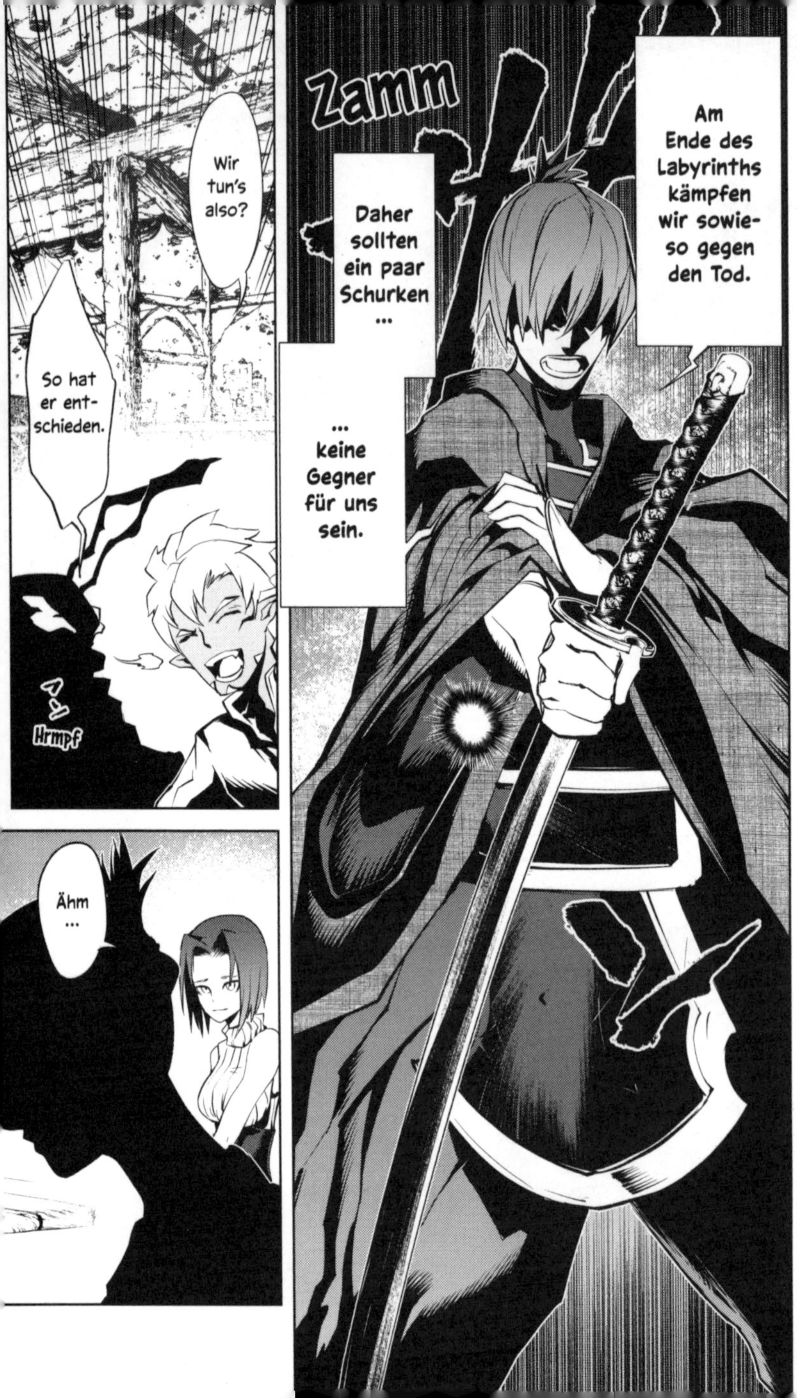
Zamm
Am Ende des Labyrinths kämpfen wir sowieso gegen den Tod.
Daher sollten ein paar Schurken ...
... keine Gegner für uns sein.
Wir tun's also?
So hat er entschieden.
Hrmpf
Ähm ...

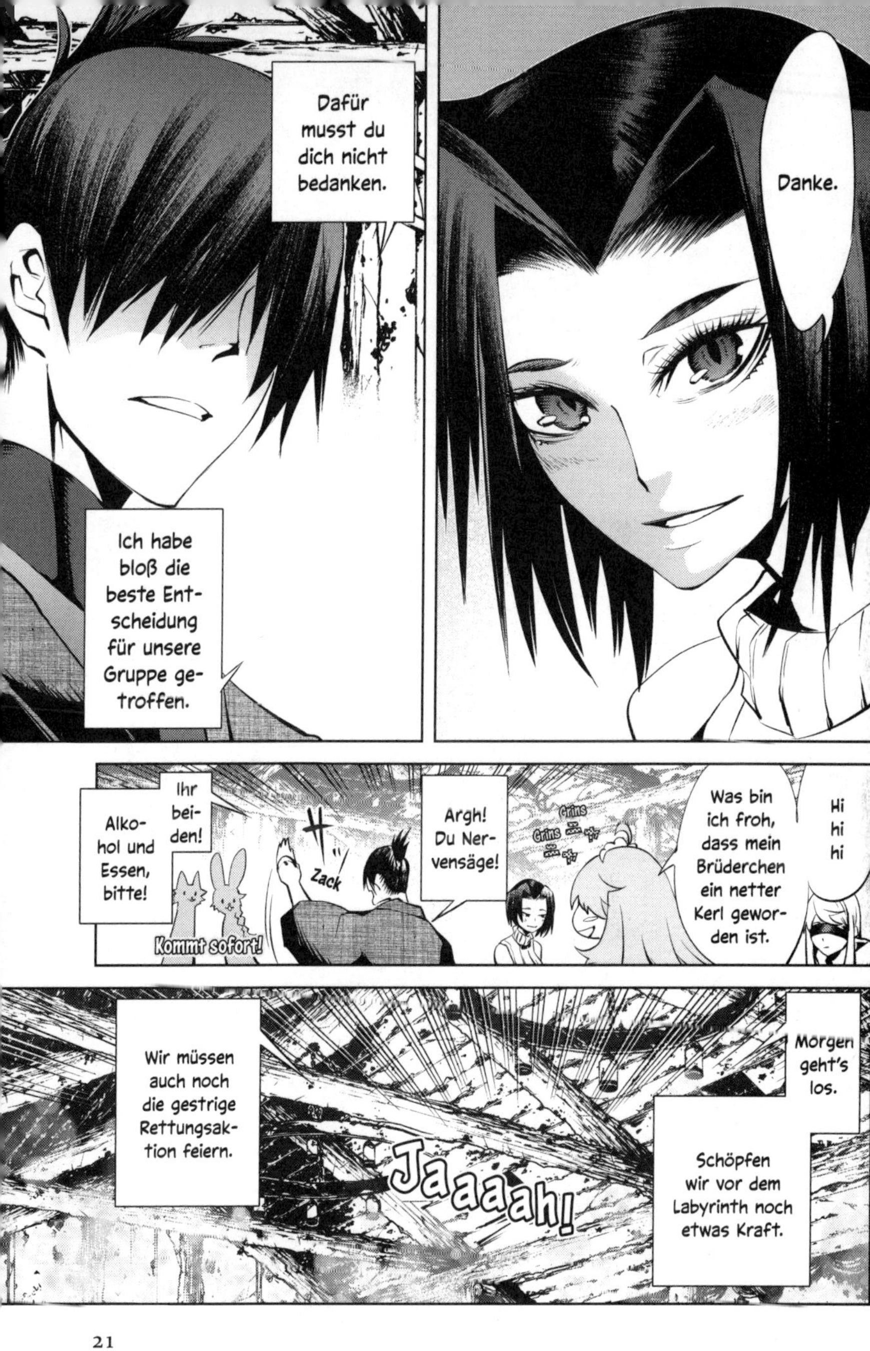
Danke.
Dafür musst du dich nicht bedanken.
Ich habe bloß die beste Entscheidung für unsere Gruppe getroffen.
Hi hi hi
Was bin ich froh, dass mein Brüderchen ein netter Kerl geworden ist.
Grins Grins
Argh! Du Nervensäge!
Zack
Ihr beiden!
Alkohol und Essen, bitte!
Kommt sofort!
Morgen geht's los.
Schöpfen wir vor dem Labyrinth noch etwas Kraft.
Jaaaah!
Wir müssen auch noch die gestrige Rettungsaktion feiern.

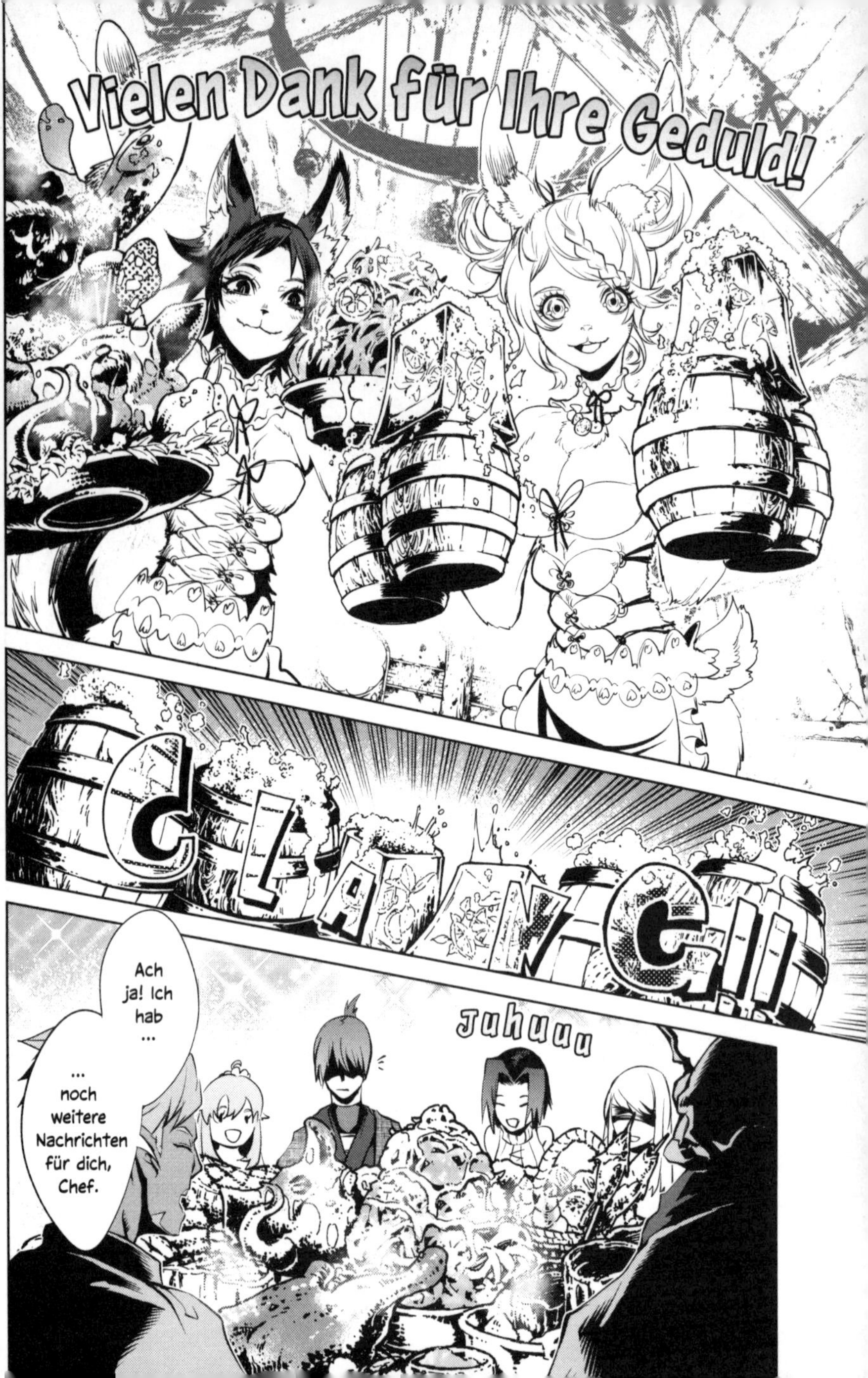
Vielen Dank für Ihre Geduld!
CLANG!!
Ach ja! Ich hab ...
... noch weitere Nachrichten für dich, Chef.
Juhuuu

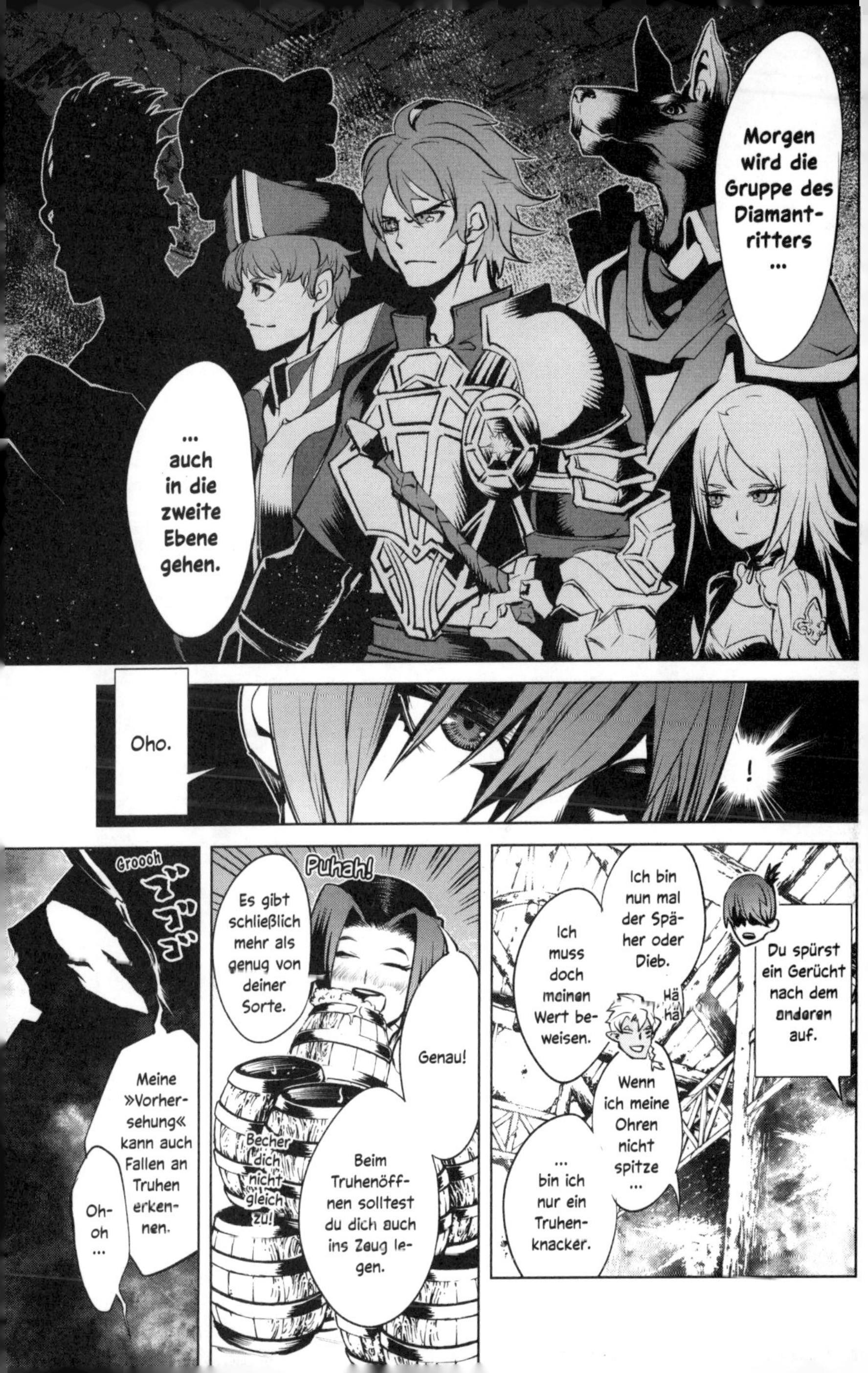
Morgen wird die Gruppe des Diamant-ritters …
… auch in die zweite Ebene gehen.
!
Oho.
Du spürst ein Gerücht nach dem anderen auf.
Ich bin nun mal der Spä-her oder Dieb.
Hä hä
Ich muss doch meinen Wert be-weisen.
Wenn ich meine Ohren nicht spitze …
… bin ich nur ein Truhen-knacker.
Puhah!
Es gibt schließlich mehr als genug von deiner Sorte.
Genau!
Beim Truhenöff-nen solltest du dich auch ins Zeug le-gen.
Becher dich nicht gleich zu!
Groooh
Meine »Vorher-sehung« kann auch Fallen an Truhen erken-nen.
Oh-oh …

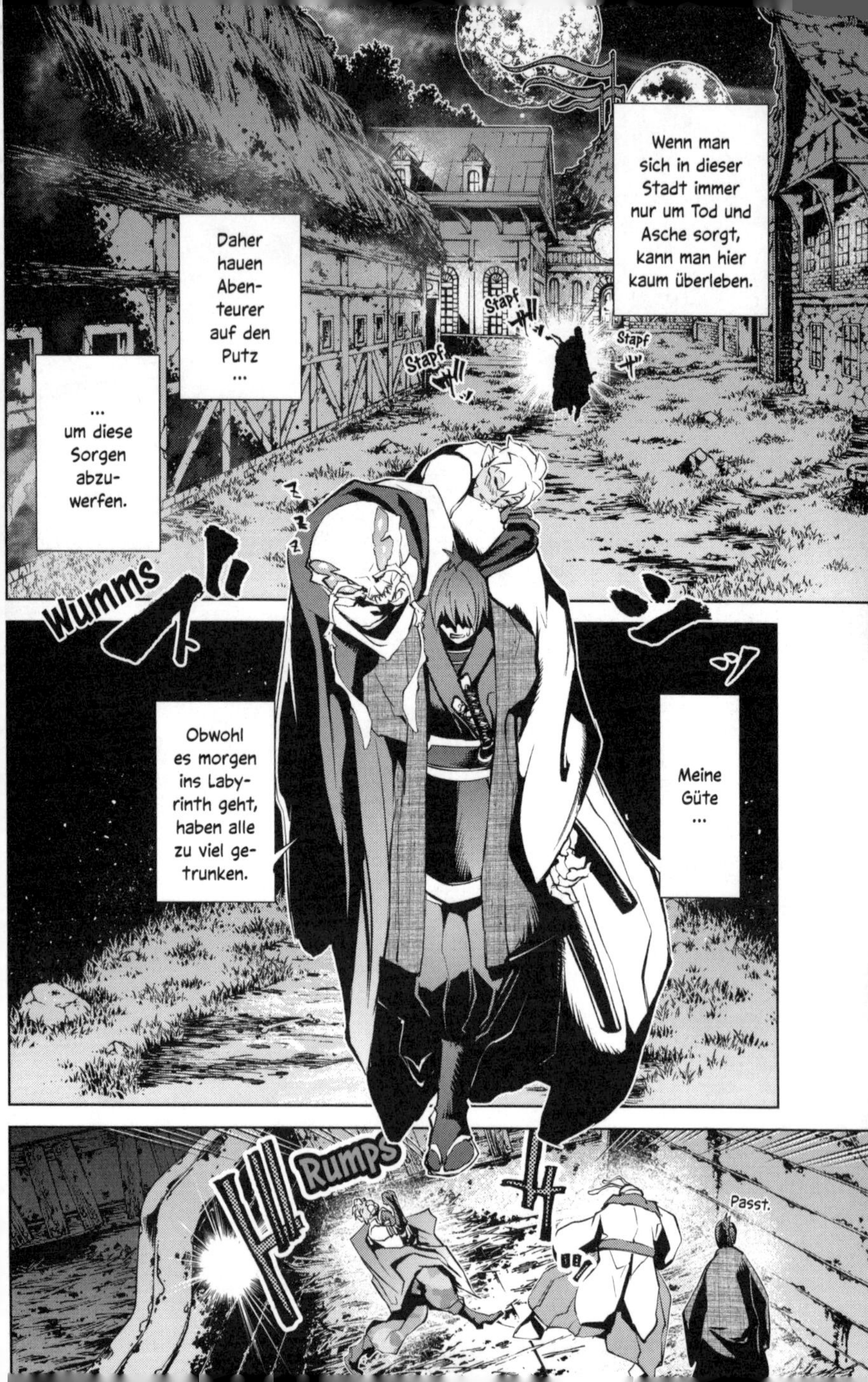

Wenn man sich in dieser Stadt immer nur um Tod und Asche sorgt, kann man hier kaum überleben.
Stapf
Stapf
Stapf
Daher hauen Abenteurer auf den Putz ...
... um diese Sorgen abzuwerfen.
Wumms
Meine Güte ...
Obwohl es morgen ins Labyrinth geht, haben alle zu viel getrunken.
Passt.
Rumps

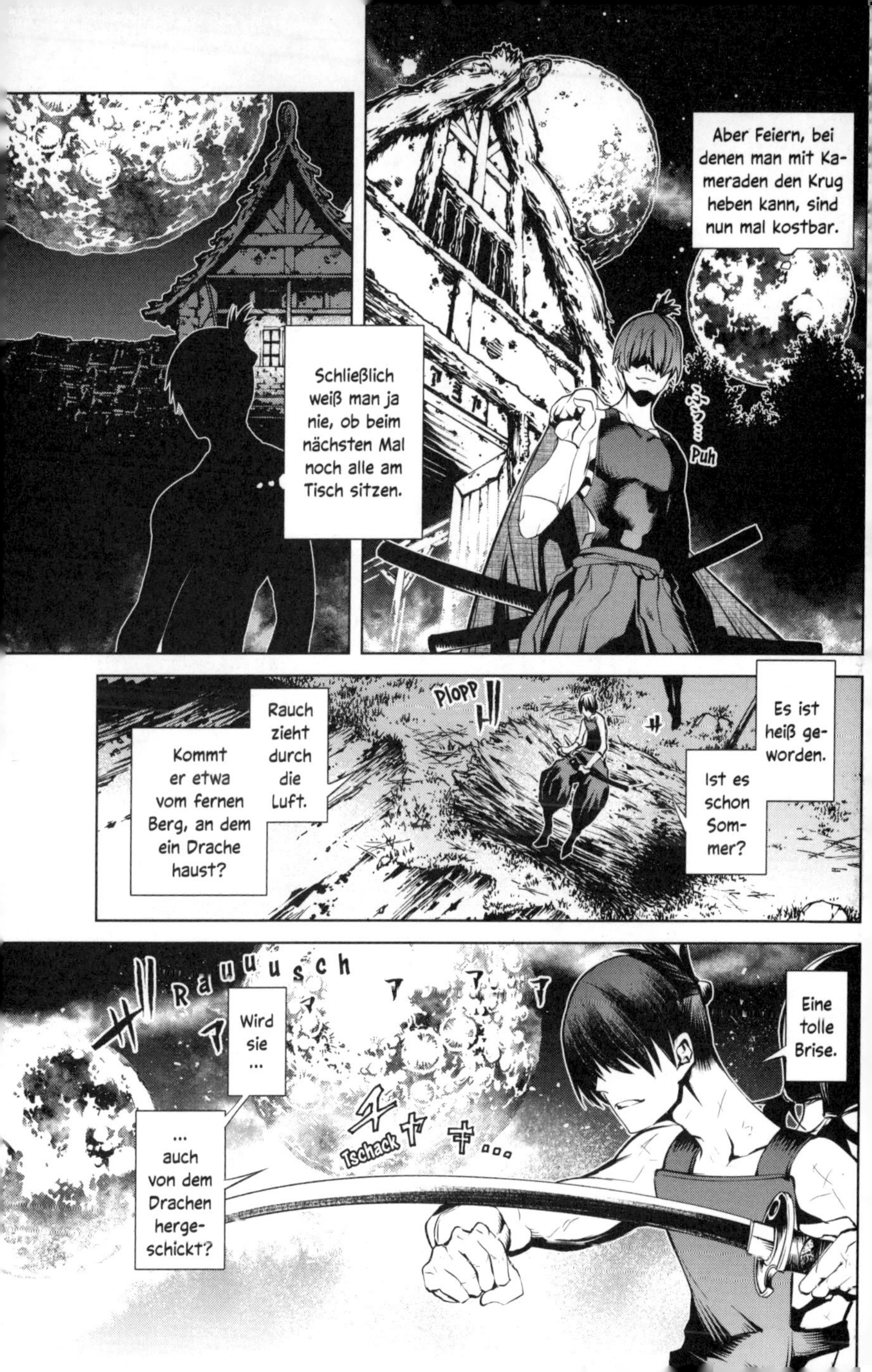
Aber Feiern, bei denen man mit Kameraden den Krug heben kann, sind nun mal kostbar.
Puh
Schließlich weiß man ja nie, ob beim nächsten Mal noch alle am Tisch sitzen.
Es ist heiß geworden.
Ist es schon Sommer?
Plopp
Rauch zieht durch die Luft.
Kommt er etwa vom fernen Berg, an dem ein Drache haust?
Eine tolle Brise.
Rauuusch
Wird sie ...
... auch von dem Drachen hergeschickt?
Tschack

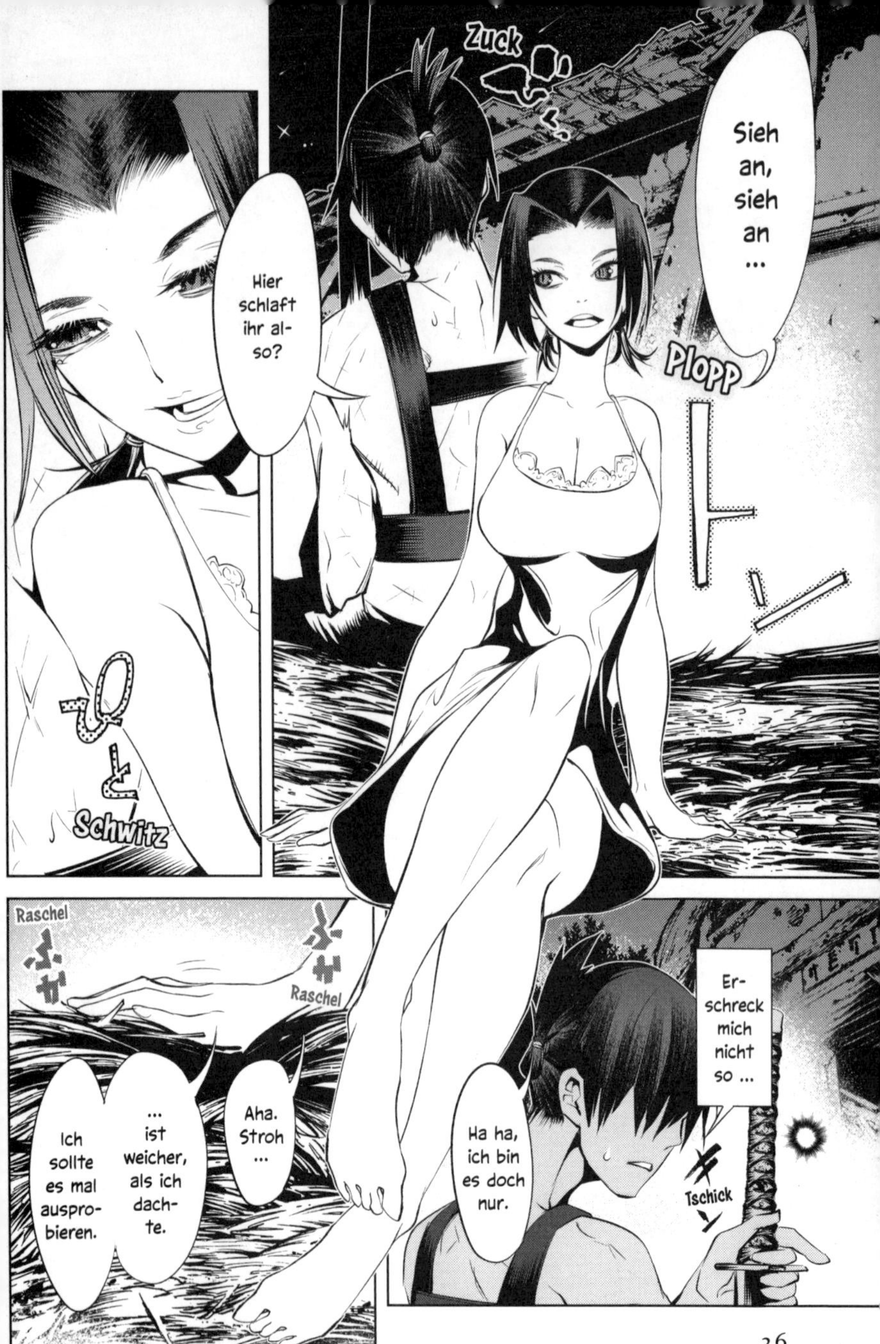
Zuck
Sieh an, sieh an ...
Plopp
Hier schlaft ihr al-so?
Schwitz
Raschel
Raschel
Er-schreck mich nicht so ...
Tschick
Ha ha, ich bin es doch nur.
Aha. Stroh ...
... ist weicher, als ich dach-te.
Ich sollte es mal auspro-bieren.

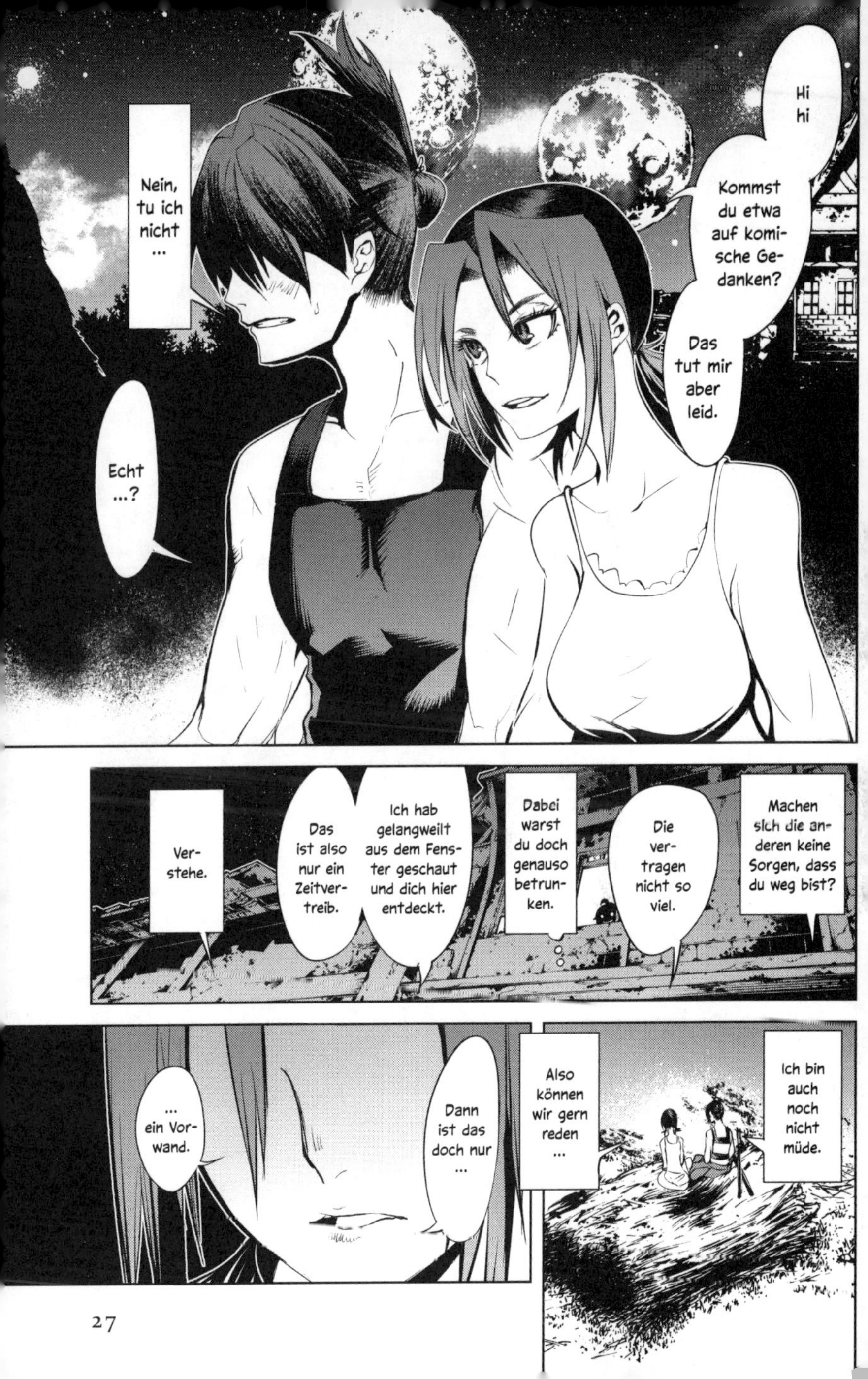
Hi hi
Kommst du etwa auf komische Gedanken?
Das tut mir aber leid.
Nein, tu ich nicht ...
Echt ...?
Machen sich die anderen keine Sorgen, dass du weg bist?
Die vertragen nicht so viel.
Dabei warst du doch genauso betrunken.
Ich hab gelangweilt aus dem Fenster geschaut und dich hier entdeckt.
Das ist also nur ein Zeitvertreib.
Verstehe.
Ich bin auch noch nicht müde.
Also können wir gern reden ...
Dann ist das doch nur ...
... ein Vorwand.

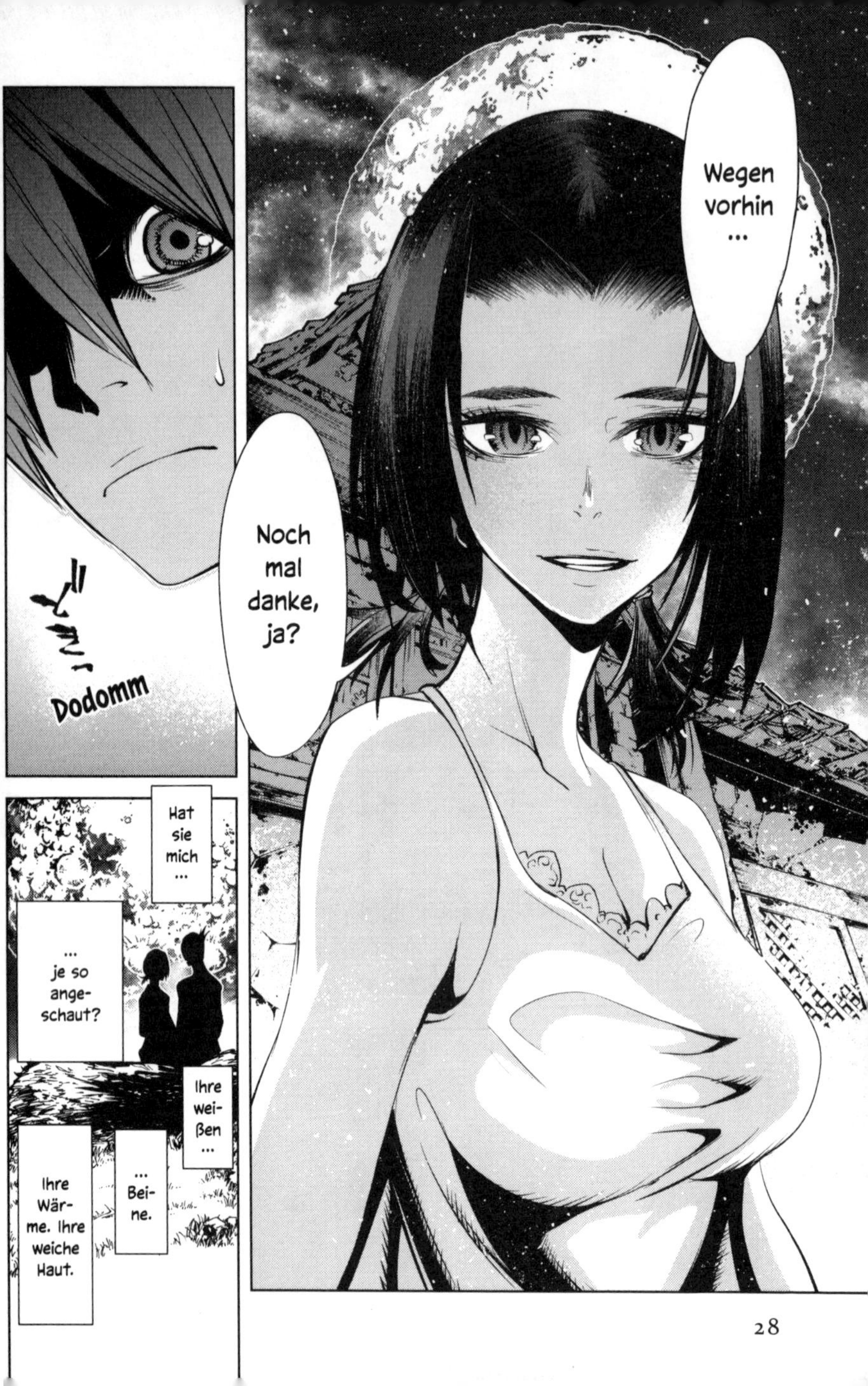
Wegen vorhin ...
Noch mal danke, ja?
Dodomm
Hat sie mich ...
... je so ange-schaut?
Ihre wei-ßen ...
... Bei-ne.
Ihre Wär-me. Ihre weiche Haut.

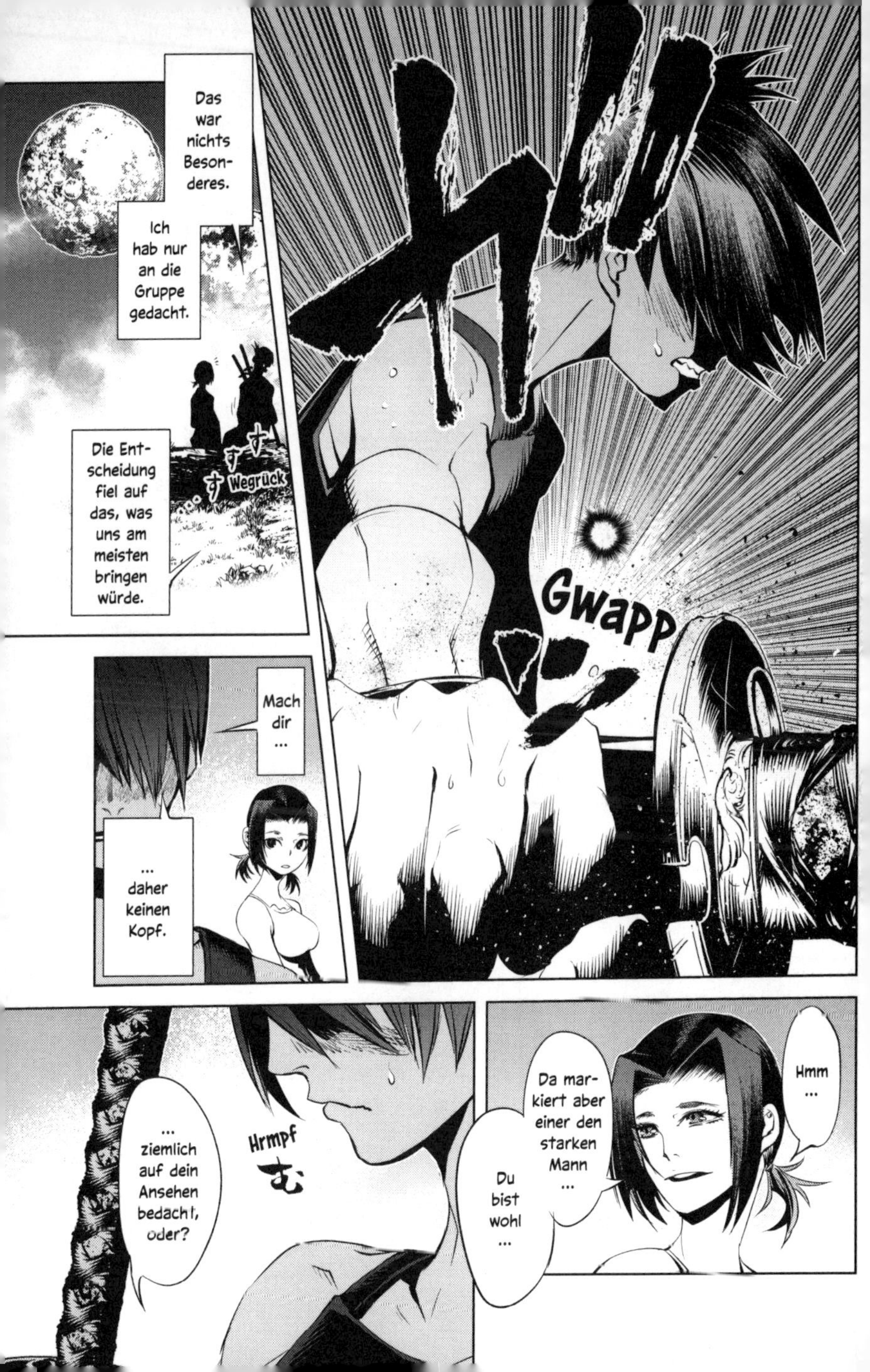
Gwapp
Das war nichts Besonderes.
Ich hab nur an die Gruppe gedacht.
Wegrück
Die Entscheidung fiel auf das, was uns am meisten bringen würde.
Mach dir ...
... daher keinen Kopf.
Hmm ...
Da markiert aber einer den starken Mann ...
Du bist wohl ...
... ziemlich auf dein Ansehen bedacht, oder?
Hrmpf

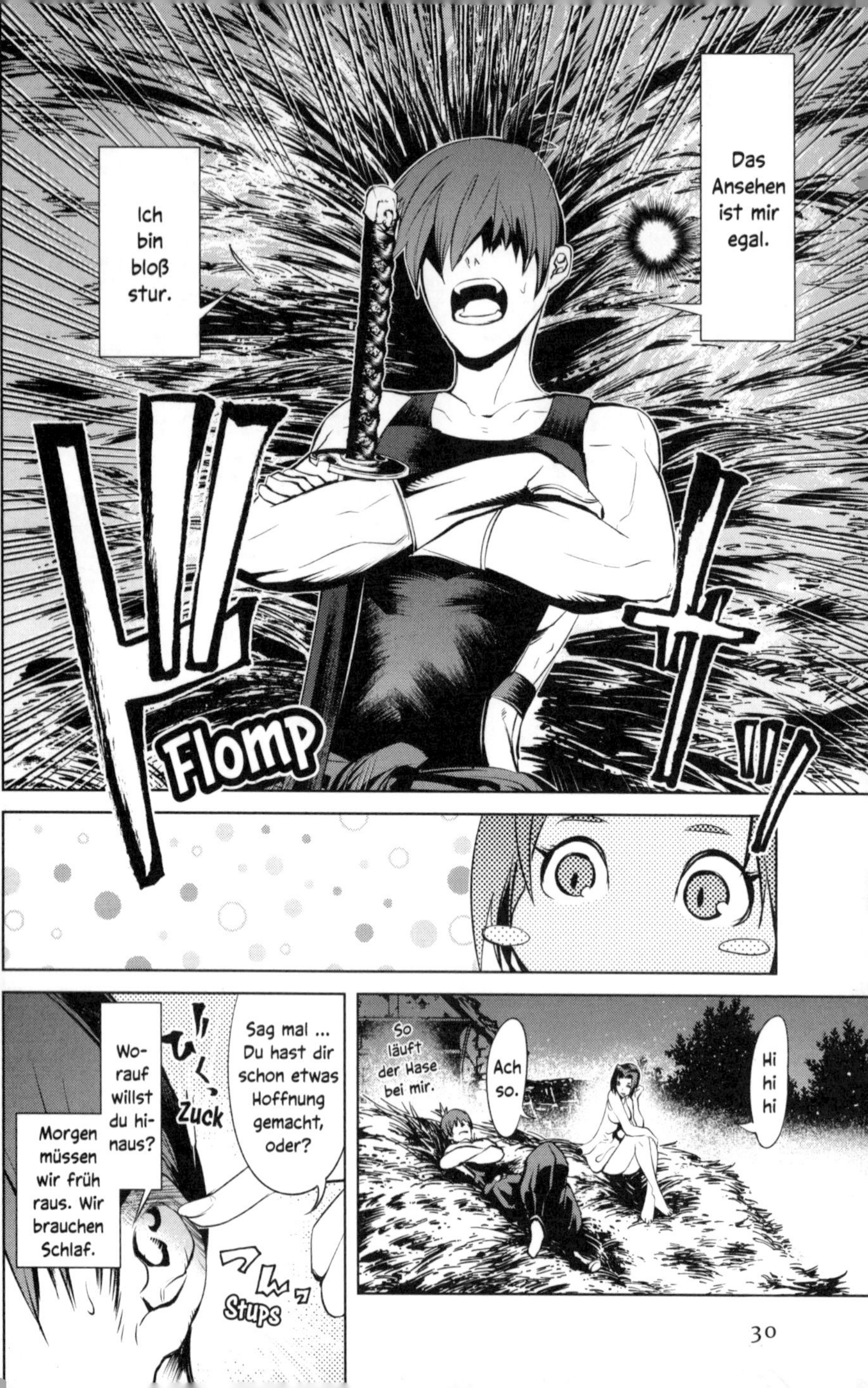
Das Ansehen ist mir egal.
Ich bin bloß stur.
Flomp
Hi hi hi
Ach so.
So läuft der Hase bei mir.
Sag mal ... Du hast dir schon etwas Hoffnung gemacht, oder?
Zuck
Worauf willst du hinaus?
Morgen müssen wir früh raus. Wir brauchen Schlaf.
Stups

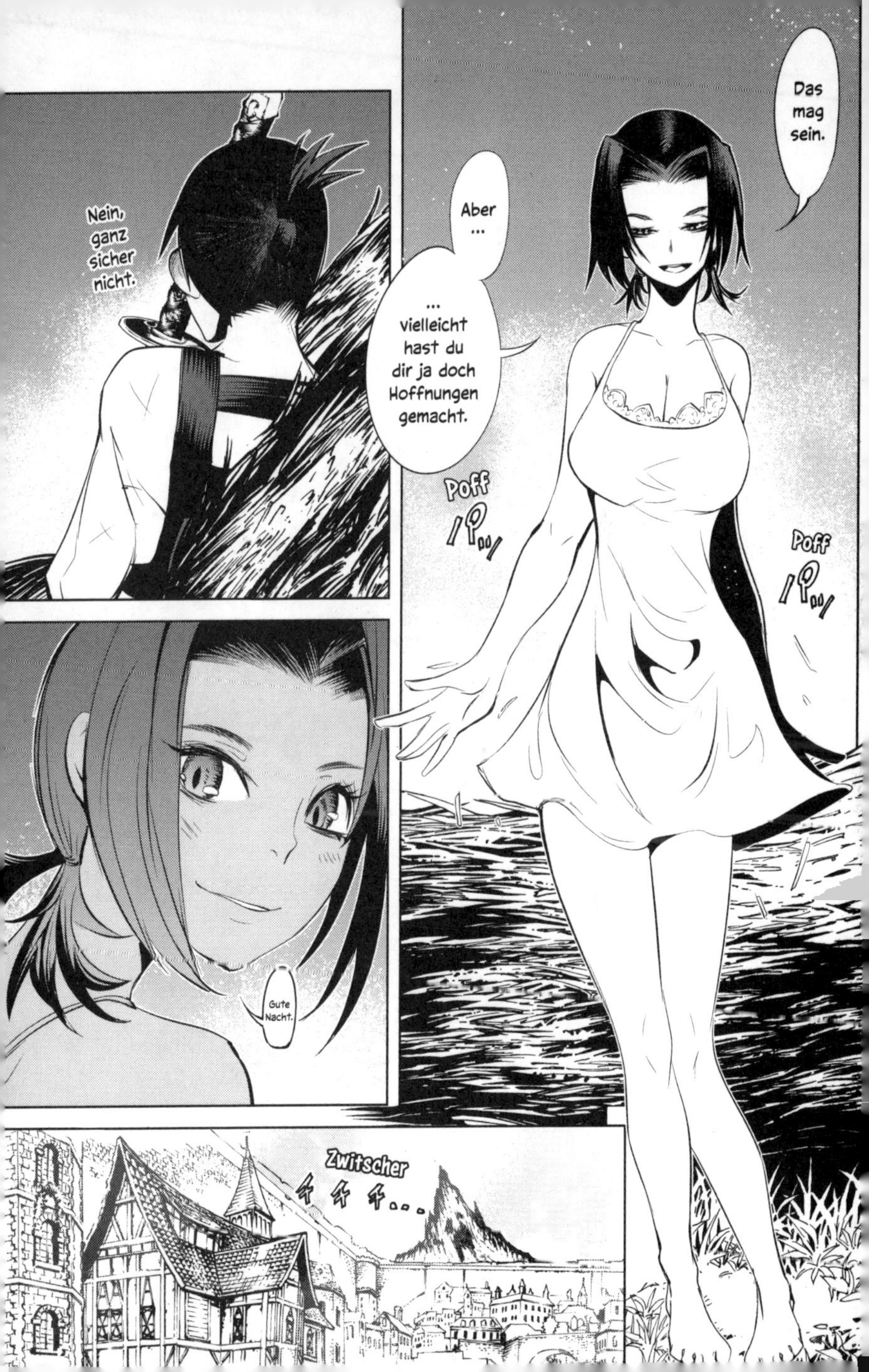
Das mag sein.
Aber ...
... vielleicht hast du dir ja doch Hoffnungen gemacht.
Nein, ganz sicher nicht.
Poff
Poff
Gute Nacht.
Zwitscher

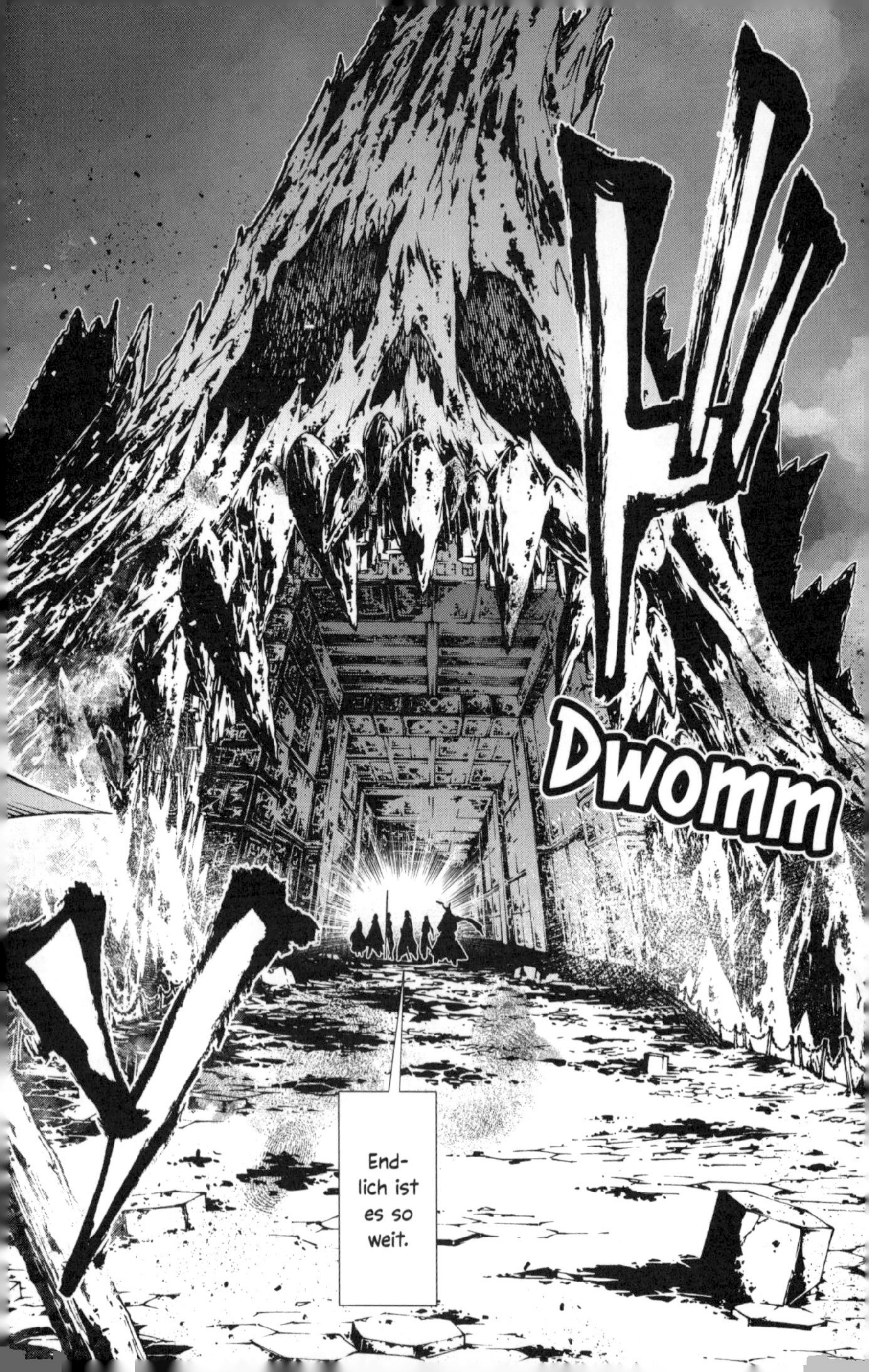
Dwomm
End-
lich ist
es so
weit.

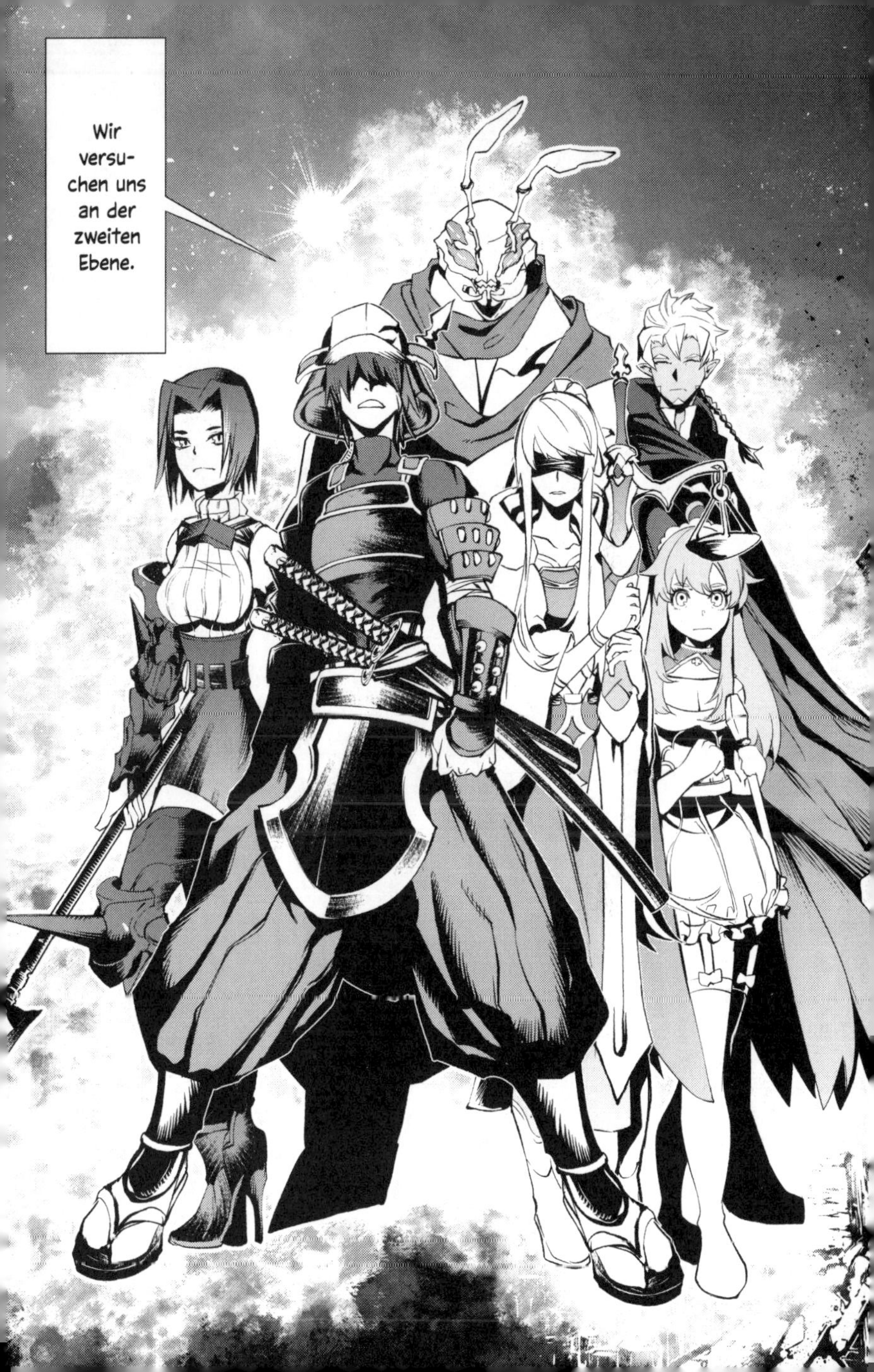
Wir versuchen uns an der zweiten Ebene.

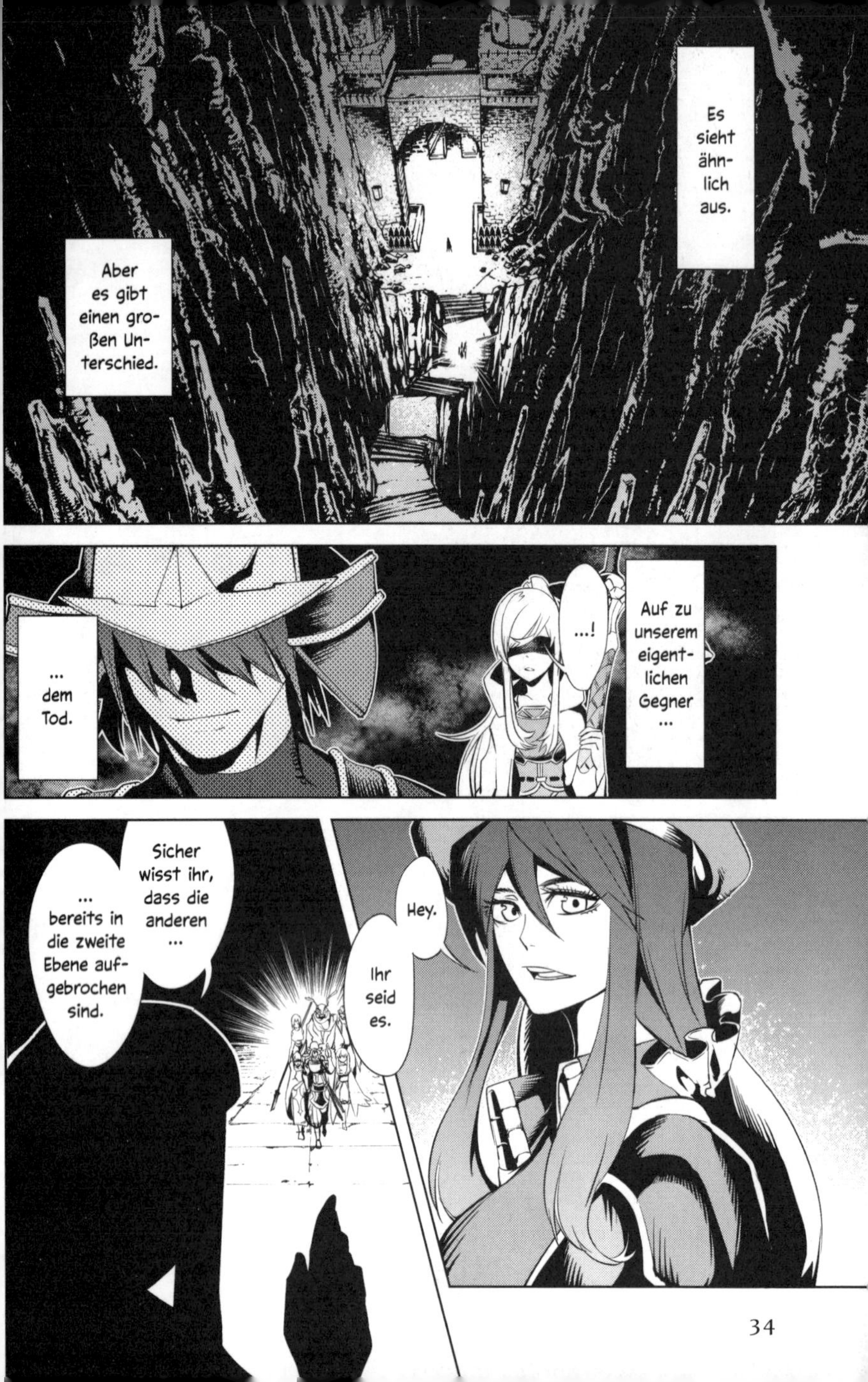
Es sieht ähnlich aus.
Aber es gibt einen großen Unterschied.
Auf zu unserem eigentlichen Gegner ...
...!
... dem Tod.
Hey.
Ihr seid es.
Sicher wisst ihr, dass die anderen ...
... bereits in die zweite Ebene aufgebrochen sind.

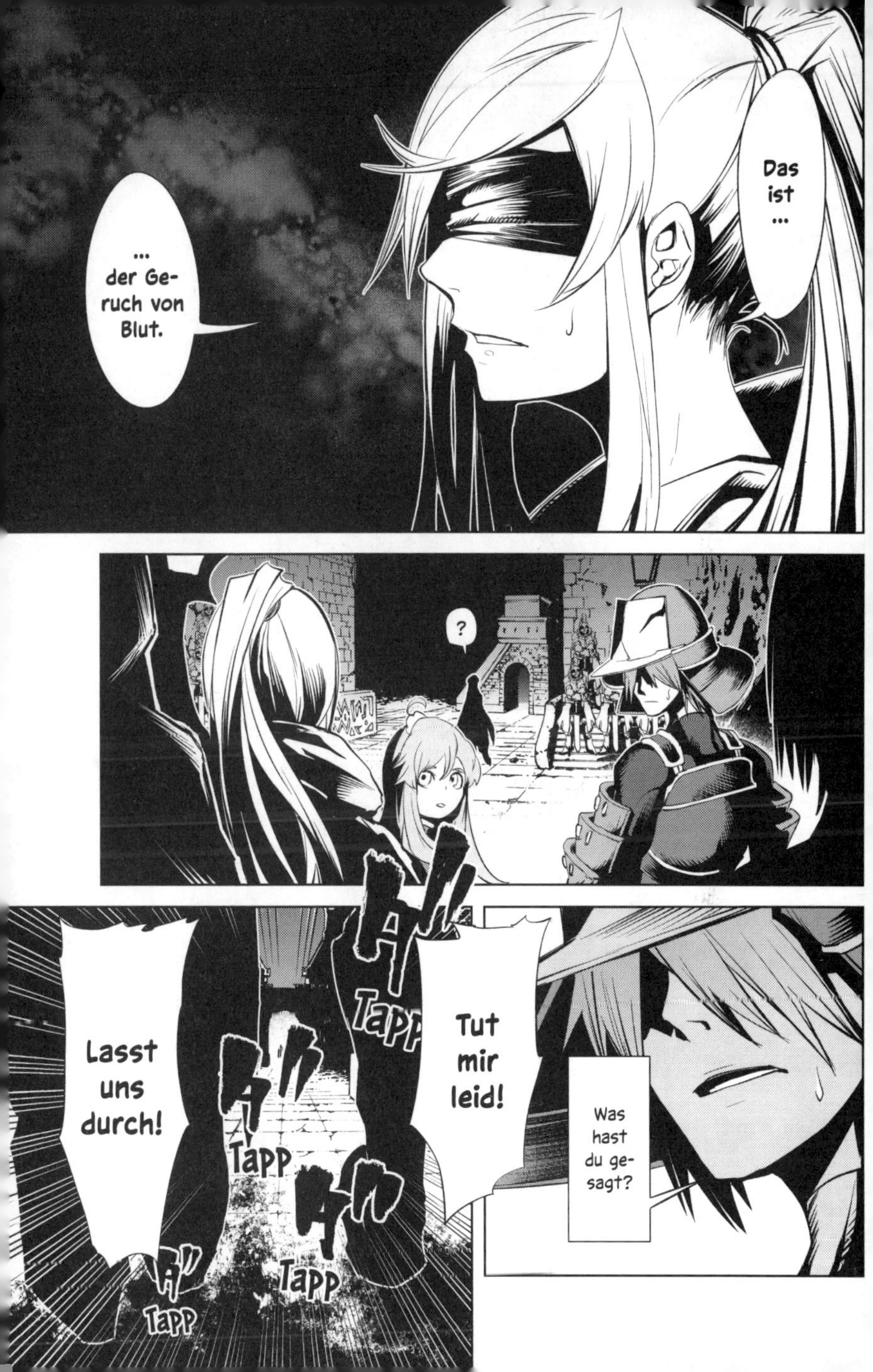
Das ist ...
... der Geruch von Blut.
?
Was hast du gesagt?
Tut mir leid!
Tapp
Tapp
Tapp
Tapp
Lasst uns durch!

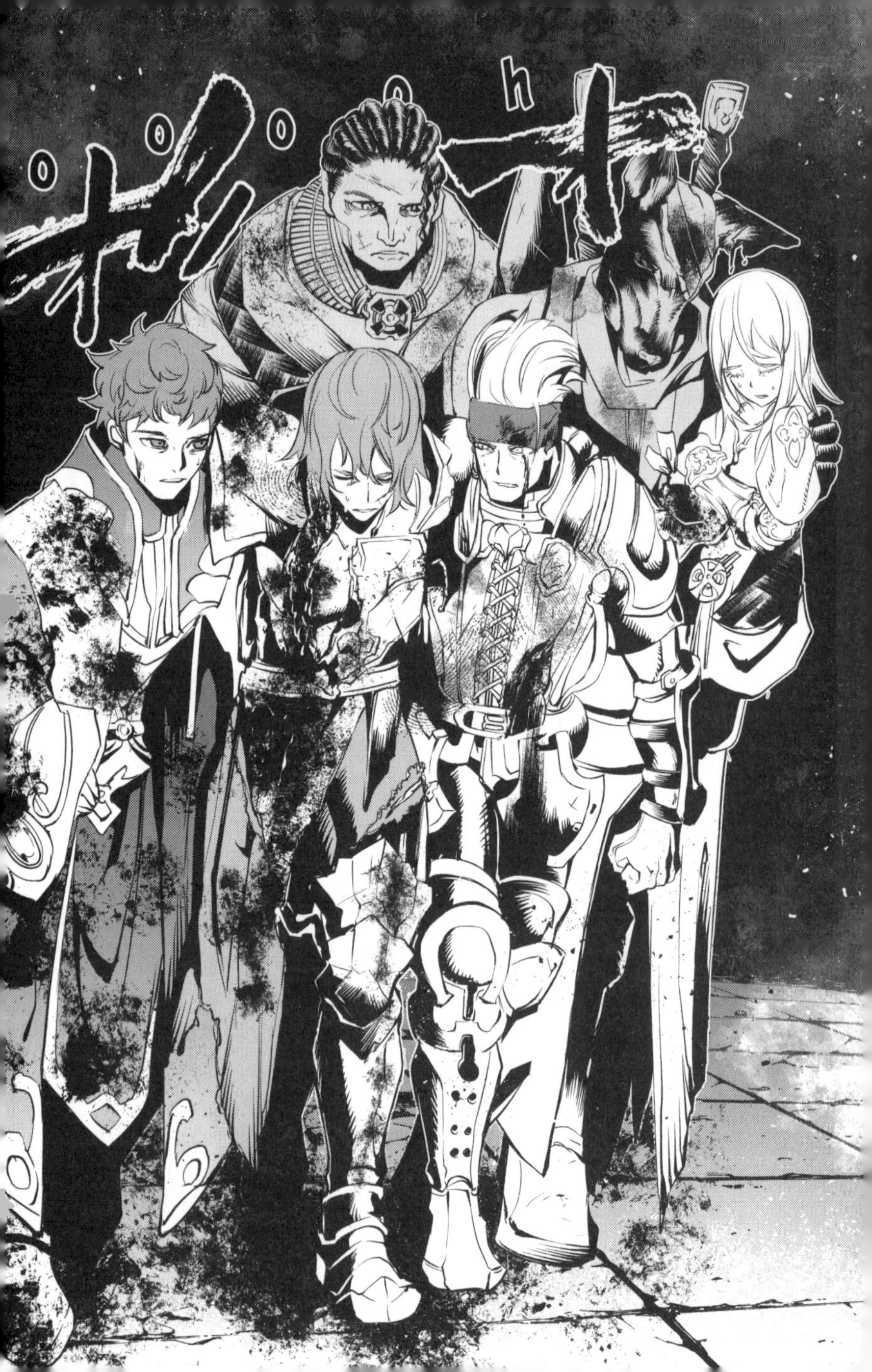
ooooh

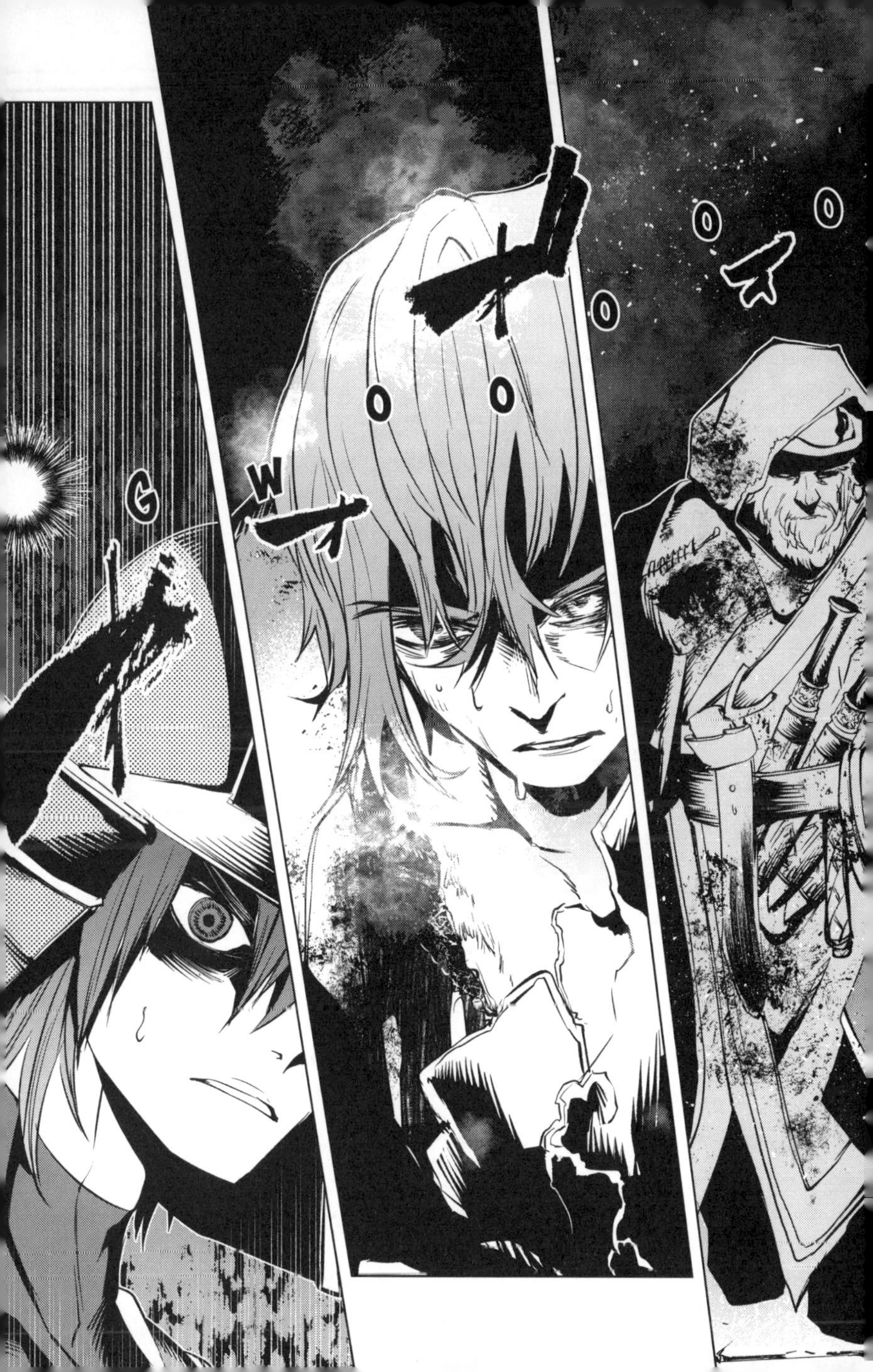
G
W
O O
O O O

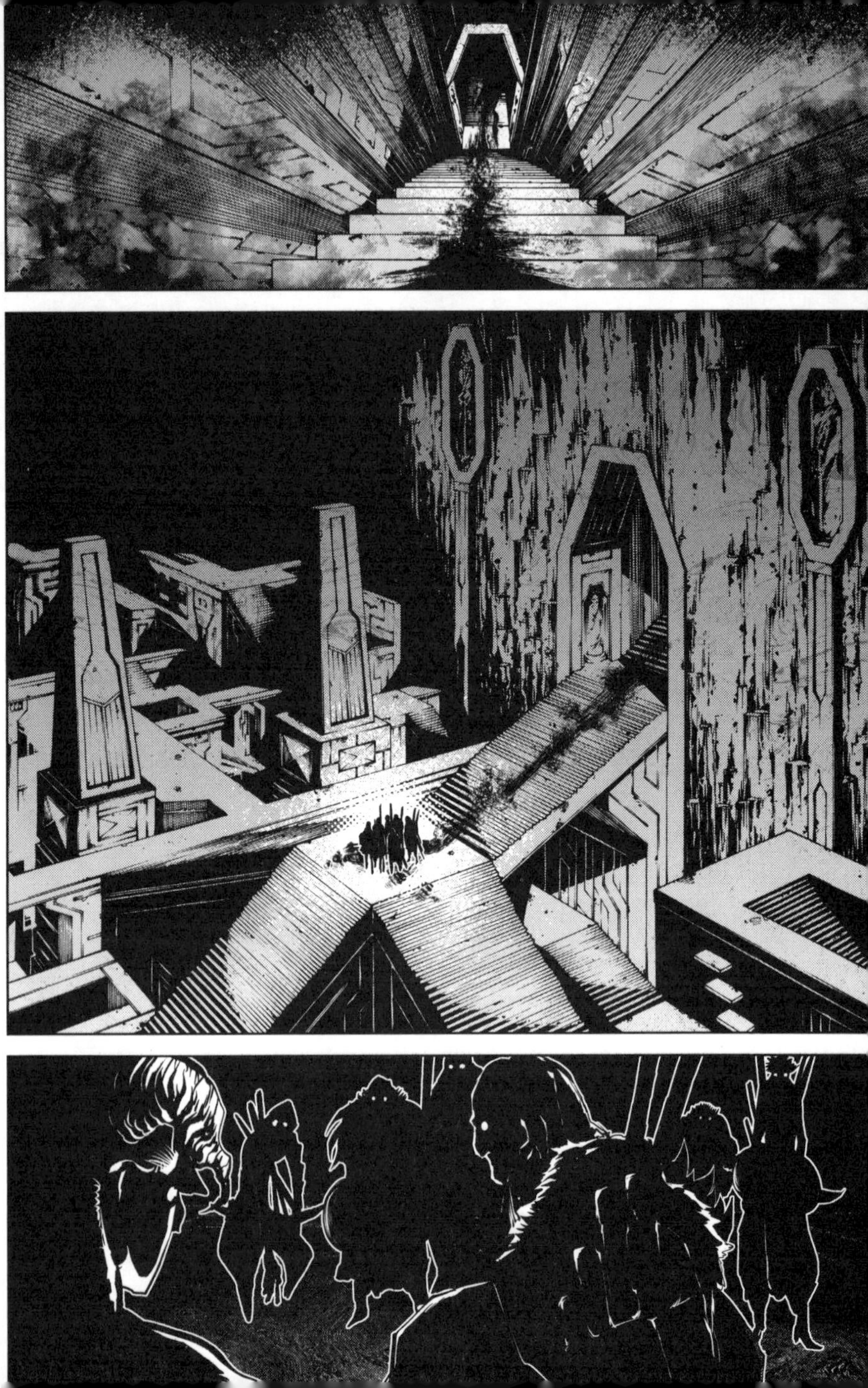

GOBLIN SLAYER!

Even the gods can't control the dice

THE SINGING DEATH

GOBLIN SLAYER!

Even the gods can't control the dice

THE SINGING DEATH

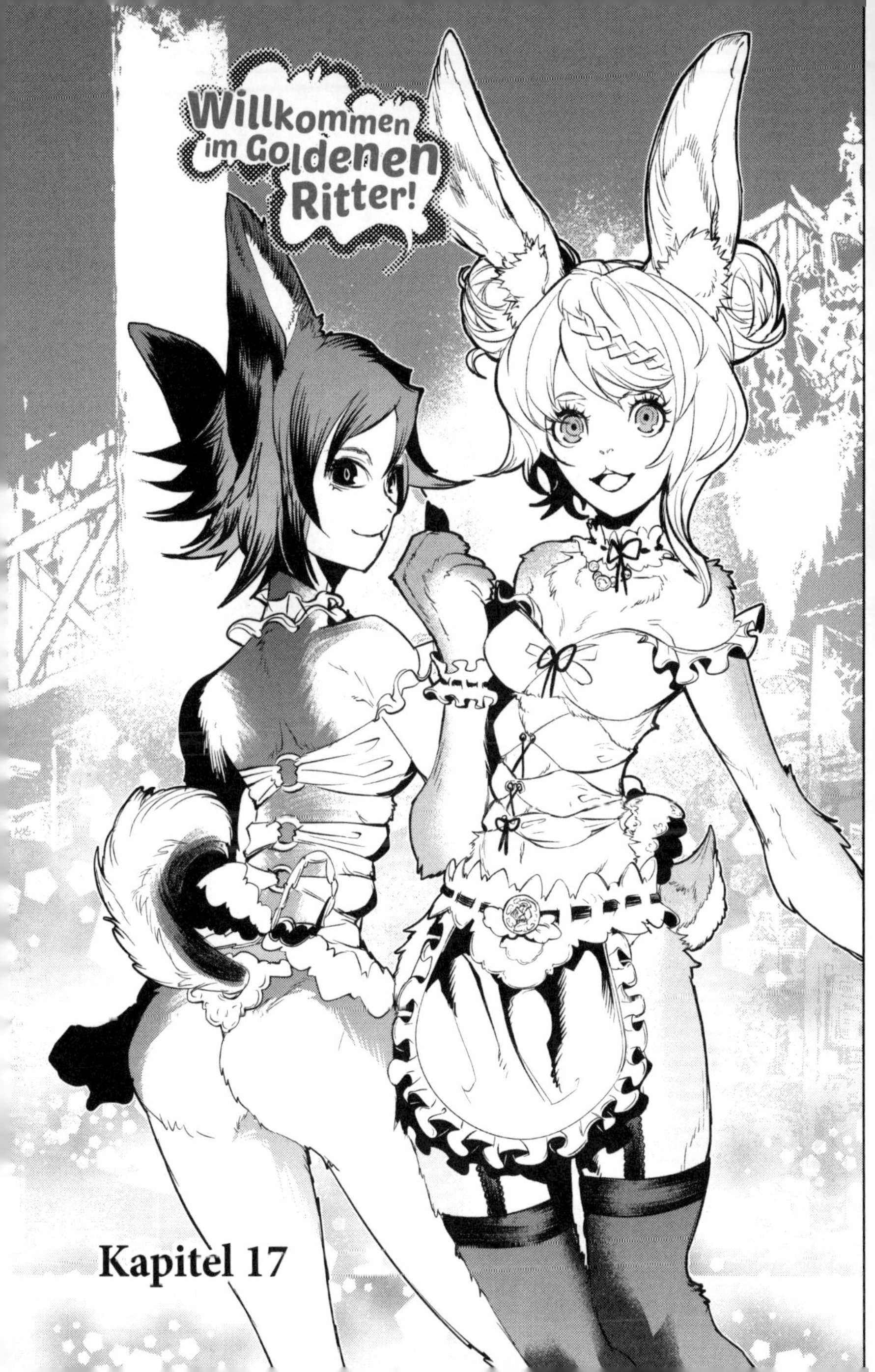
Willkommen im Goldenen Ritter!
Kapitel 17

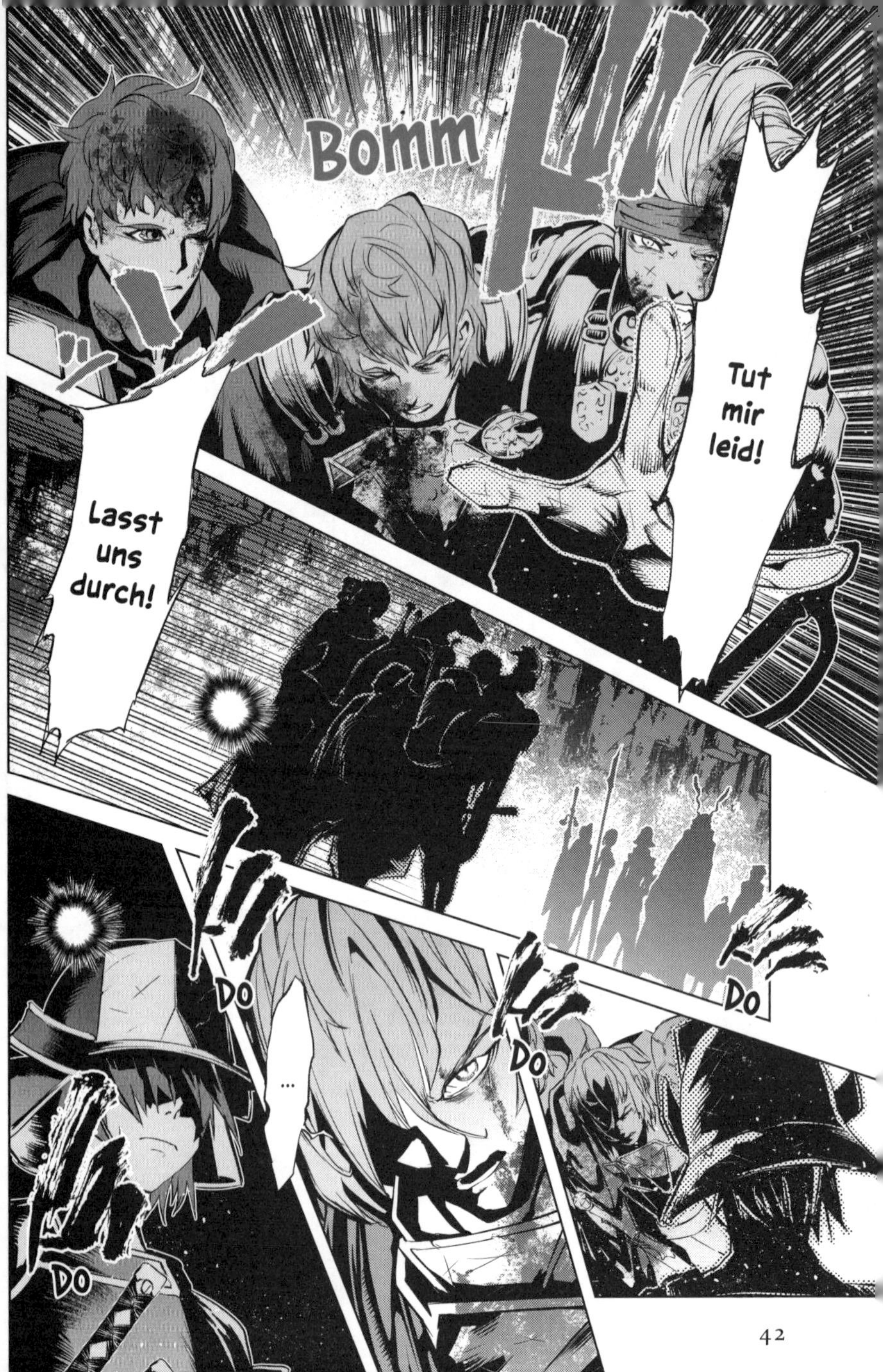
Bomm
Tut mir leid!
Lasst uns durch!
DO
DO
DO
...
DO

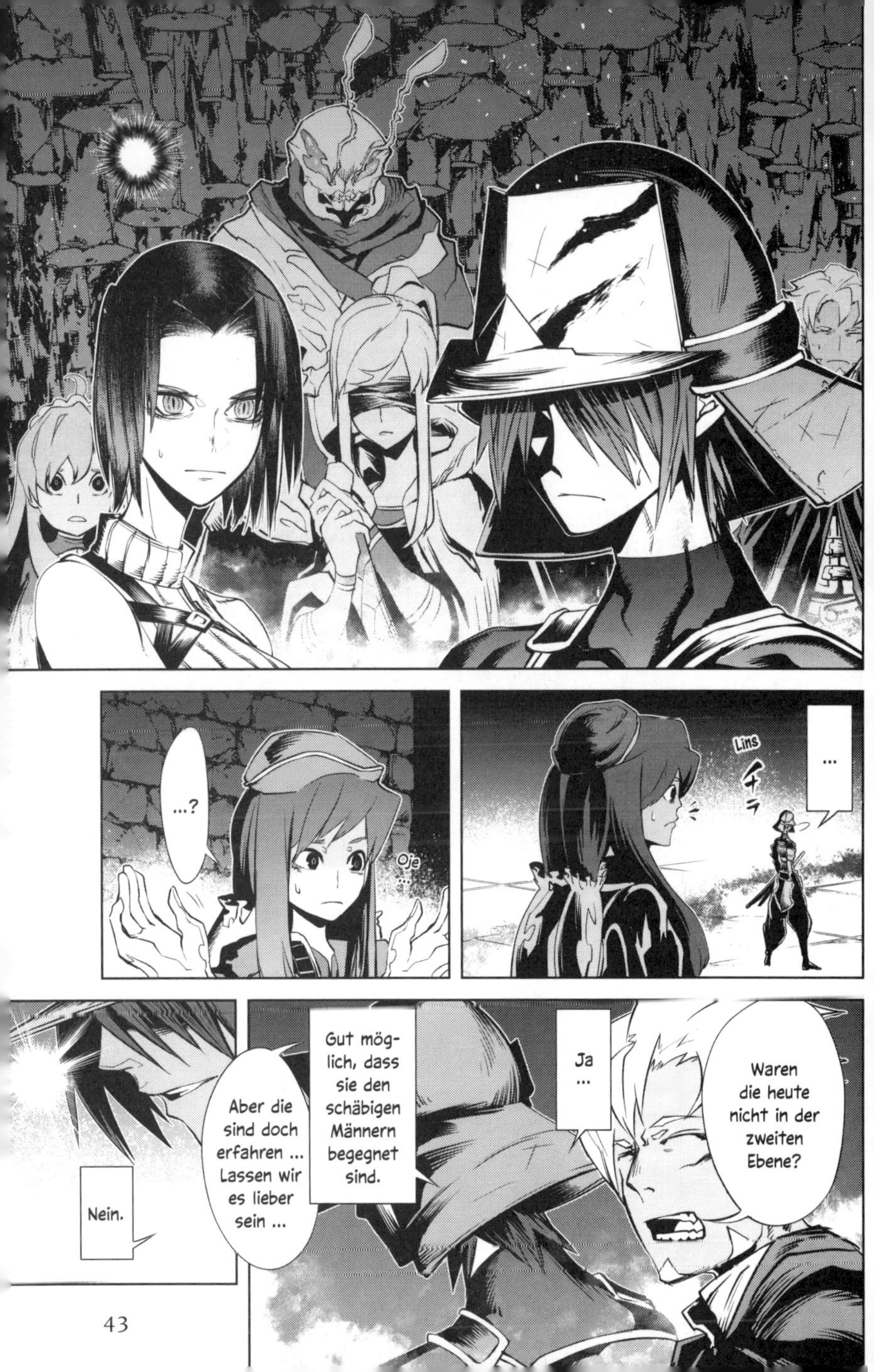
Lins
...
...?
Oje ...
Waren die heute nicht in der zweiten Ebene?
Ja ...
Gut mög-lich, dass sie den schäbigen Männern begegnet sind.
Aber die sind doch erfahren ... Lassen wir es lieber sein ...
Nein.

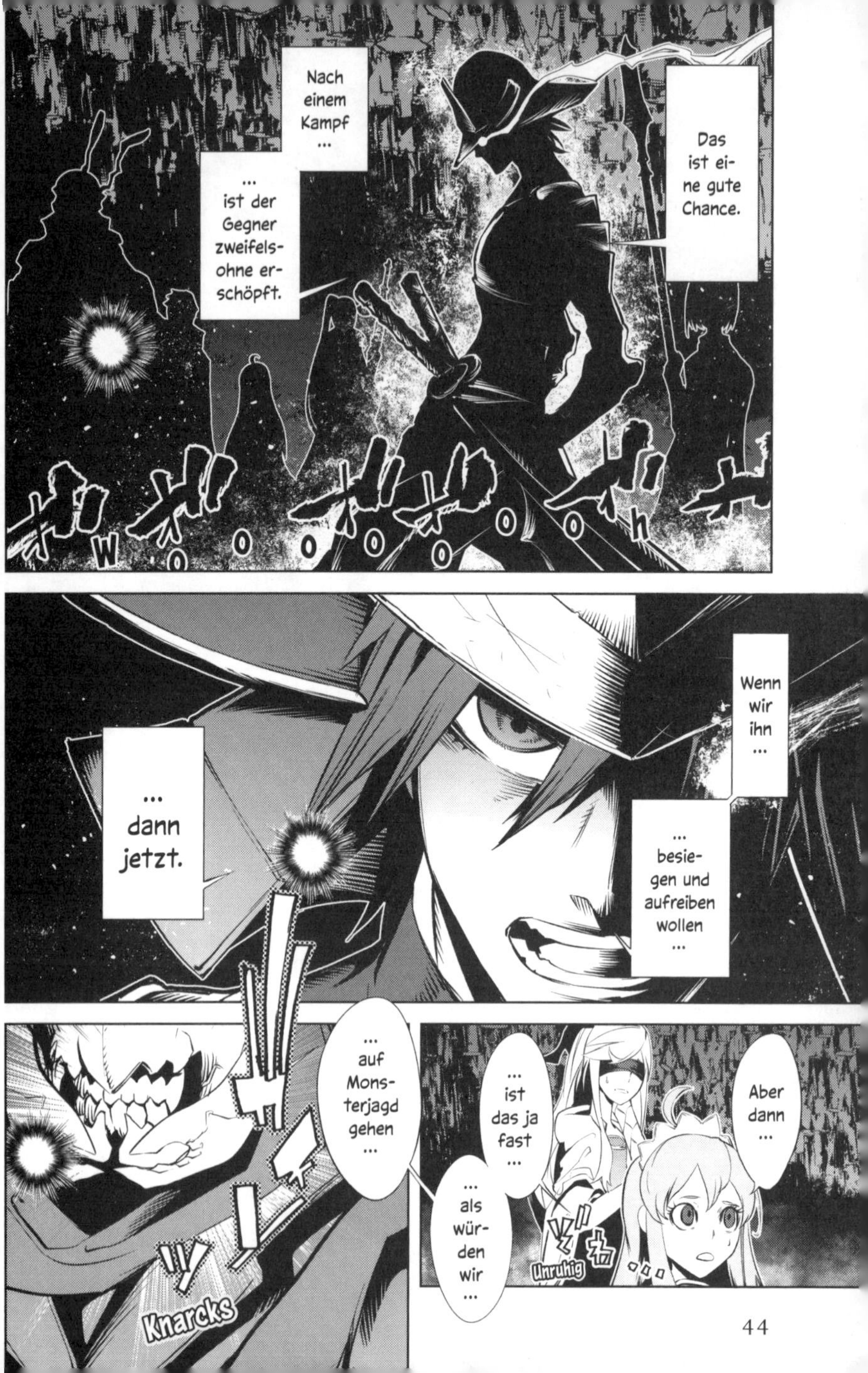

Das ist eine gute Chance.
Nach einem Kampf ...
... ist der Gegner zweifelsohne erschöpft.
Wooooooooh
Wenn wir ihn ...
... besiegen und aufreiben wollen ...
... dann jetzt.
Aber dann ...
... ist das ja fast ...
... als würden wir ...
Unruhig
... auf Monsterjagd gehen ...
Knarcks

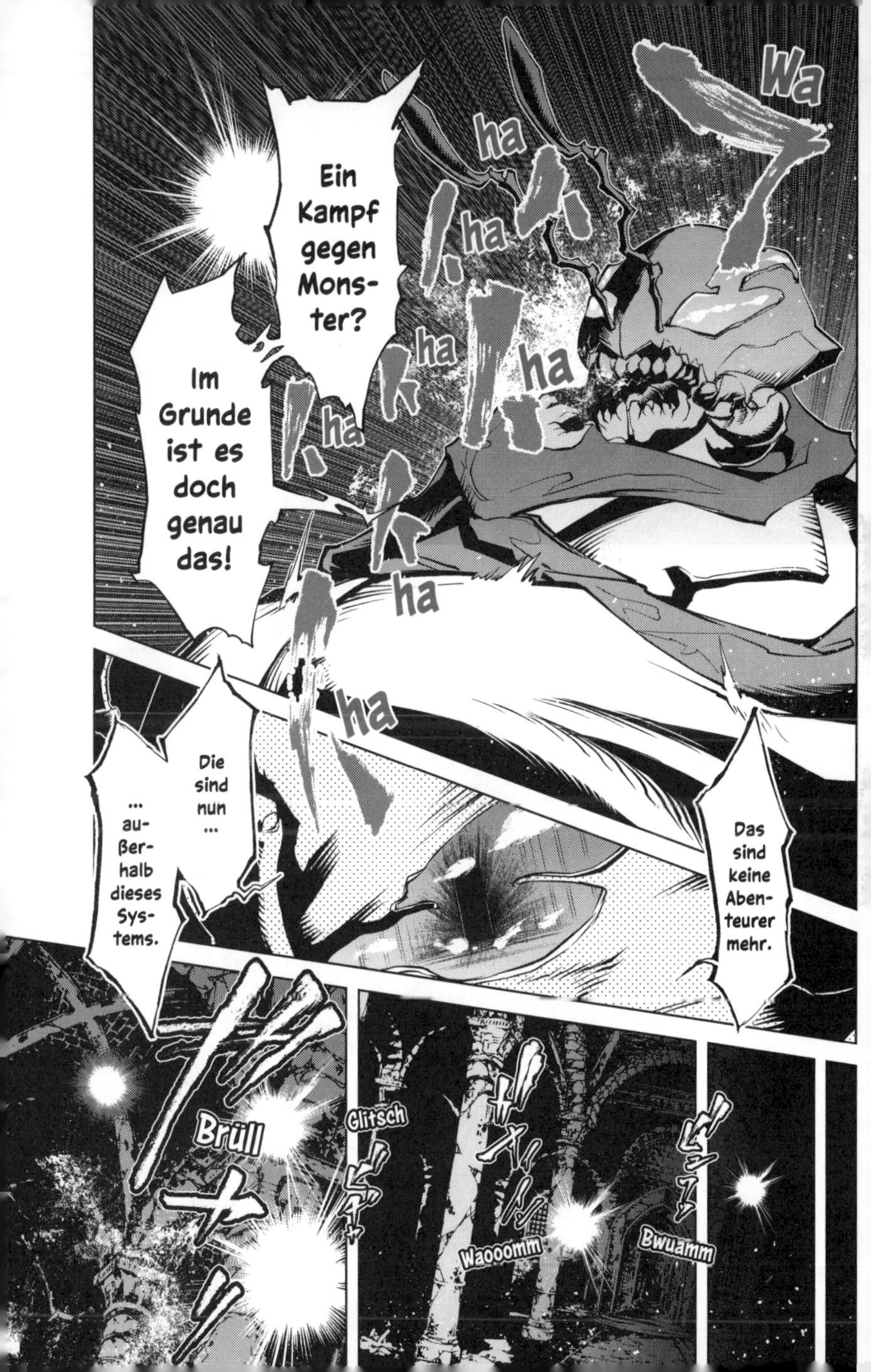
Wa
ha
ha
ha
ha
ha
ha
ha
Ein Kampf gegen Mons-ter?
Im Grunde ist es doch genau das!
Das sind keine Aben-teurer mehr.
Die sind nun ...
... au-ßer-halb dieses Sys-tems.
Brüll
Glitsch
Waooomm
Bwuamm

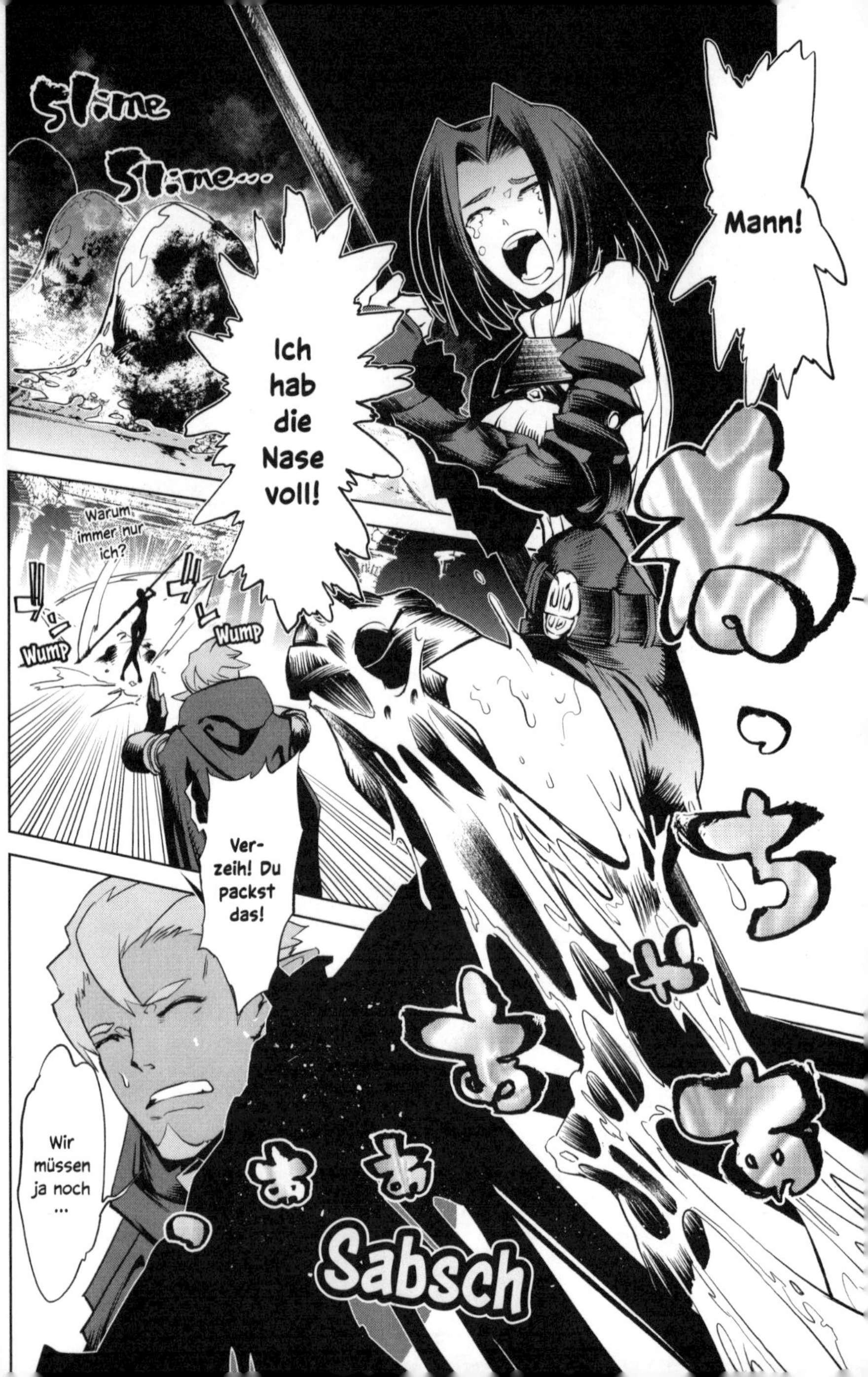
Slime
Slime...
Mann!
Ich hab die Nase voll!
Warum immer nur ich?
Wump
Wump
Ver-zeih! Du packst das!
Wir müssen ja noch ...
Sabsch

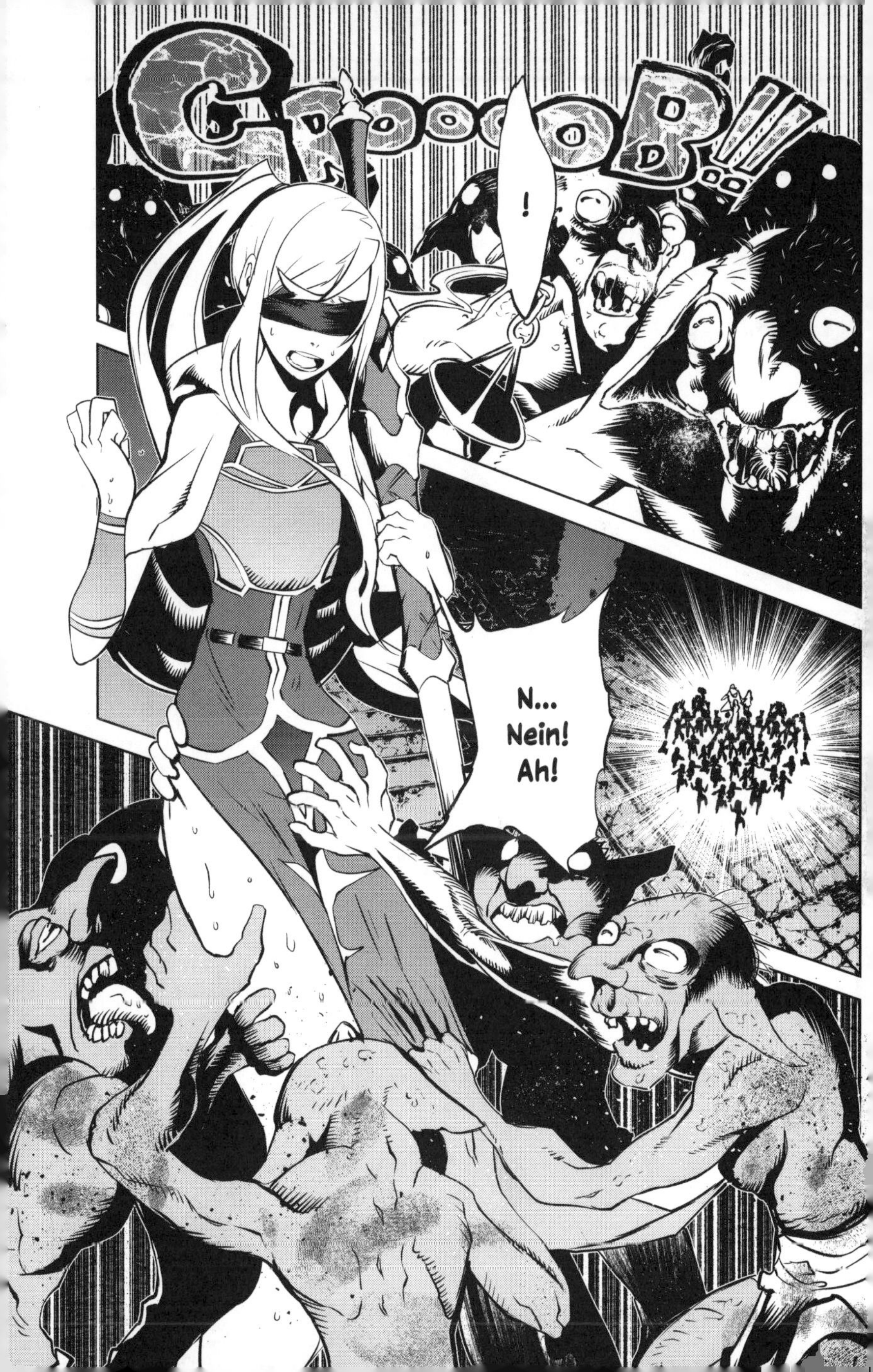
!
N...
Nein!
Ah!

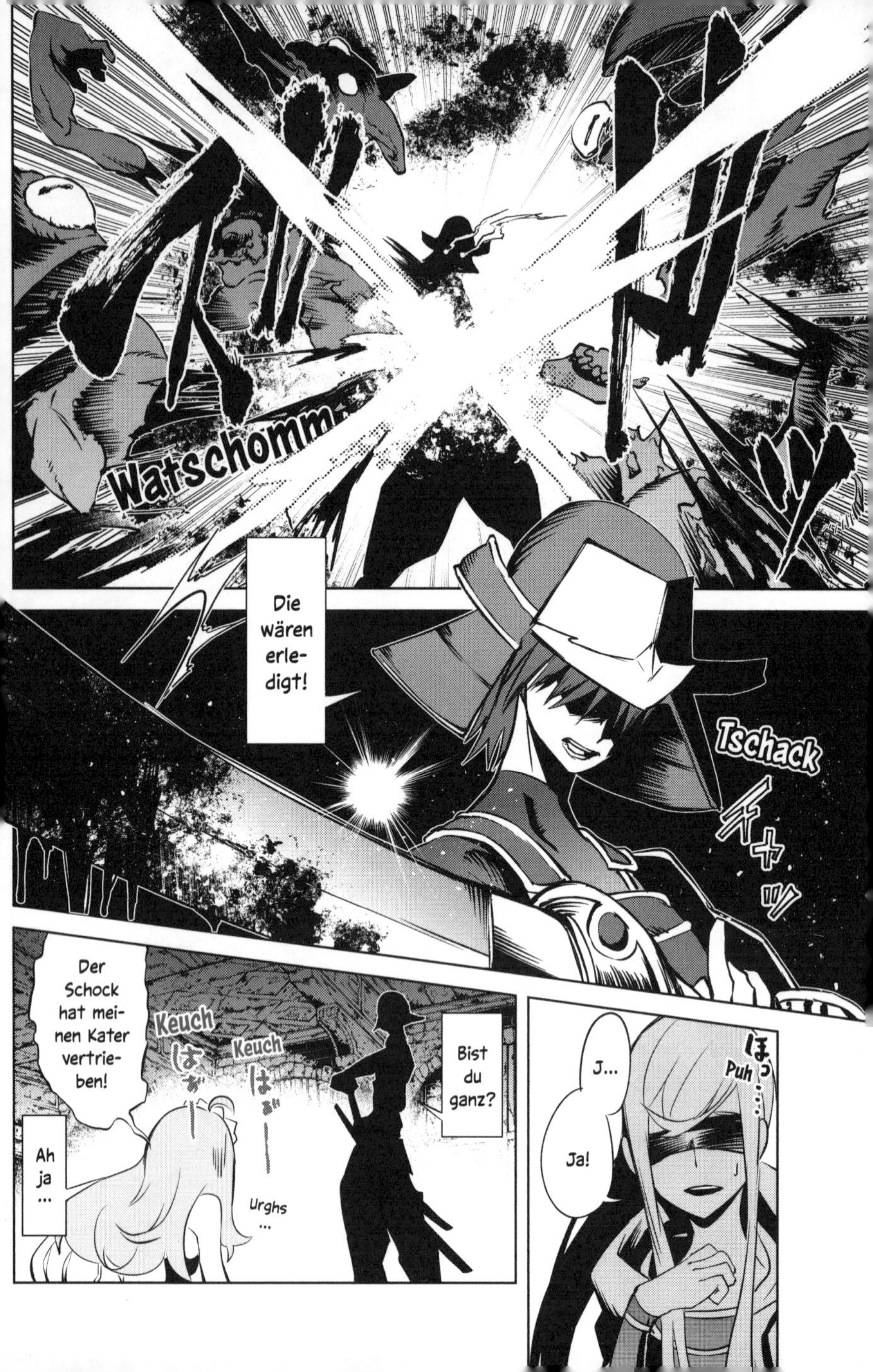
Watschomm
Die wären erle-digt!
Tschack
Bist du ganz?
Keuch
Keuch
Urghs ...
Der Schock hat mei-nen Kater vertrie-ben!
Ah ja ...
J...
Ja!
Puh ...

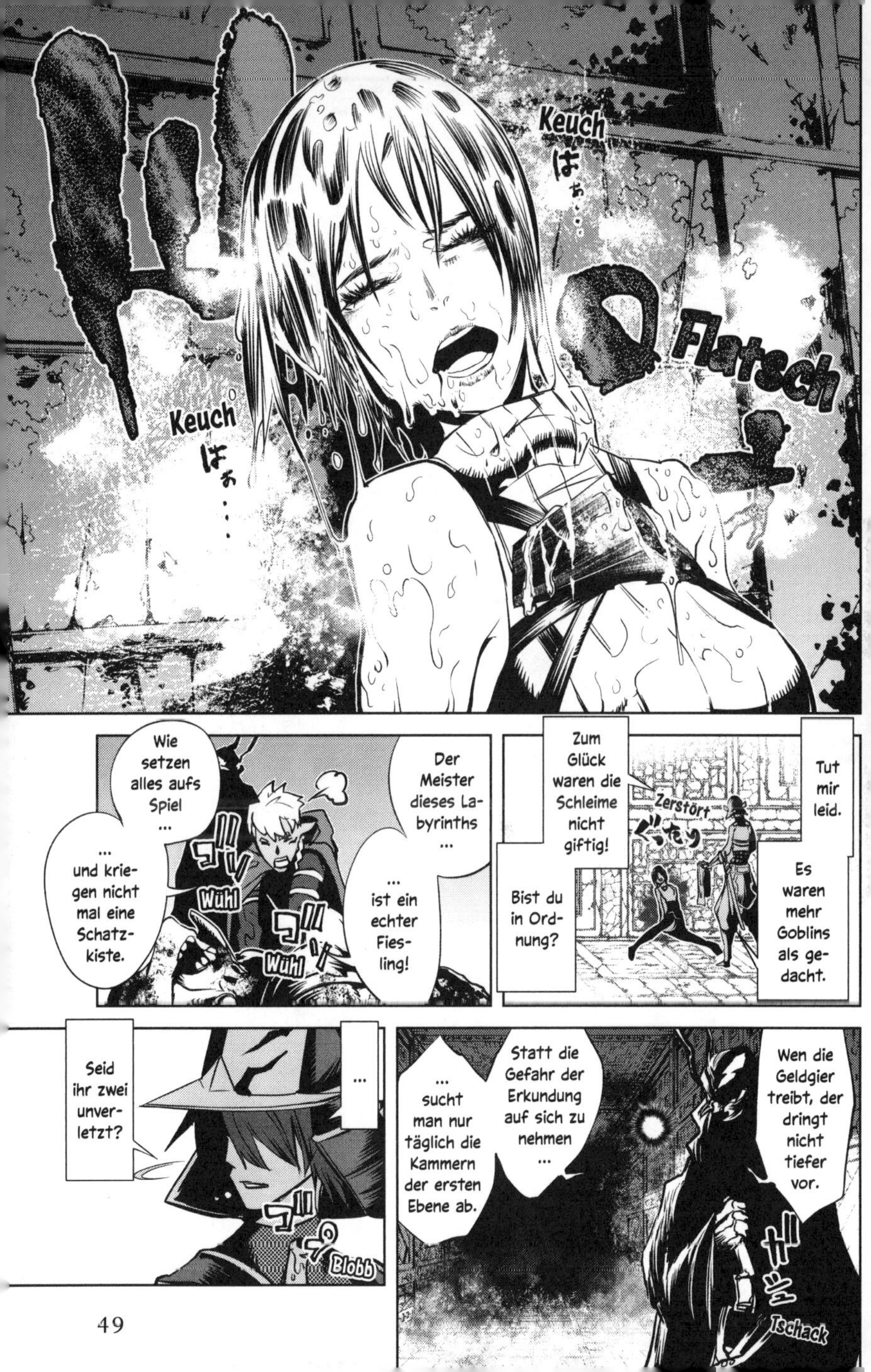
Keuch
Flatsch
Keuch
Tut mir leid.
Es waren mehr Goblins als gedacht.
Zum Glück waren die Schleime nicht giftig!
Zerstört
Bist du in Ordnung?
Der Meister dieses Labyrinths ...
... ist ein echter Fiesling!
Wie setzen alles aufs Spiel ...
... und kriegen nicht mal eine Schatzkiste.
Wühl
Wühl
Wen die Geldgier treibt, der dringt nicht tiefer vor.
Statt die Gefahr der Erkundung auf sich zu nehmen ...
... sucht man nur täglich die Kammern der ersten Ebene ab.
Tschack
...
Seid ihr zwei unverletzt?
Blobb

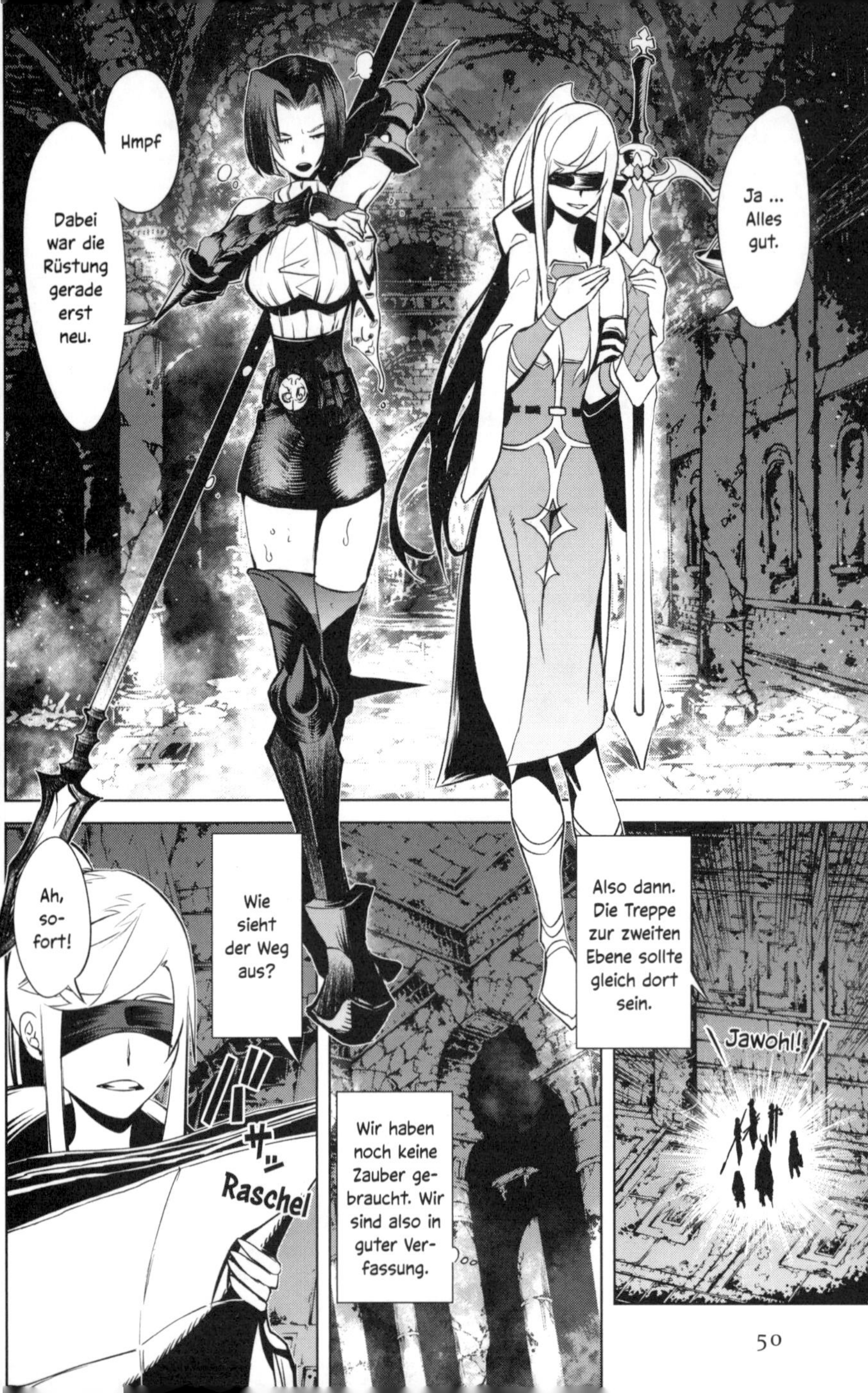
Ja ... Alles gut.
Hmpf
Dabei war die Rüstung gerade erst neu.
Jawohl!
Also dann. Die Treppe zur zweiten Ebene sollte gleich dort sein.
Wie sieht der Weg aus?
Wir haben noch keine Zauber gebraucht. Wir sind also in guter Verfassung.
Ah, sofort!
Raschel

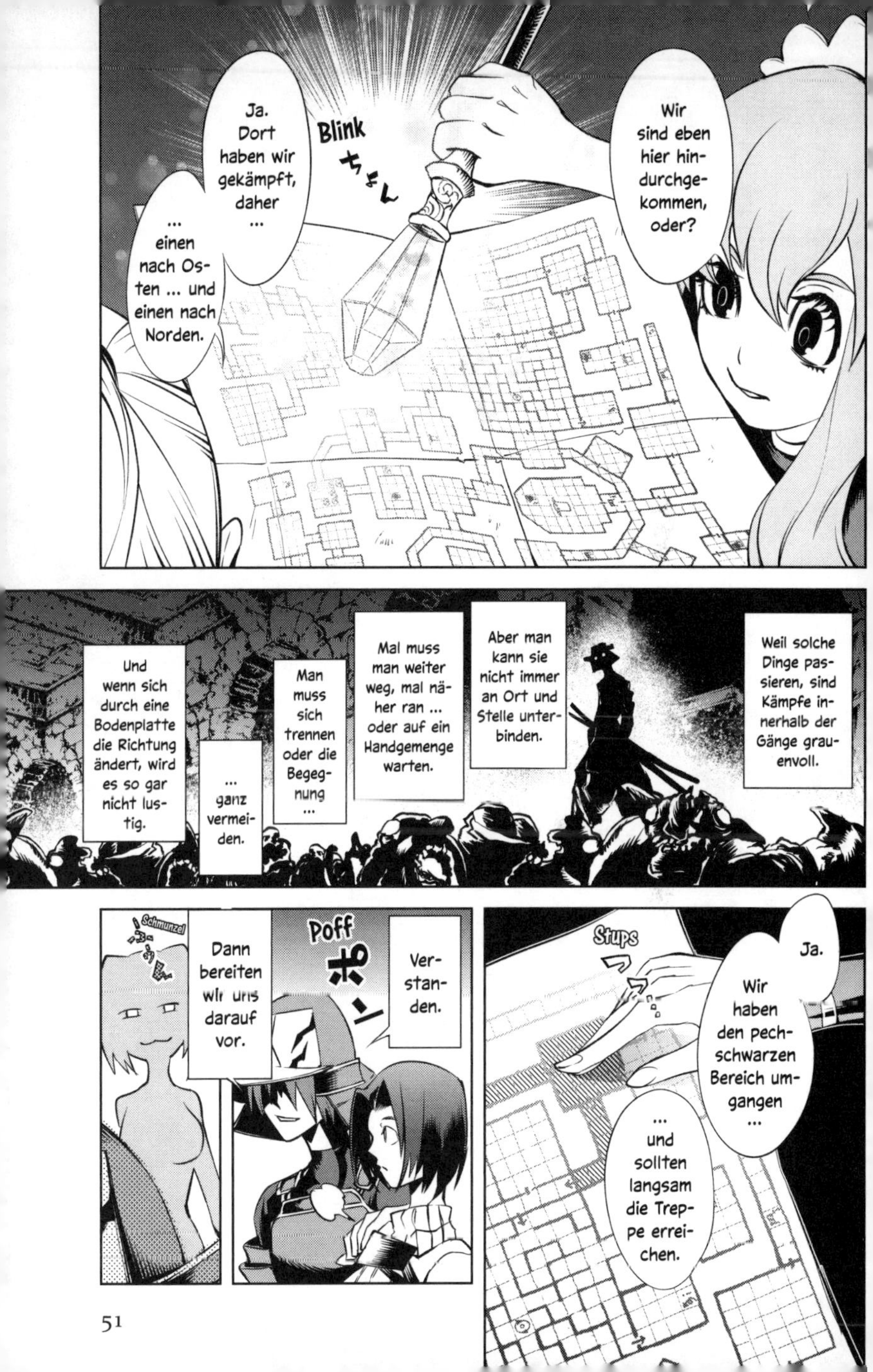

Wir sind eben hier hindurchgekommen, oder?
Blink
Ja. Dort haben wir gekämpft, daher ...
... einen nach Osten ... und einen nach Norden.
Weil solche Dinge passieren, sind Kämpfe innerhalb der Gänge grauenvoll.
Aber man kann sie nicht immer an Ort und Stelle unterbinden.
Mal muss man weiter weg, mal näher ran ... oder auf ein Handgemenge warten.
Man muss sich trennen oder die Begegnung ...
... ganz vermeiden.
Und wenn sich durch eine Bodenplatte die Richtung ändert, wird es so gar nicht lustig.
Stups
Ja.
Wir haben den pechschwarzen Bereich umgangen ...
... und sollten langsam die Treppe erreichen.
Poff
Verstanden.
Dann bereiten wir uns darauf vor.
Schmunzel

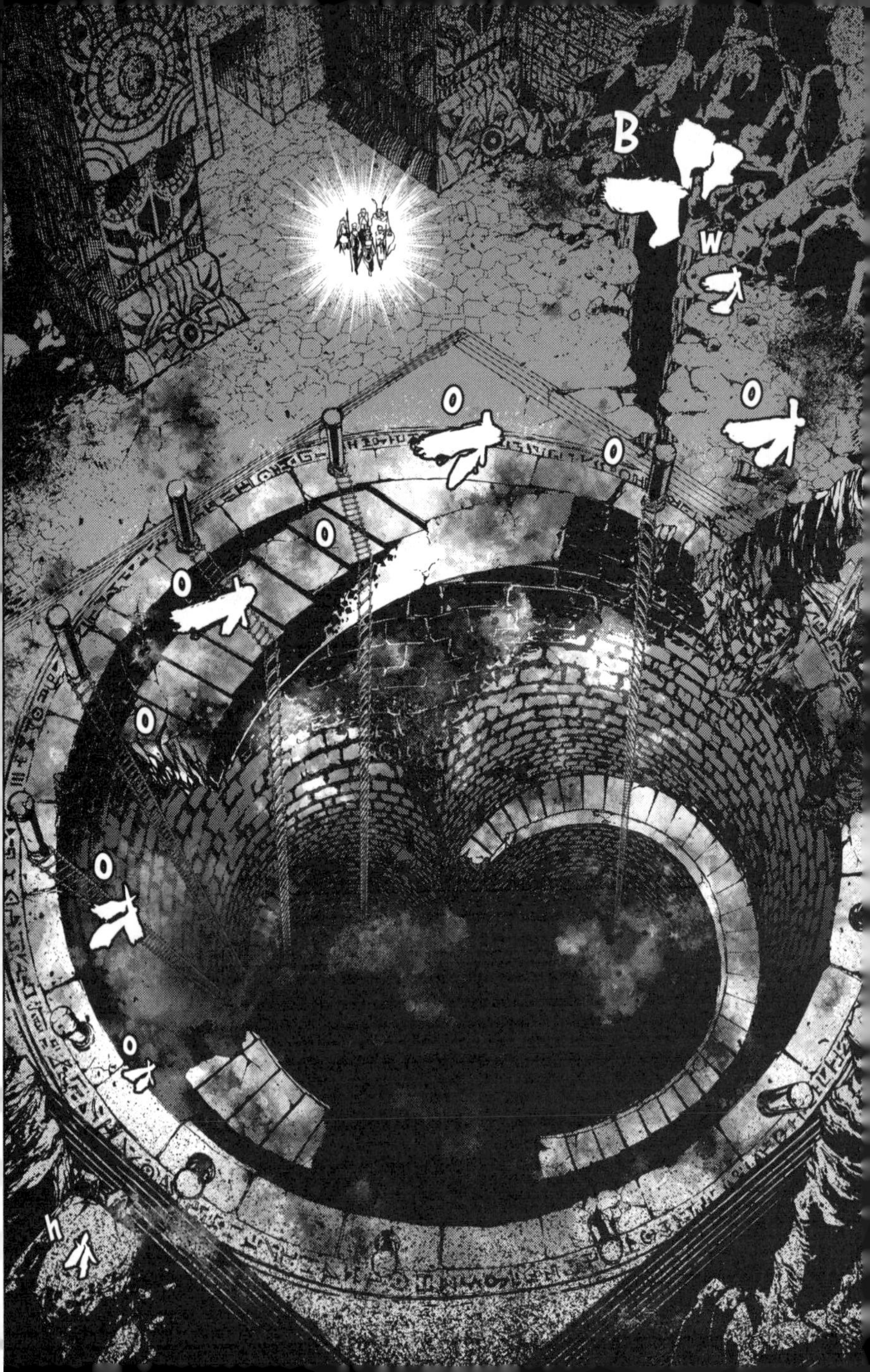

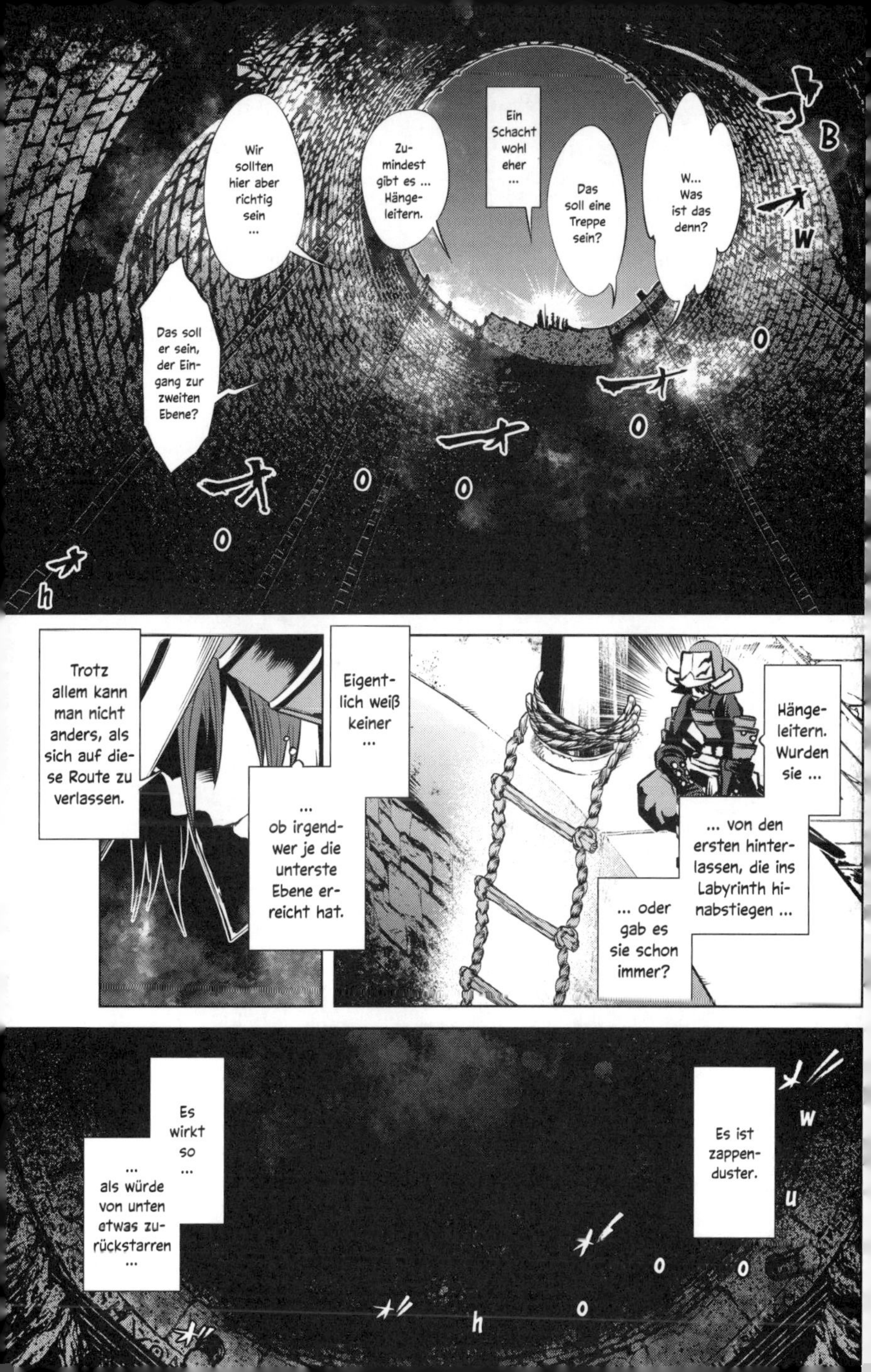
B
W
W... Was ist das denn?
Das soll eine Treppe sein?
Ein Schacht wohl eher ...
Zumindest gibt es ... Hängeleitern.
Wir sollten hier aber richtig sein ...
Das soll er sein, der Eingang zur zweiten Ebene?
O
O
O
O
O
h
Hängeleitern. Wurden sie ...
... von den ersten hinterlassen, die ins Labyrinth hinabstiegen ...
... oder gab es sie schon immer?
Eigentlich weiß keiner ...
... ob irgendwer je die unterste Ebene erreicht hat.
Trotz allem kann man nicht anders, als sich auf diese Route zu verlassen.
W
u
Es ist zappenduster.
o
o
o
h
Es wirkt so ...
... als würde von unten etwas zurückstarren ...

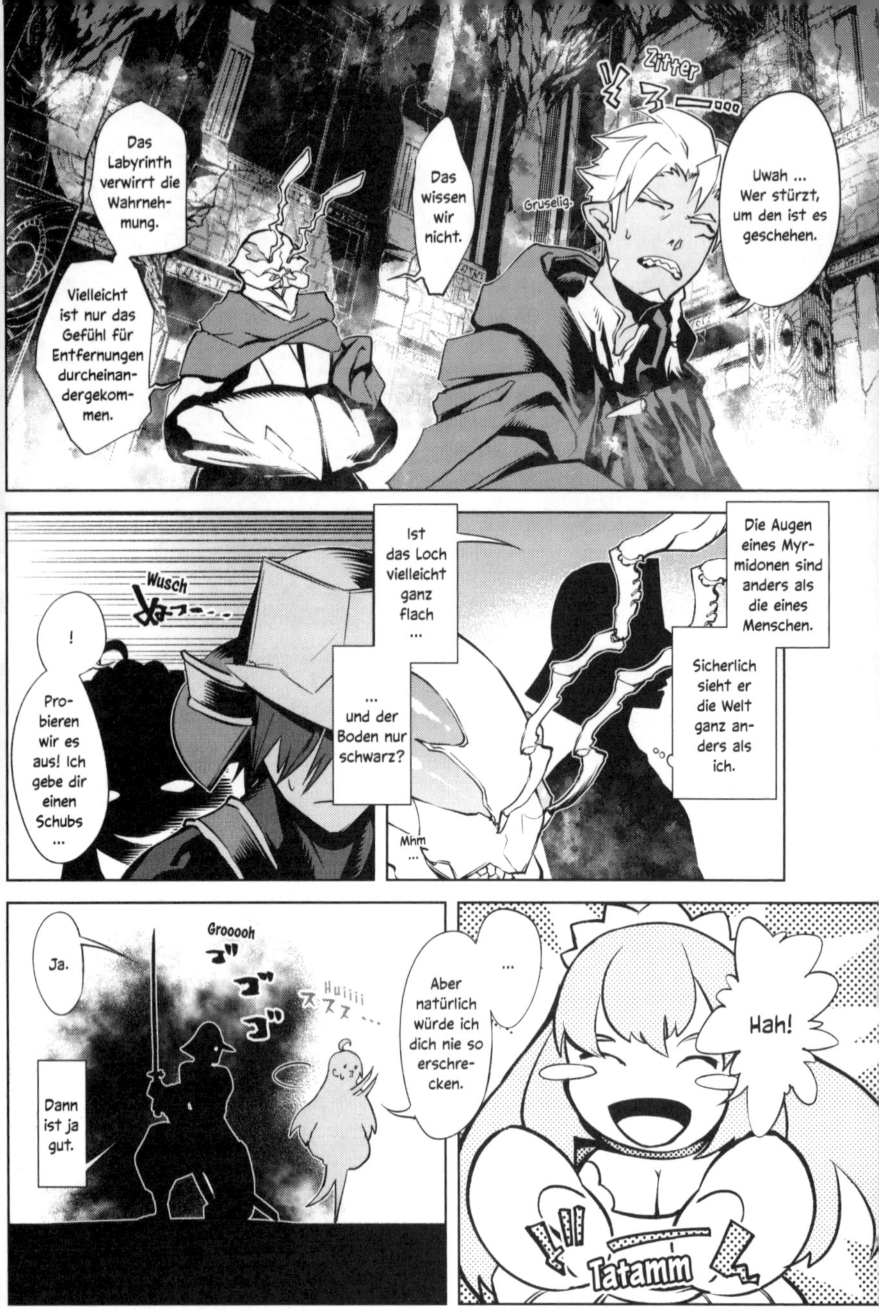
Zitter
Uwah ... Wer stürzt, um den ist es geschehen.
Gruselig.
Das wissen wir nicht.
Das Labyrinth verwirrt die Wahrneh-mung.
Vielleicht ist nur das Gefühl für Entfernungen durcheinan-dergekom-men.
Die Augen eines Myr-midonen sind anders als die eines Menschen.
Sicherlich sieht er die Welt ganz an-ders als ich.
Mhm ...
Ist das Loch vielleicht ganz flach ...
... und der Boden nur schwarz?
Wusch
!
Pro-bieren wir es aus! Ich gebe dir einen Schubs ...
Tatamm
Hah!
...
Aber natürlich würde ich dich nie so erschre-cken.
Huiiii
Grooooh
Ja.
Dann ist ja gut.

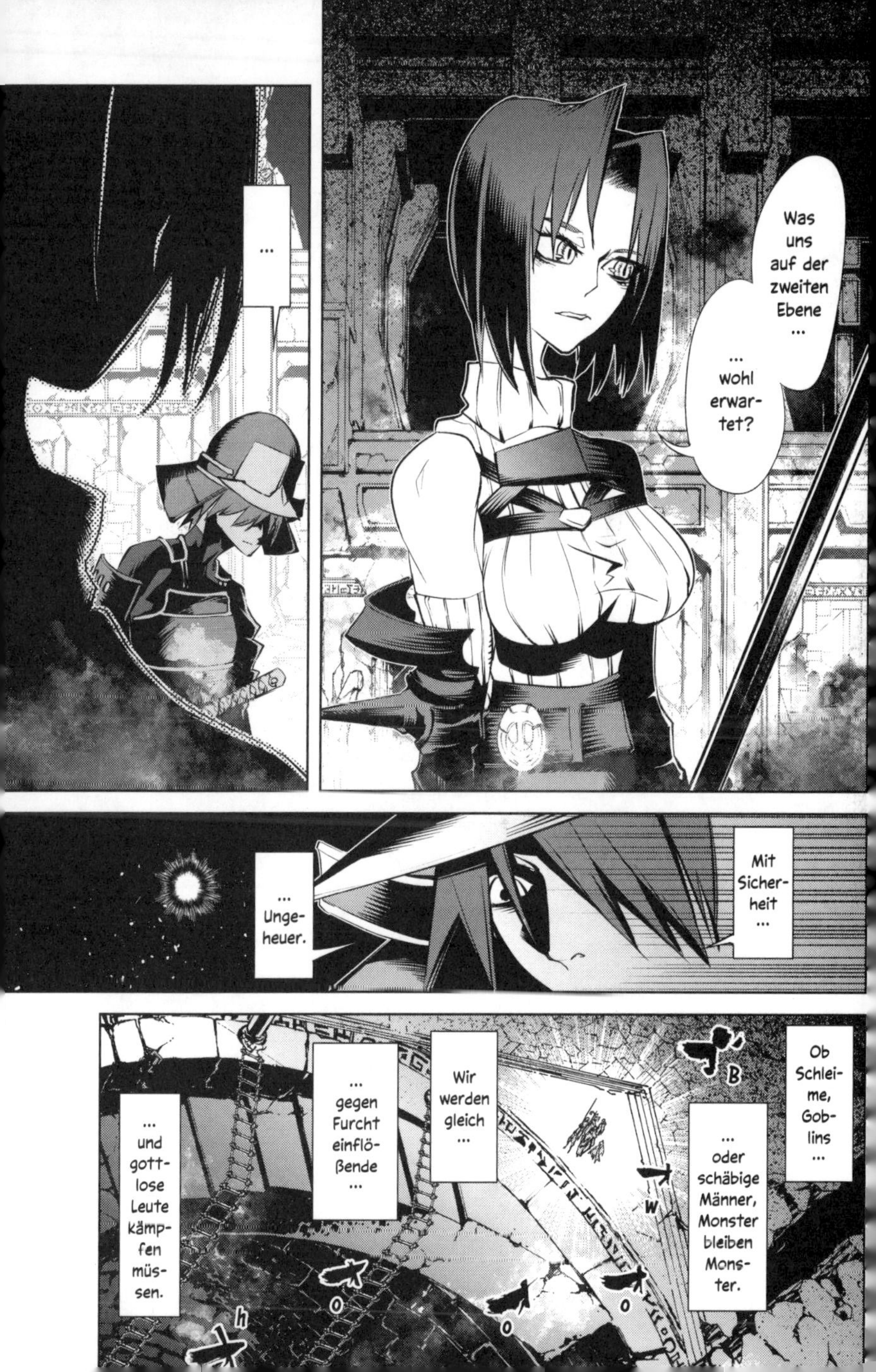
Was uns auf der zweiten Ebene ...
... wohl erwartet?
...
Mit Sicherheit ...
... Ungeheuer.
Ob Schleime, Goblins ...
... oder schäbige Männer, Monster bleiben Monster.
Wir werden gleich ...
... gegen Furcht einflößende ...
... und gottlose Leute kämpfen müssen.

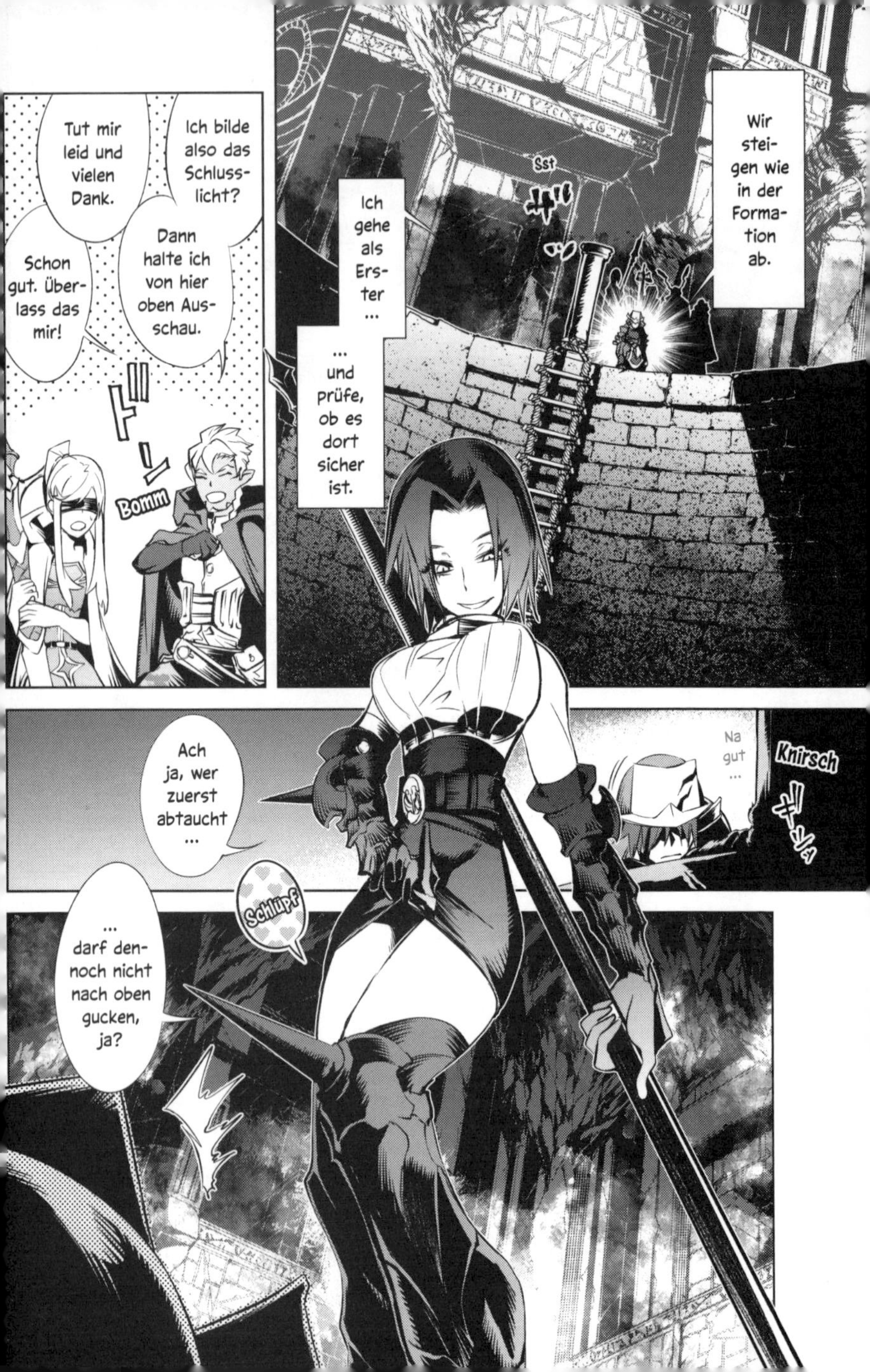
Wir steigen wie in der Formation ab.
Ich gehe als Erster ...
... und prüfe, ob es dort sicher ist.
Sst
Ich bilde also das Schlusslicht?
Tut mir leid und vielen Dank.
Dann halte ich von hier oben Ausschau.
Schon gut. Überlass das mir!
Bomm
Na gut ...
Knirsch
Ach ja, wer zuerst abtaucht ...
Schlüpf
... darf dennoch nicht nach oben gucken, ja?

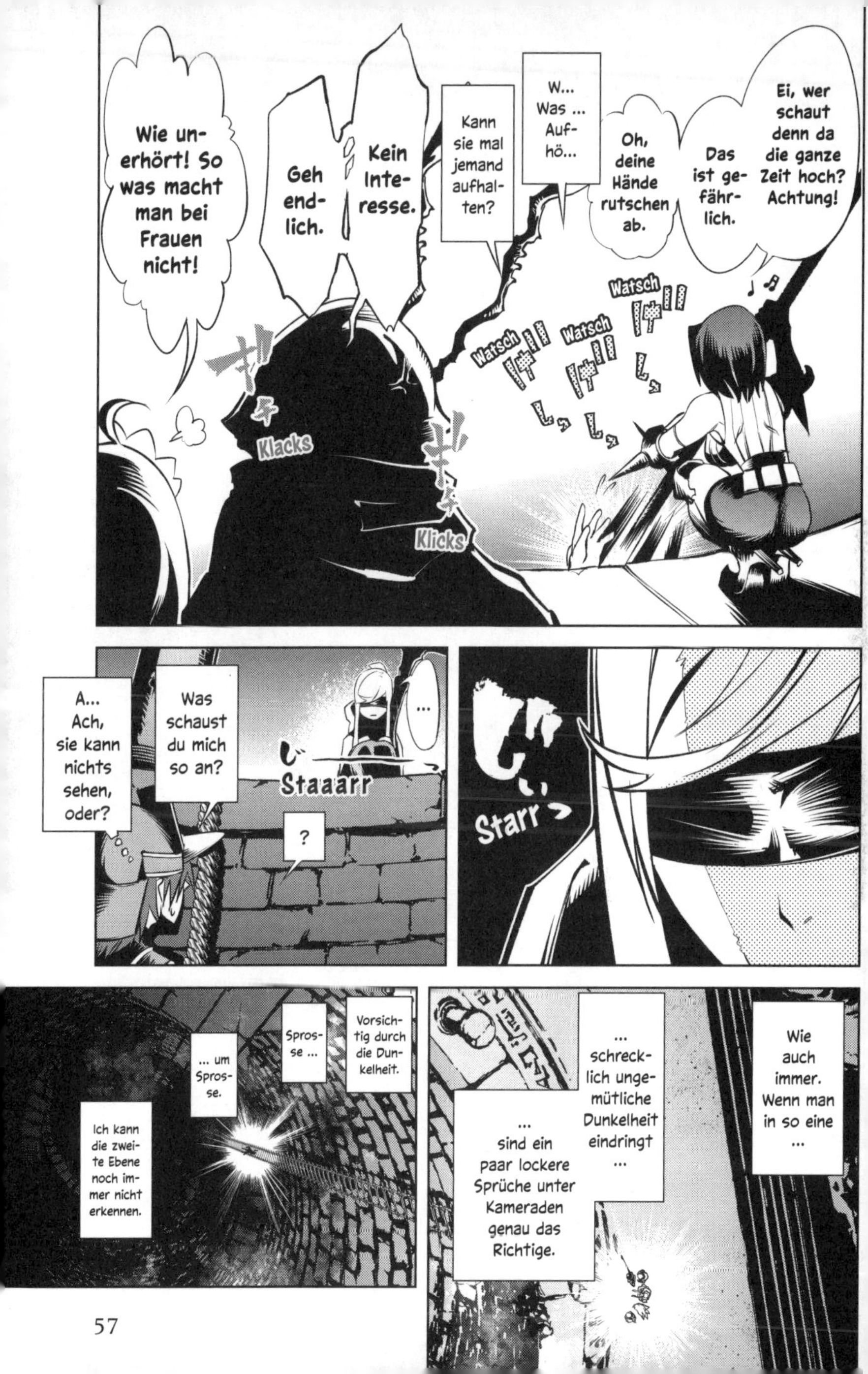
Ei, wer schaut denn da die ganze Zeit hoch? Achtung!
Das ist gefährlich.
Oh, deine Hände rutschen ab.
W... Was ... Aufhö...
Kann sie mal jemand aufhalten?
Kein Interesse.
Geh endlich.
Wie unerhört! So was macht man bei Frauen nicht!
Watsch
Watsch
Watsch
Klacks
Klicks
Starr
...
Staaarr
Was schaust du mich so an?
?
A... Ach, sie kann nichts sehen, oder?
Wie auch immer. Wenn man in so eine ...
... schrecklich ungemütliche Dunkelheit eindringt ...
... sind ein paar lockere Sprüche unter Kameraden genau das Richtige.
Vorsichtig durch die Dunkelheit.
Sprosse ...
... um Sprosse.
Ich kann die zweite Ebene noch immer nicht erkennen.

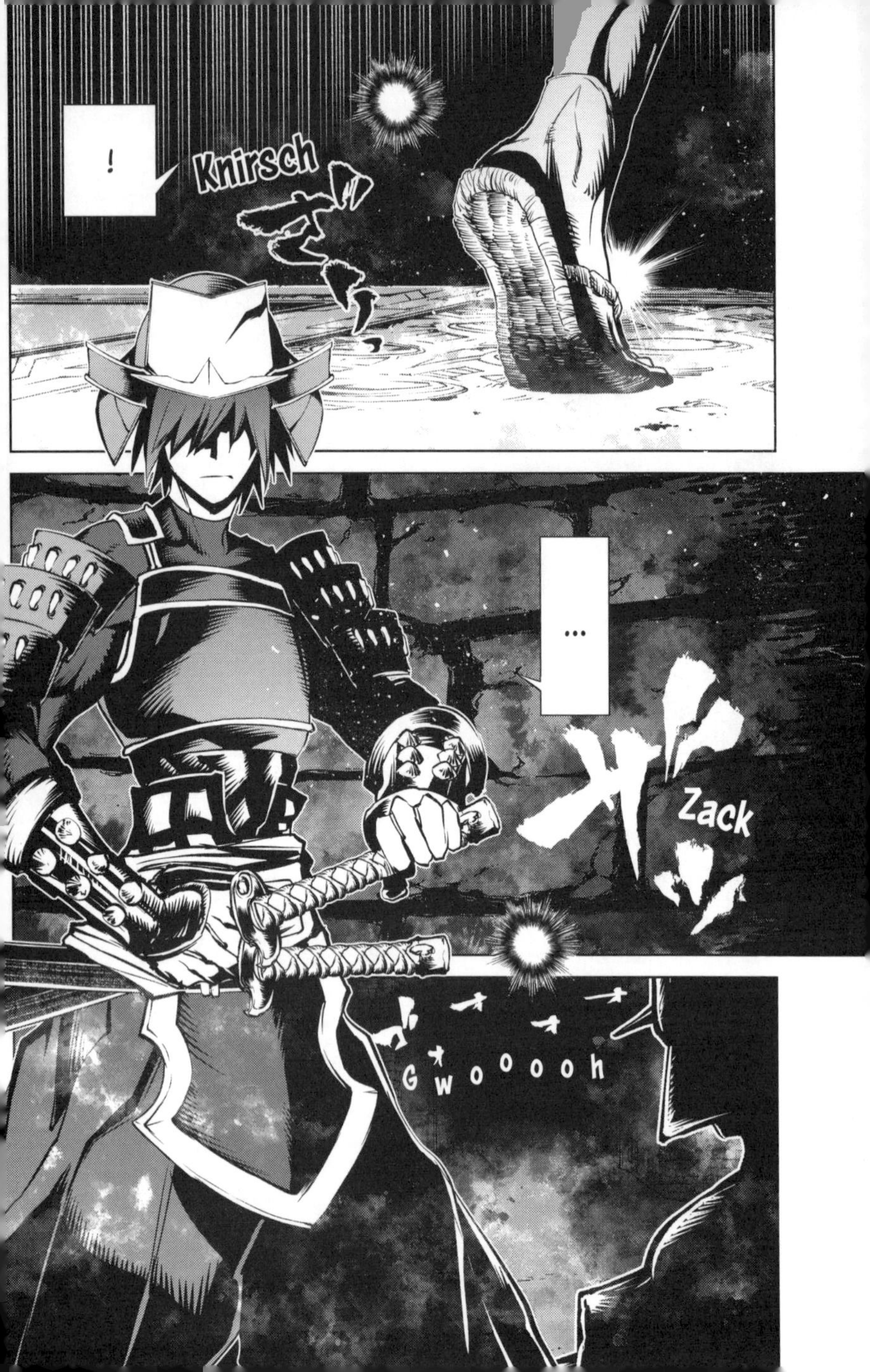
!
Knirsch
…
Zack
Gwooooh

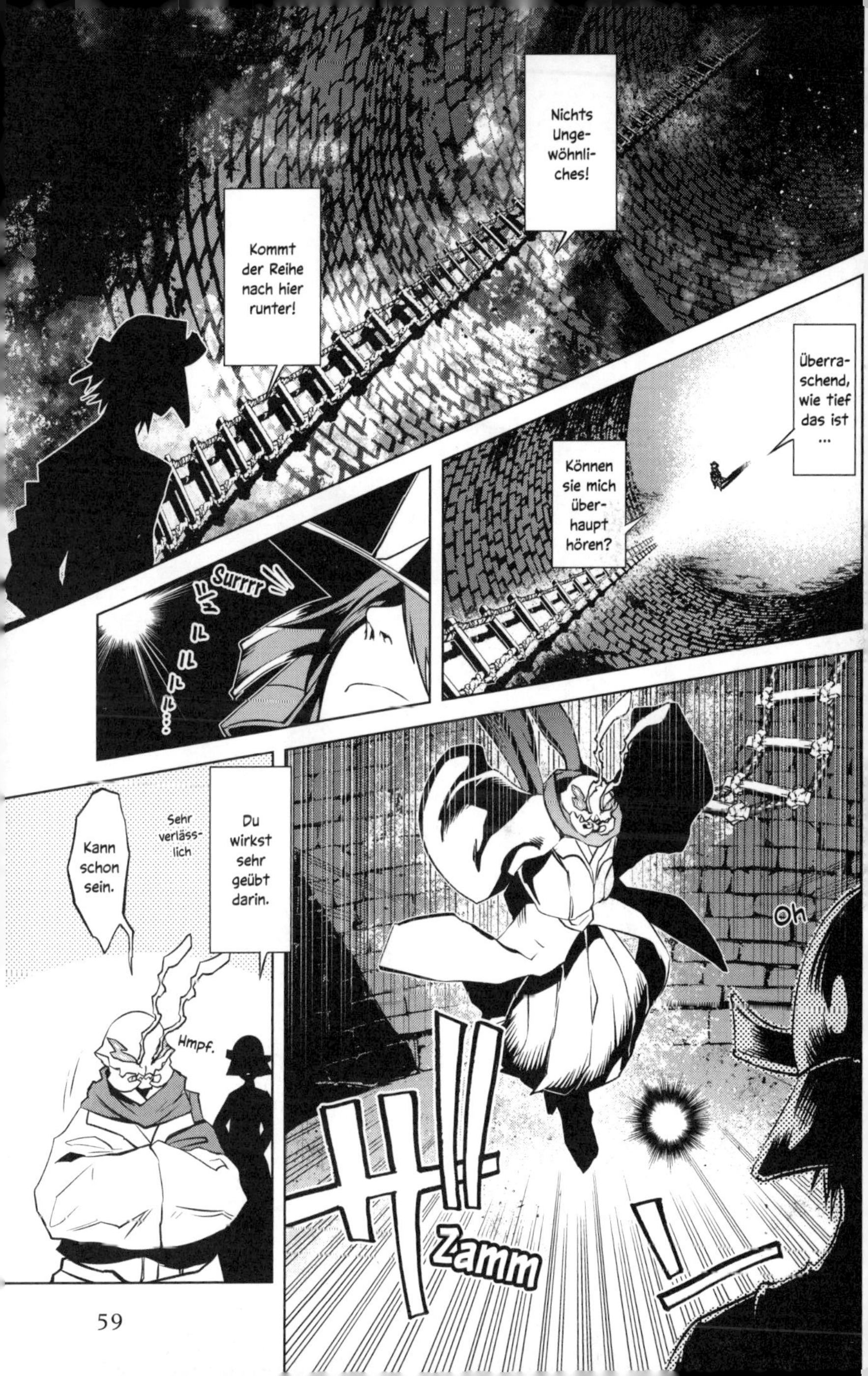
Nichts Ungewöhnliches!
Kommt der Reihe nach hier runter!
Überraschend, wie tief das ist ...
Können sie mich überhaupt hören?
Surrrr
Oh
Zamm
Du wirkst sehr geübt darin.
Sehr verlässlich
Kann schon sein.
Hmpf.

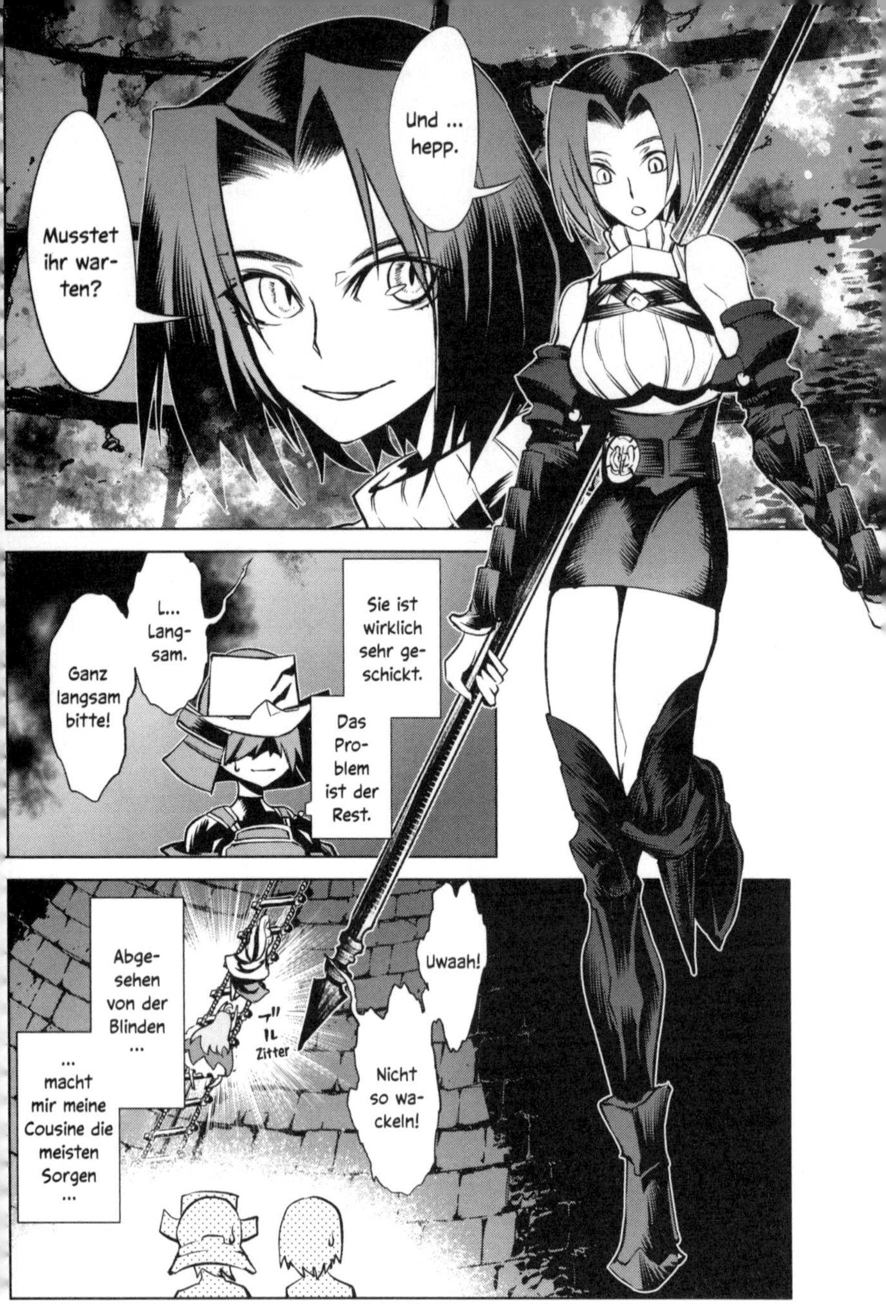
Und ... hepp.
Musstet ihr warten?
Sie ist wirklich sehr geschickt.
Das Problem ist der Rest.
L... Langsam.
Ganz langsam bitte!
Uwaah!
Nicht so wackeln!
Zitter
Abgesehen von der Blinden ...
... macht mir meine Cousine die meisten Sorgen ...

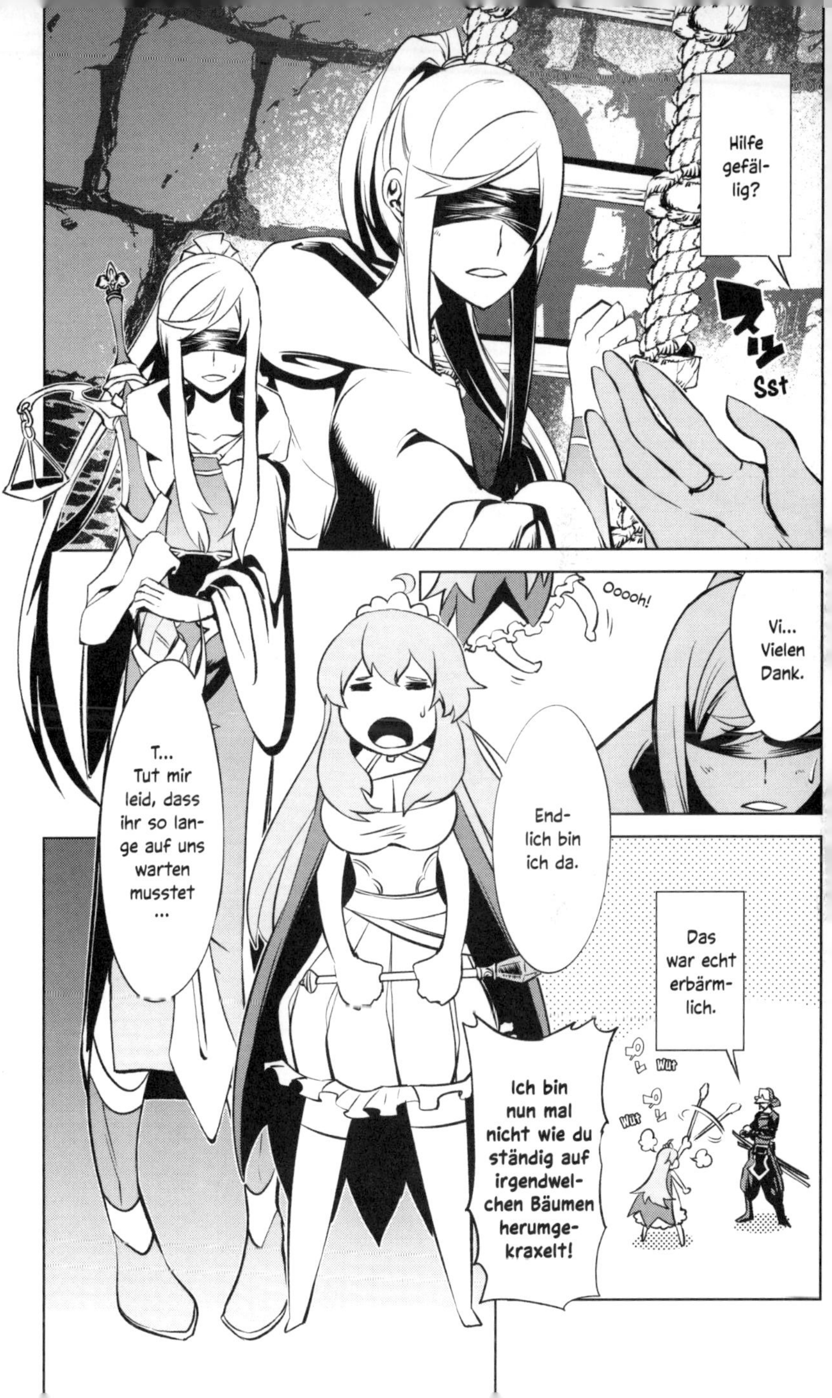
Hilfe gefällig?
Sst
Vi... Vielen Dank.
Ooooh!
Endlich bin ich da.
T... Tut mir leid, dass ihr so lange auf uns warten musstet ...
Das war echt erbärmlich.
Wüt
Wüt
Ich bin nun mal nicht wie du ständig auf irgendwelchen Bäumen herumgekraxelt!

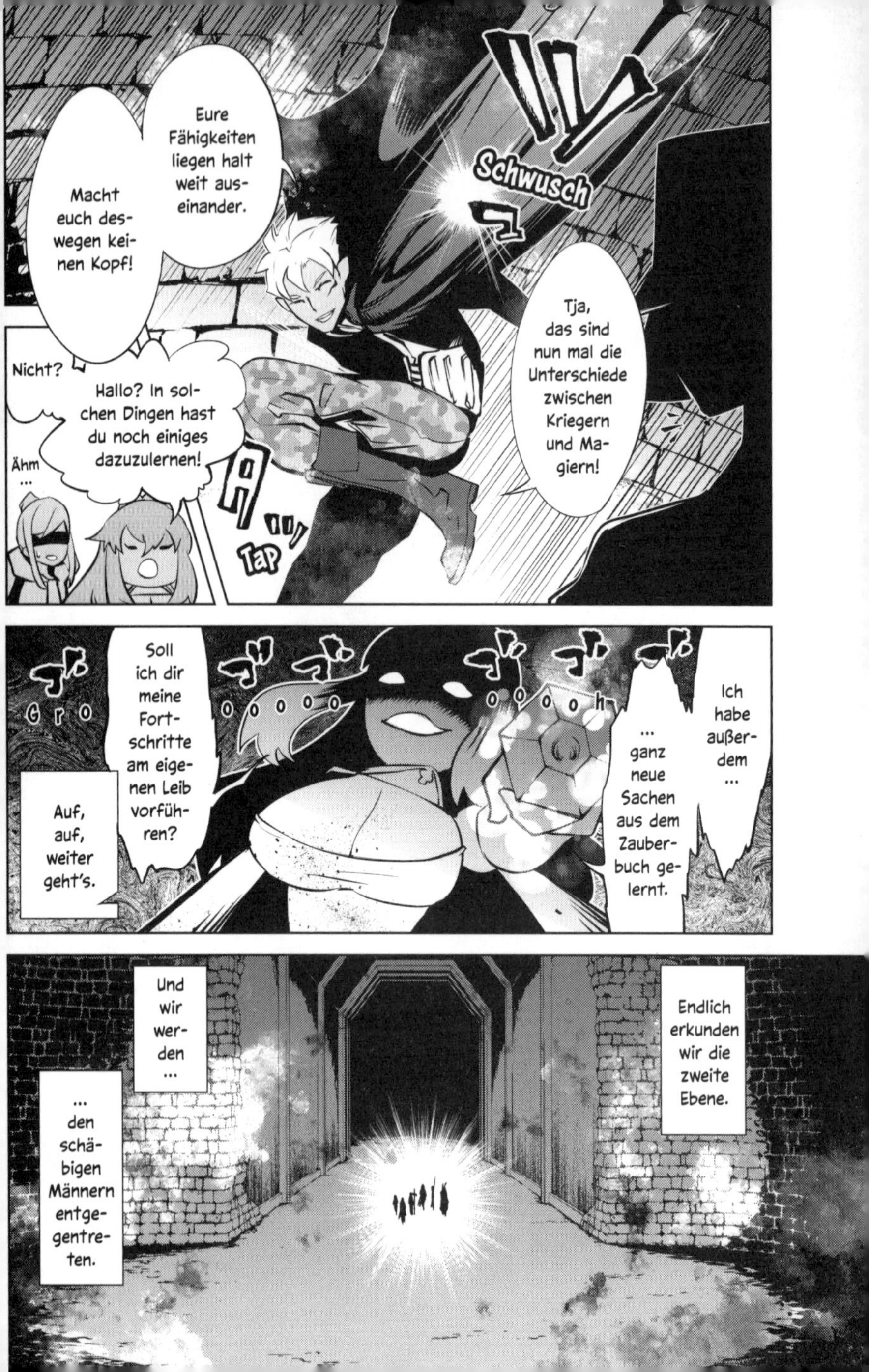
Schwusch
Tja, das sind nun mal die Unterschiede zwischen Kriegern und Magiern!
Eure Fähigkeiten liegen halt weit auseinander.
Macht euch deswegen keinen Kopf!
Hallo? In solchen Dingen hast du noch einiges dazuzulernen!
Nicht?
Ähm ...
Tap
Ich habe außerdem ...
... ganz neue Sachen aus dem Zauberbuch gelernt.
Groooooooooh
Soll ich dir meine Fortschritte am eigenen Leib vorführen?
Auf, auf, weiter geht's.
Endlich erkunden wir die zweite Ebene.
Und wir werden ...
... den schäbigen Männern entgegentreten.

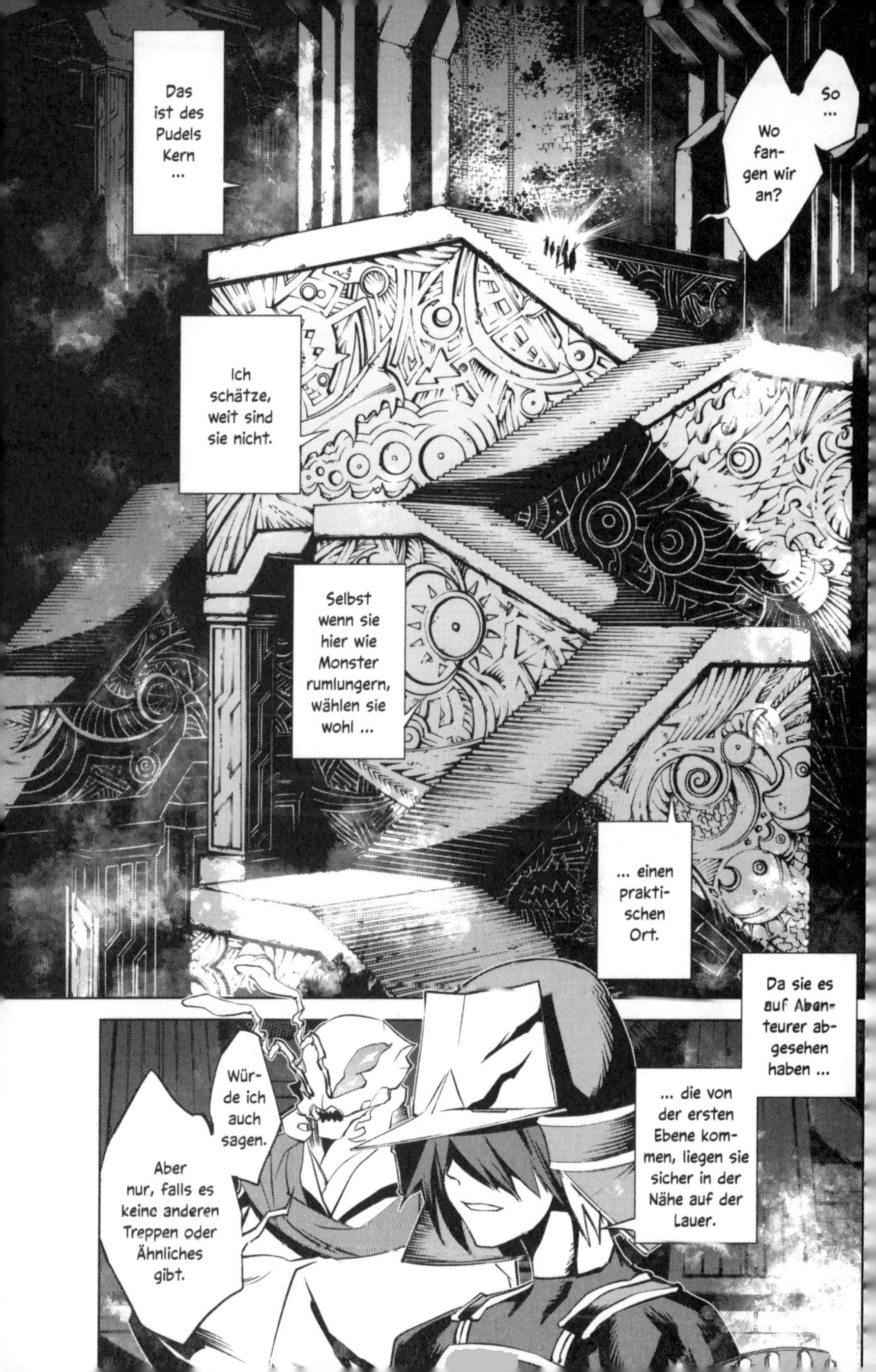

So … Wo fangen wir an?
Das ist des Pudels Kern …
Ich schätze, weit sind sie nicht.
Selbst wenn sie hier wie Monster rumlungern, wählen sie wohl …
… einen praktischen Ort.
Da sie es auf Abenteurer abgesehen haben …
… die von der ersten Ebene kommen, liegen sie sicher in der Nähe auf der Lauer.
Würde ich auch sagen.
Aber nur, falls es keine anderen Treppen oder Ähnliches gibt.

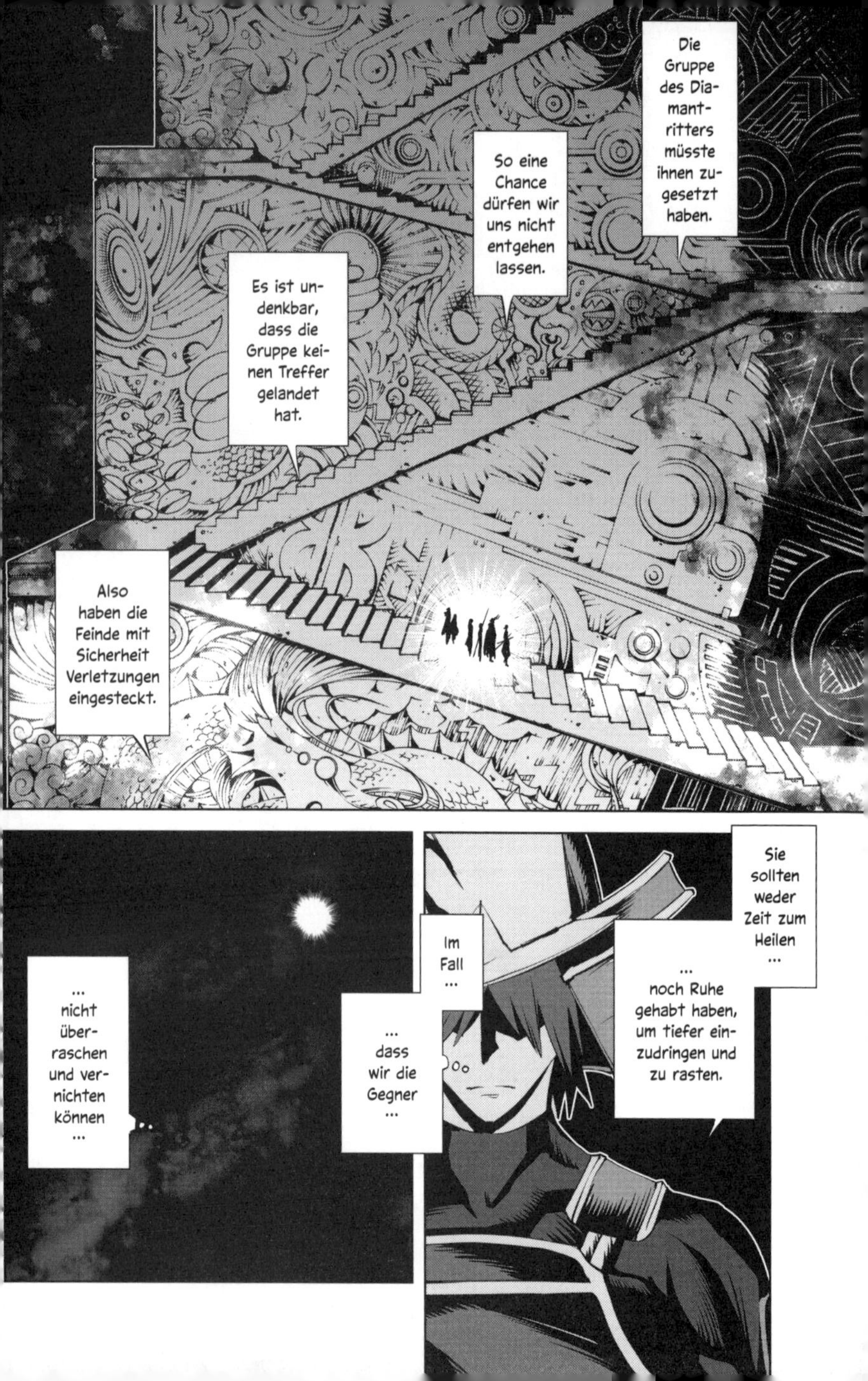

Die Gruppe des Diamantritters müsste ihnen zugesetzt haben.
So eine Chance dürfen wir uns nicht entgehen lassen.
Es ist undenkbar, dass die Gruppe keinen Treffer gelandet hat.
Also haben die Feinde mit Sicherheit Verletzungen eingesteckt.
Sie sollten weder Zeit zum Heilen ...
... noch Ruhe gehabt haben, um tiefer einzudringen und zu rasten.
Im Fall ...
... dass wir die Gegner ...
... nicht überraschen und vernichten können ...

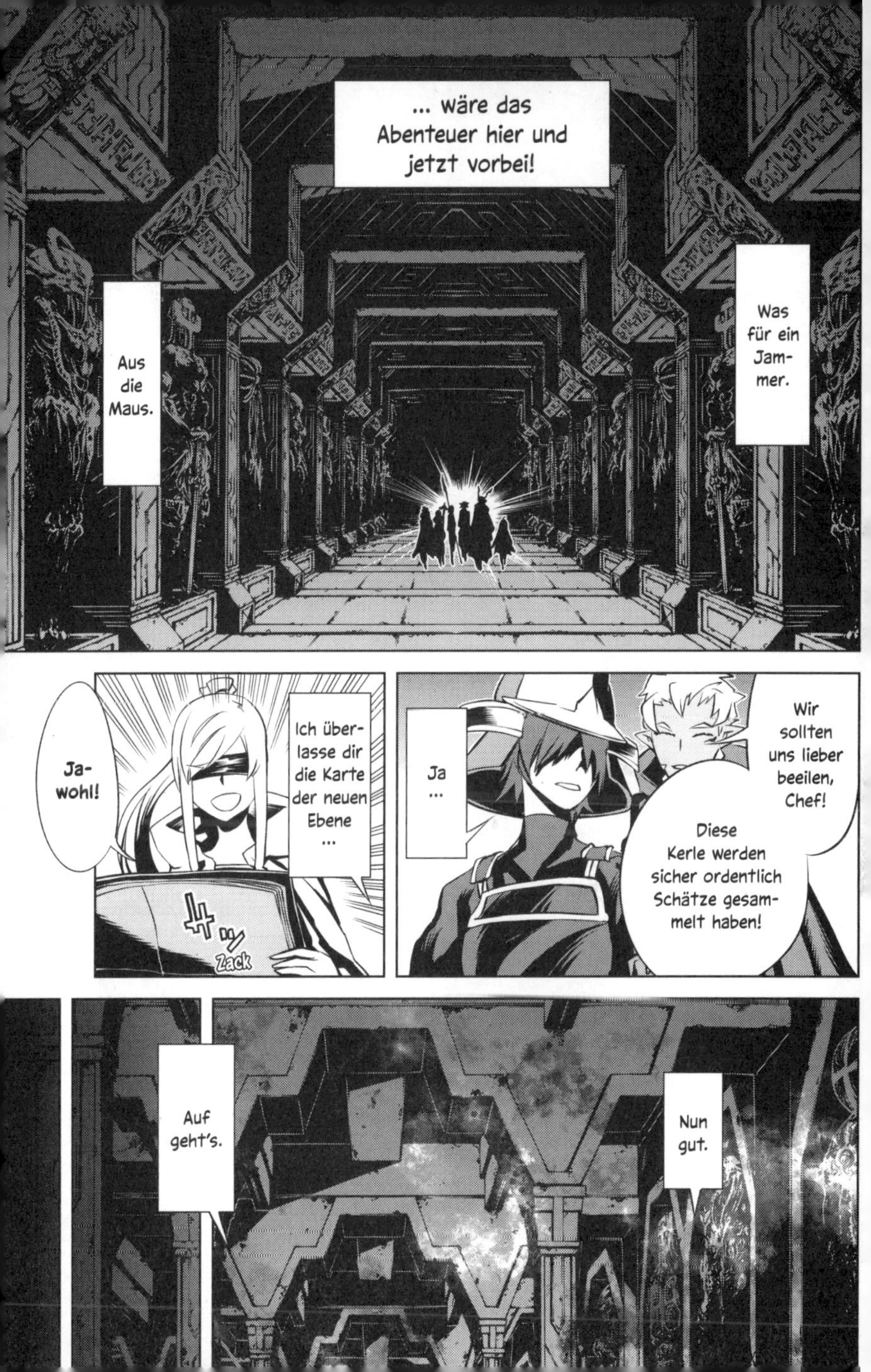
... wäre das Abenteuer hier und jetzt vorbei!
Was für ein Jammer.
Aus die Maus.
Wir sollten uns lieber beeilen, Chef!
Diese Kerle werden sicher ordentlich Schätze gesammelt haben!
Ja ...
Ich überlasse dir die Karte der neuen Ebene ...
Ja-wohl!
Zack
Nun gut.
Auf geht's.

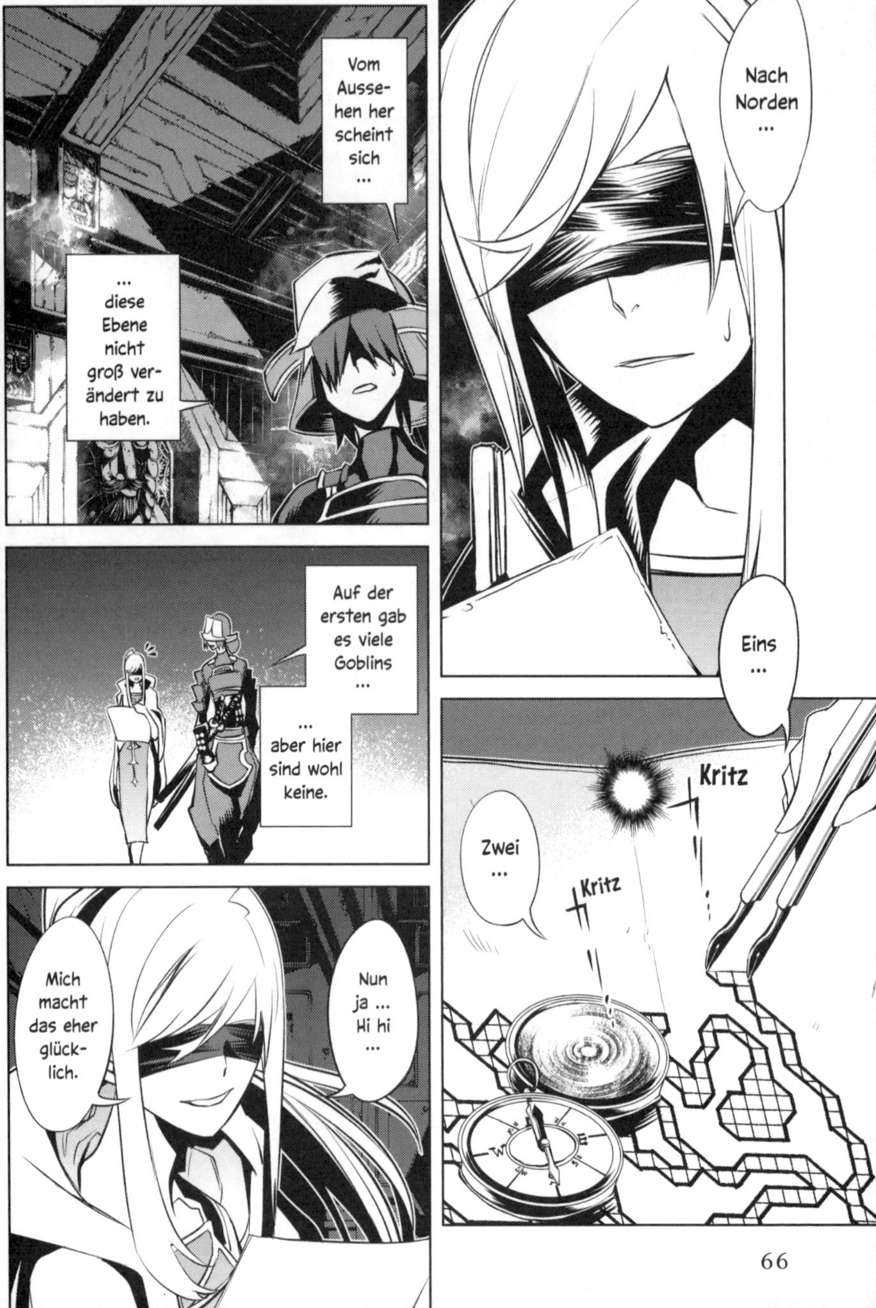

Nach Norden ...
Vom Aussehen her scheint sich ...
... diese Ebene nicht groß verändert zu haben.
Auf der ersten gab es viele Goblins ...
... aber hier sind wohl keine.
Eins ...
Kritz
Zwei ...
Kritz
Nun ja ... Hi hi ...
Mich macht das eher glücklich.

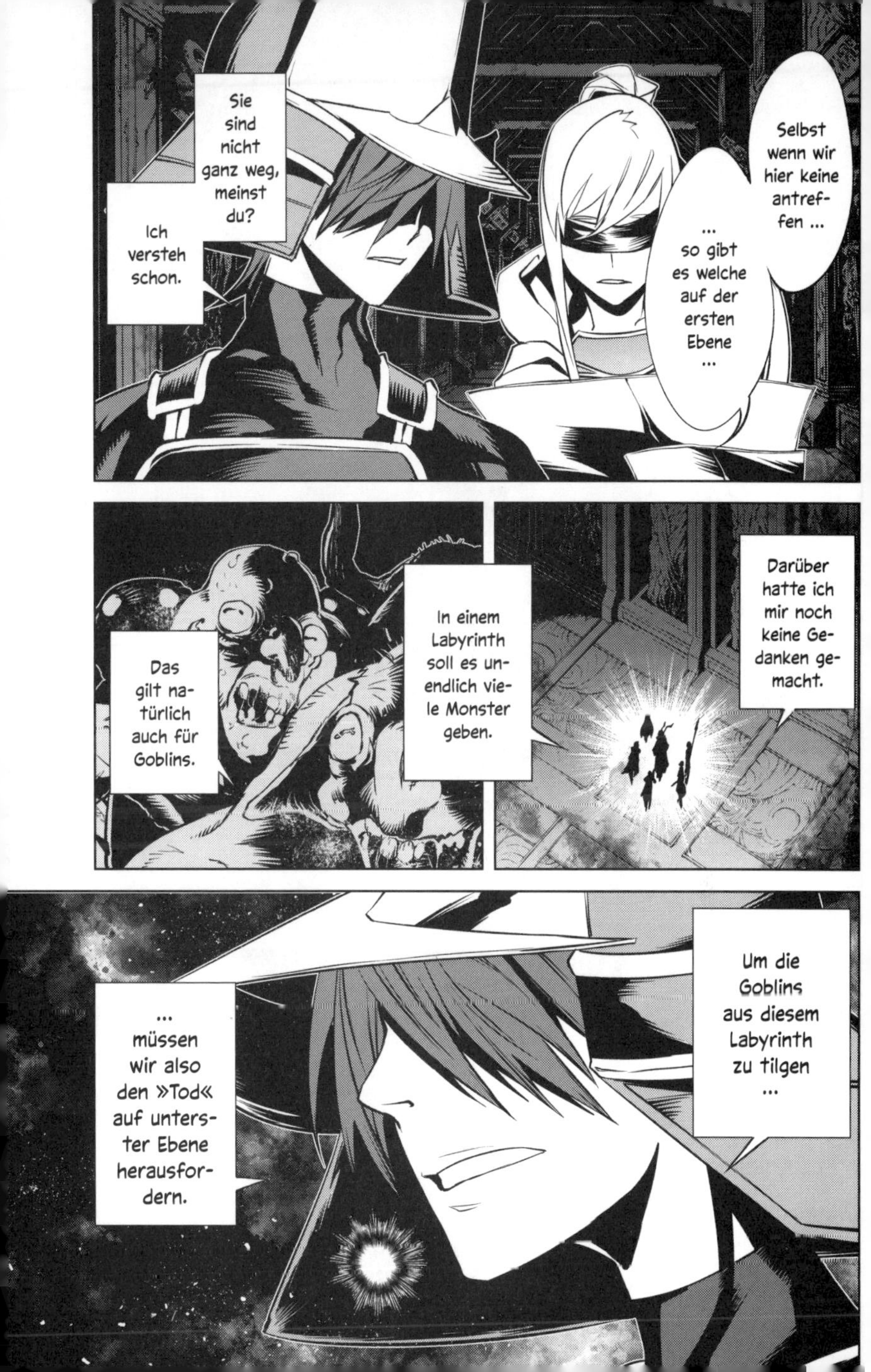
Selbst wenn wir hier keine antref-fen ...
... so gibt es welche auf der ersten Ebene ...
Sie sind nicht ganz weg, meinst du?
Ich versteh schon.
Darüber hatte ich mir noch keine Ge-danken ge-macht.
In einem Labyrinth soll es un-endlich vie-le Monster geben.
Das gilt na-türlich auch für Goblins.
Um die Goblins aus diesem Labyrinth zu tilgen ...
... müssen wir also den »Tod« auf unters-ter Ebene herausfor-dern.

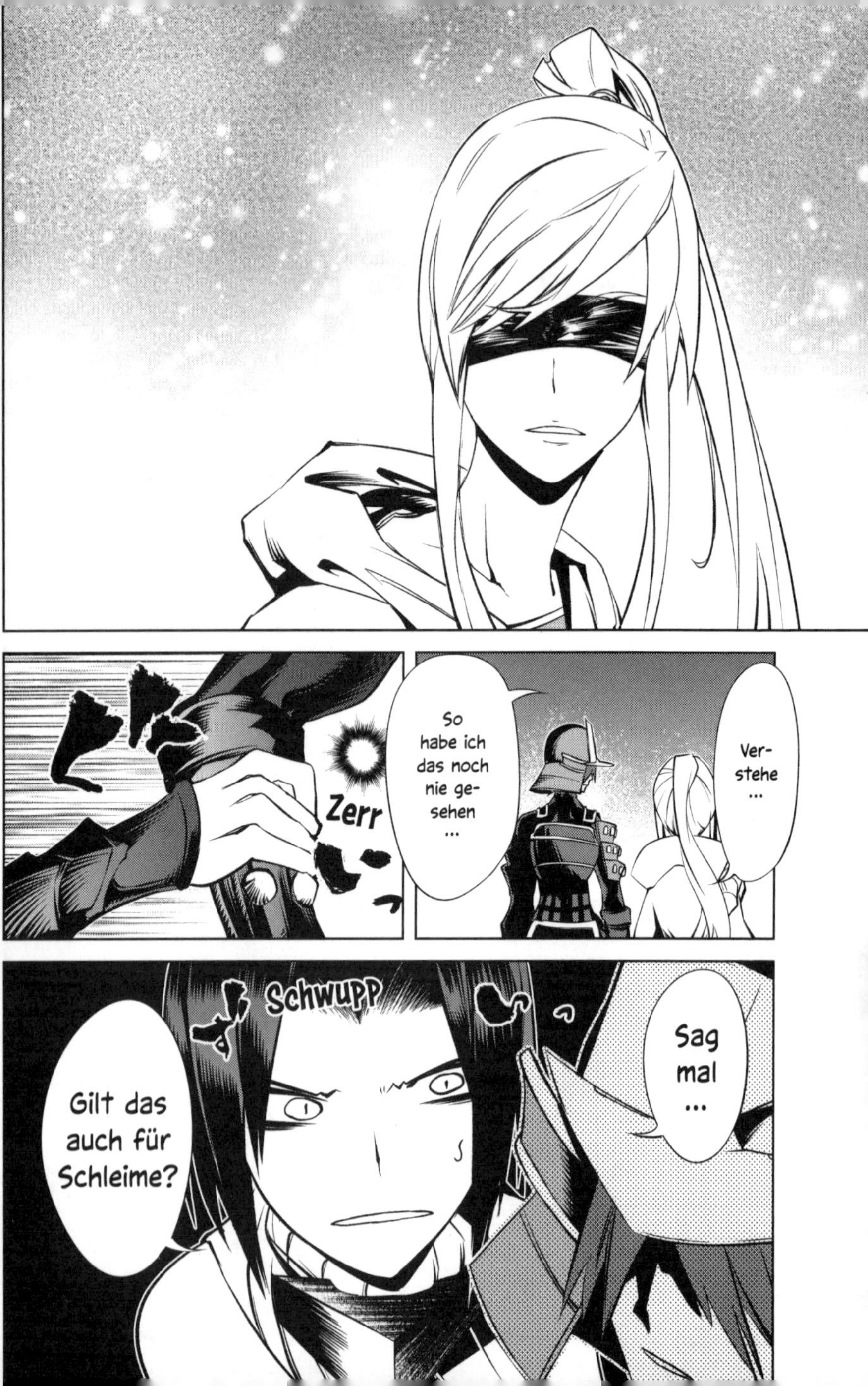
Ver-
stehe
...
So
habe ich
das noch
nie ge-
sehen
...
Zerr
Sag
mal
...
Schwupp
Gilt das
auch für
Schleime?

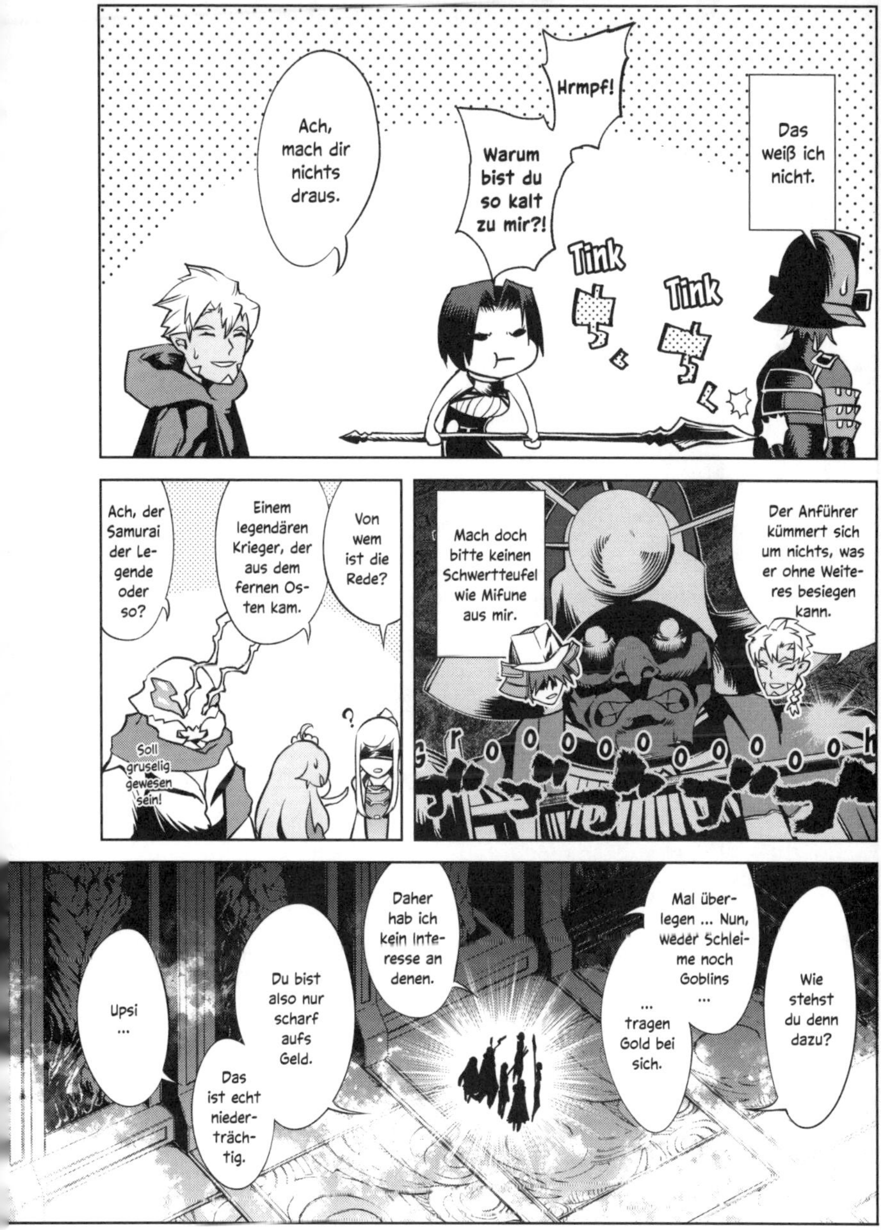
Das weiß ich nicht.
Tink
Tink
Hrmpf!
Warum bist du so kalt zu mir?!
Ach, mach dir nichts draus.
Der Anführer kümmert sich um nichts, was er ohne Weiteres besiegen kann.
Mach doch bitte keinen Schwertteufel wie Mifune aus mir.
groooooooooooh
Von wem ist die Rede?
Einem legendären Krieger, der aus dem fernen Osten kam.
Ach, der Samurai der Legende oder so?
Soll gruselig gewesen sein!
Wie stehst du denn dazu?
Mal überlegen ... Nun, weder Schleime noch Goblins ...
... tragen Gold bei sich.
Daher hab ich kein Interesse an denen.
Du bist also nur scharf aufs Geld.
Das ist echt niederträchtig.
Upsi ...

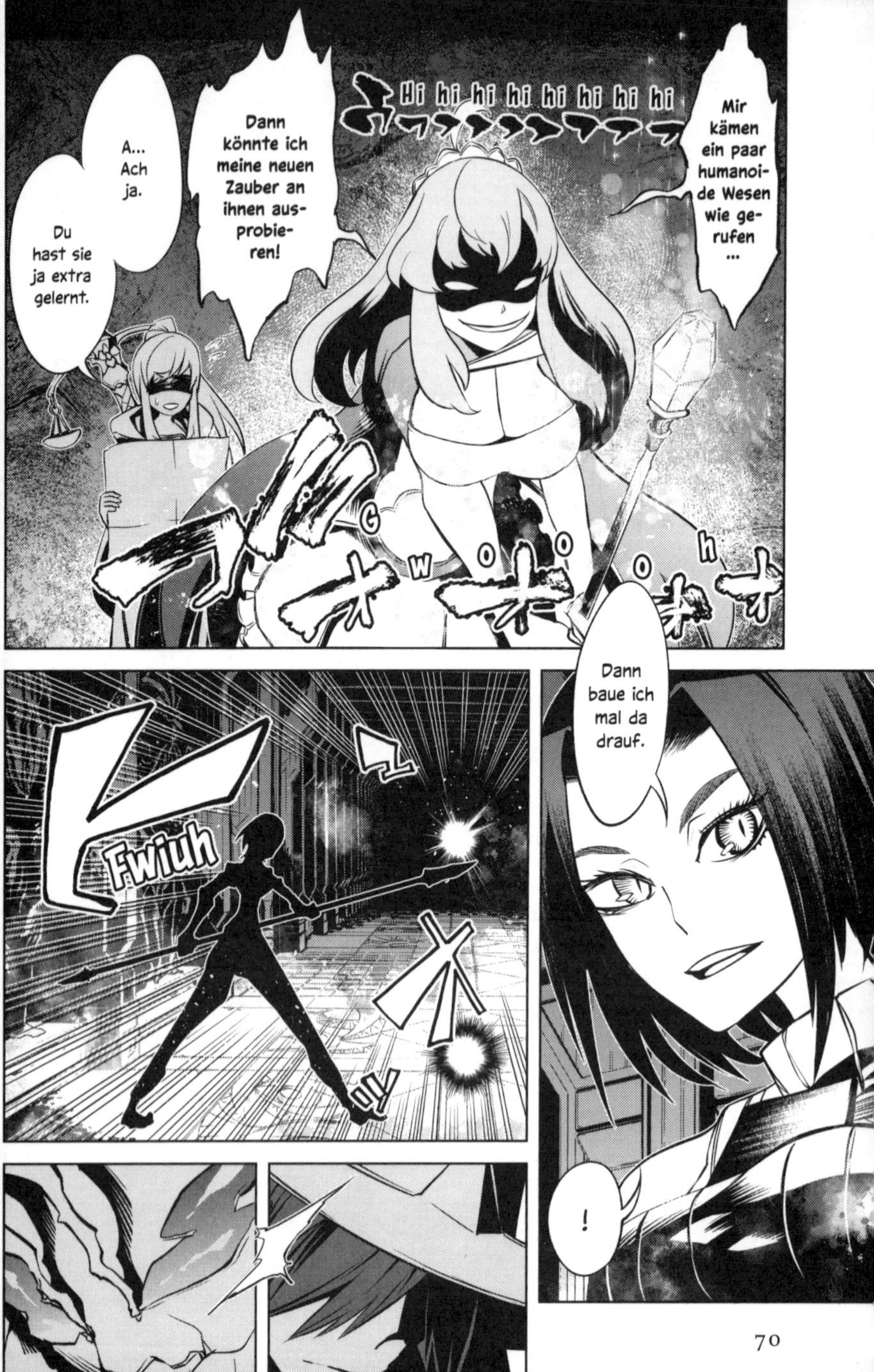

Hi hi hi hi hi hi hi hi
Mir kämen ein paar humanoide Wesen wie gerufen ...
Dann könnte ich meine neuen Zauber an ihnen ausprobieren!
A... Ach ja.
Du hast sie ja extra gelernt.
Gwooooh
Dann baue ich mal da drauf.
Fwiuh
!

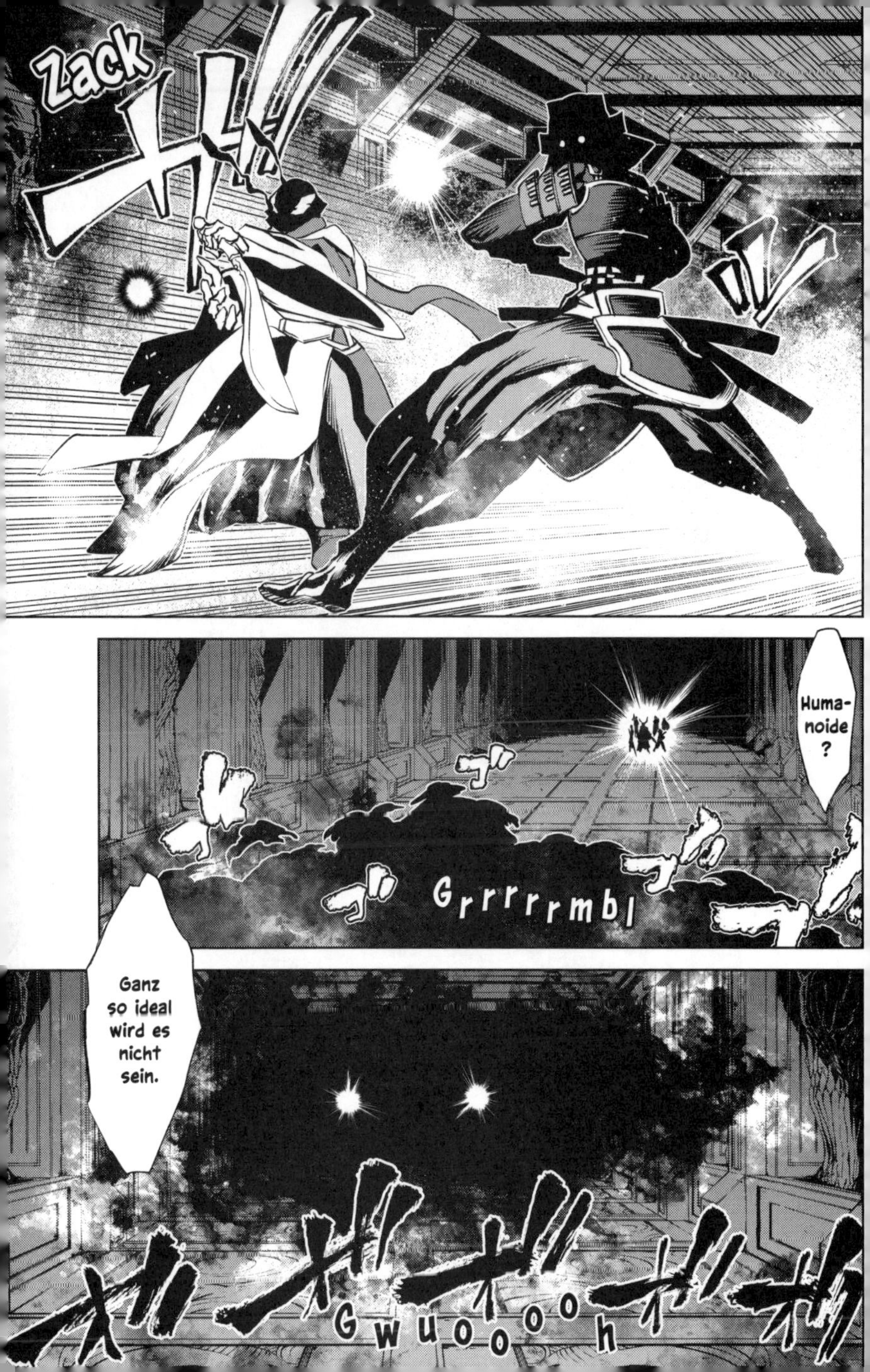
Zack
Huma-
noide
?
Grrrrrrmbl
Ganz so ideal wird es nicht sein.
Gwuooooh

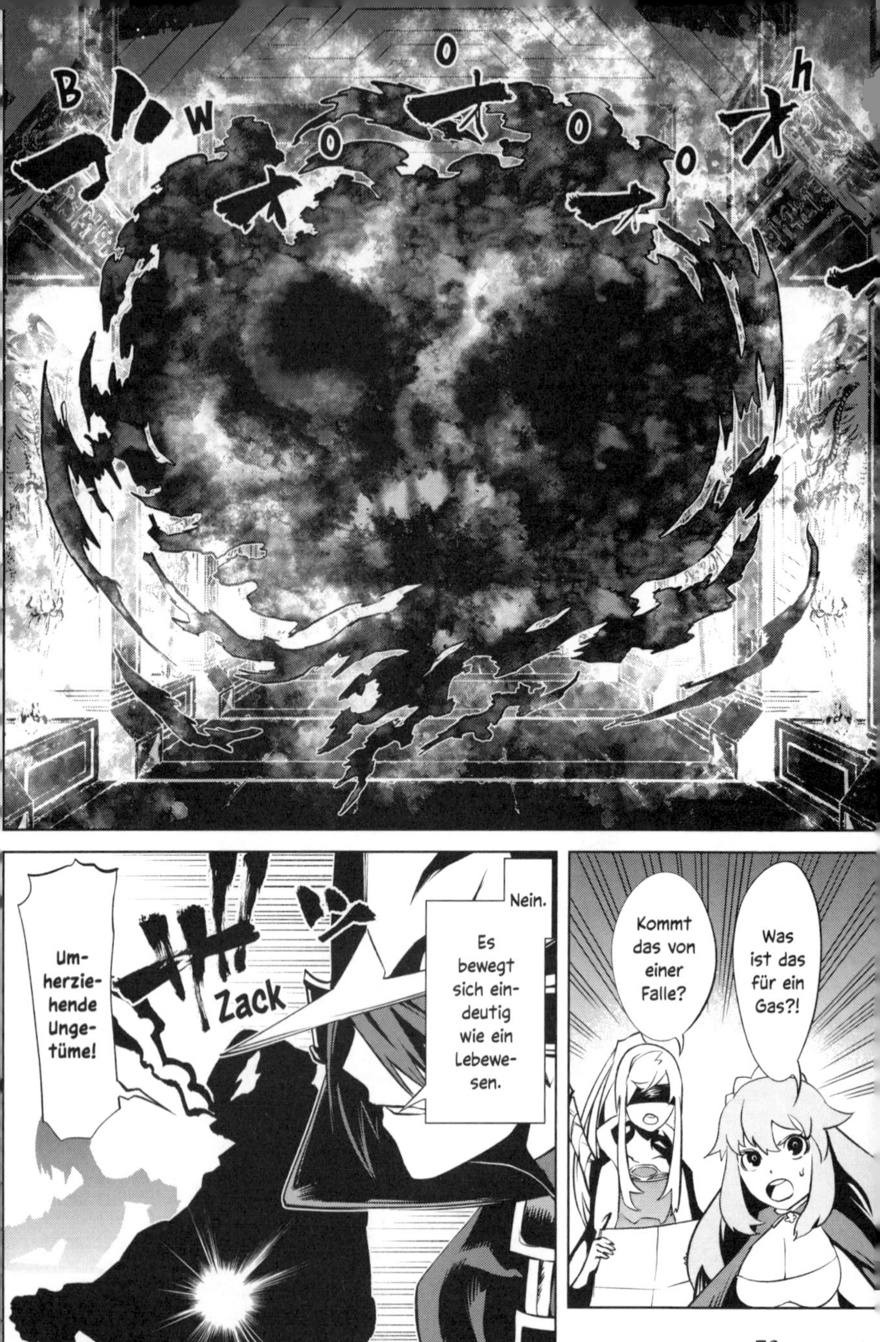
Bwooooh
Was ist das für ein Gas?!
Kommt das von einer Falle?
Nein.
Es bewegt sich eindeutig wie ein Lebewesen.
Zack
Umherziehende Ungetüme!

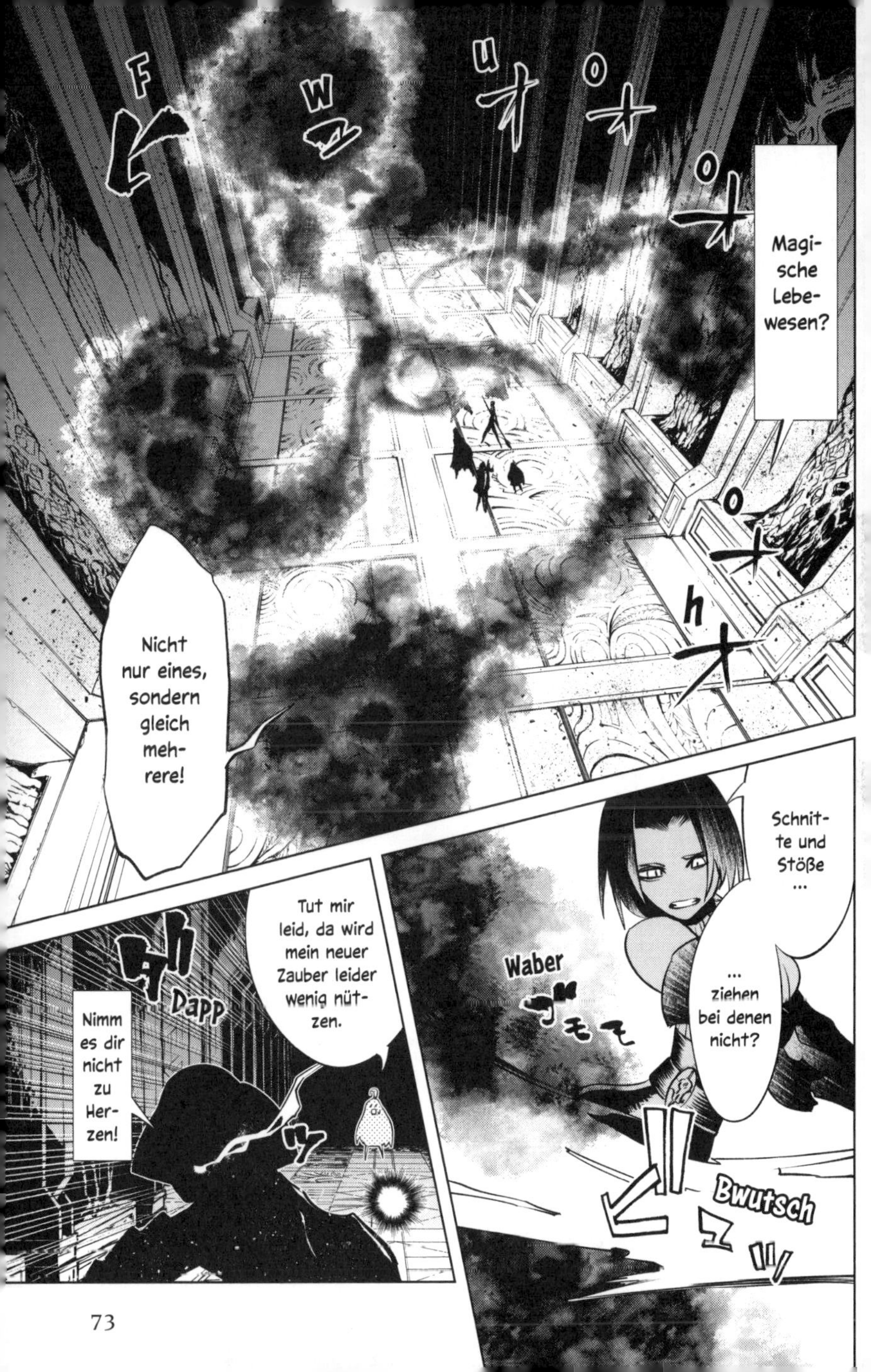
Fwuoooh
Magische Lebewesen?
Nicht nur eines, sondern gleich mehrere!
Schnitte und Stöße ...
... ziehen bei denen nicht?
Waber
Bwutsch
Dapp
Tut mir leid, da wird mein neuer Zauber leider wenig nützen.
Nimm es dir nicht zu Herzen!

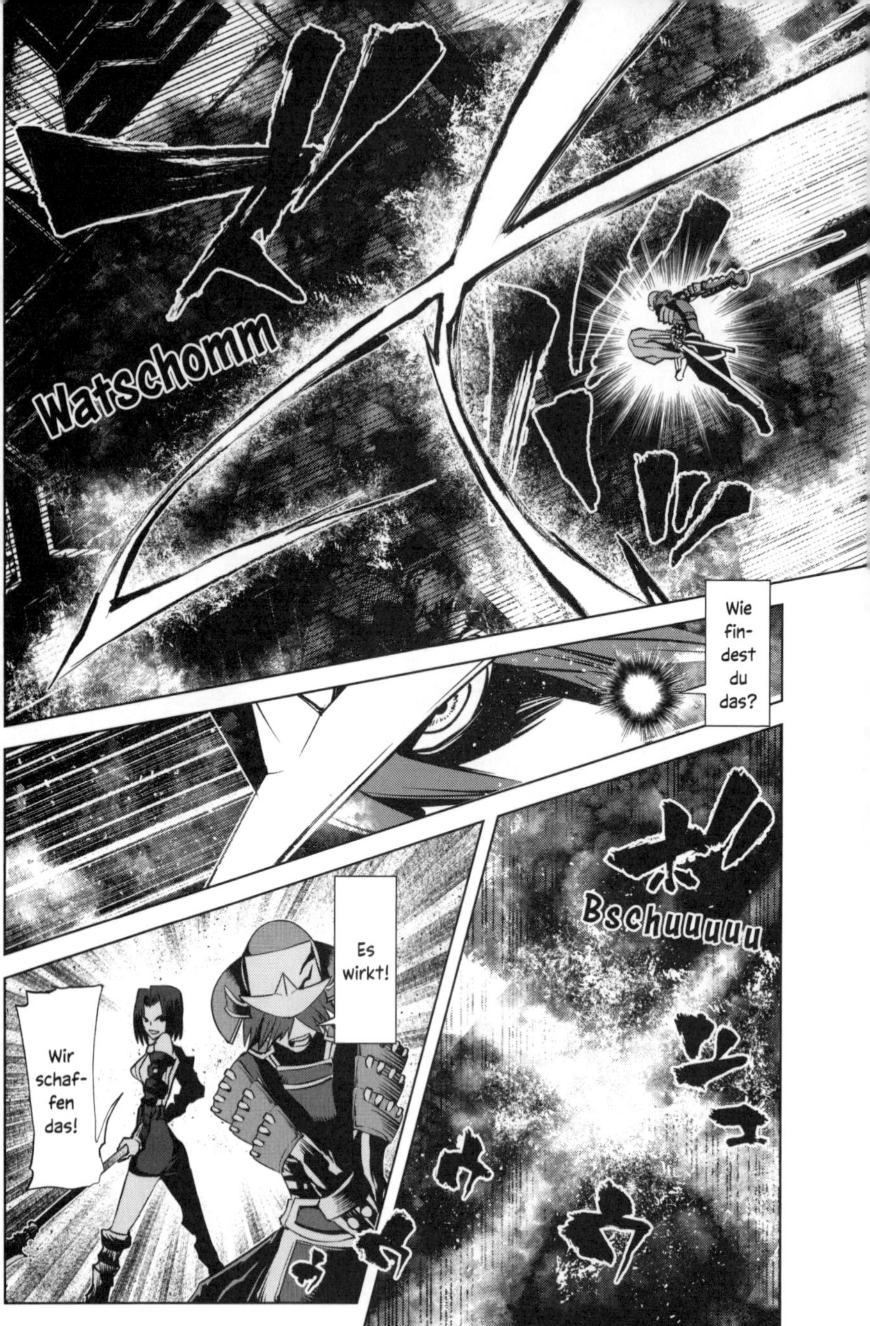

Watschomm
Wie fin-dest du das?
Bschuuuuu
Es wirkt!
Wir schaf-fen das!

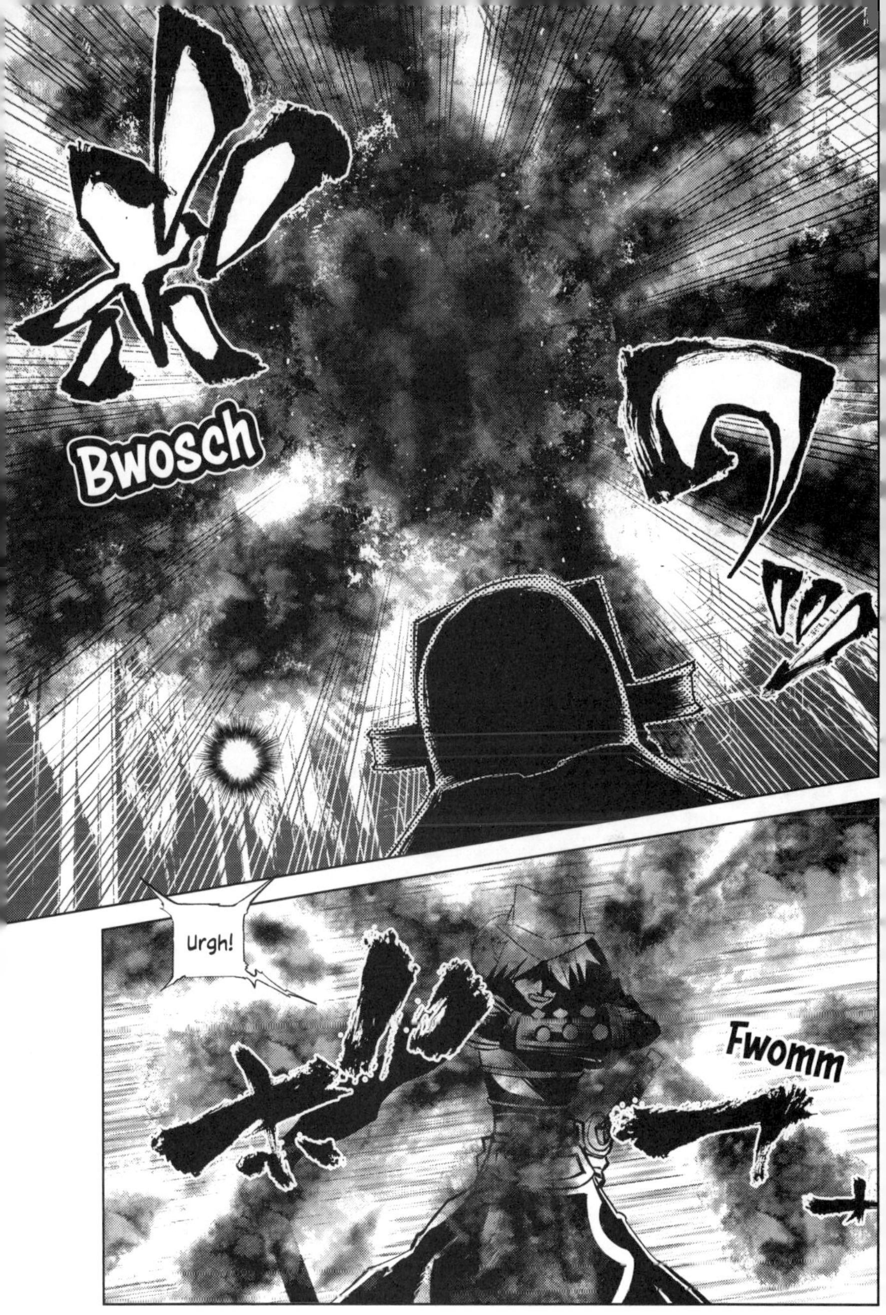
Bwosch
Urgh!
Fwomm

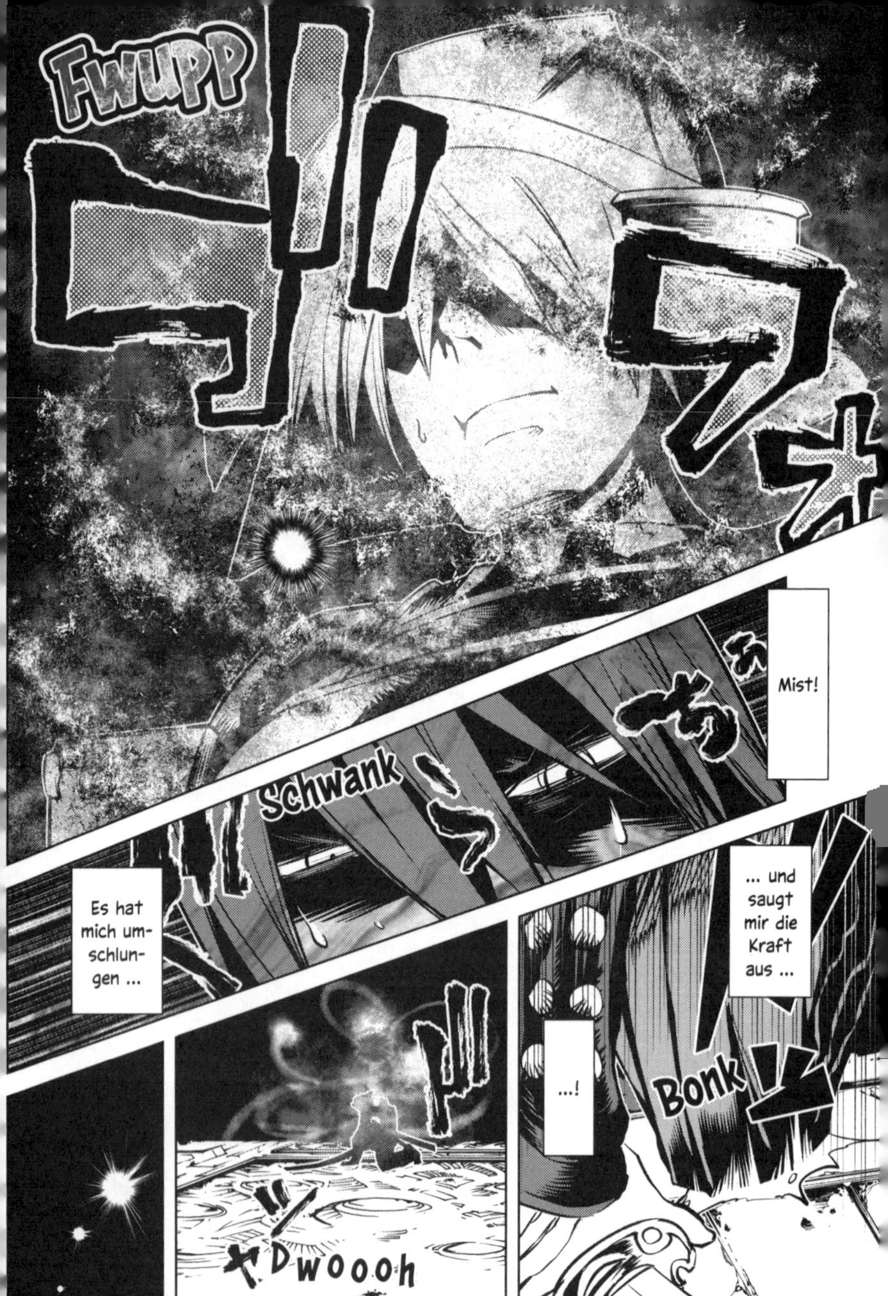
FWUPP
Mist!
Schwank
... und saugt mir die Kraft aus ...
Es hat mich umschlungen ...
Bonk
...!
Dwoooh

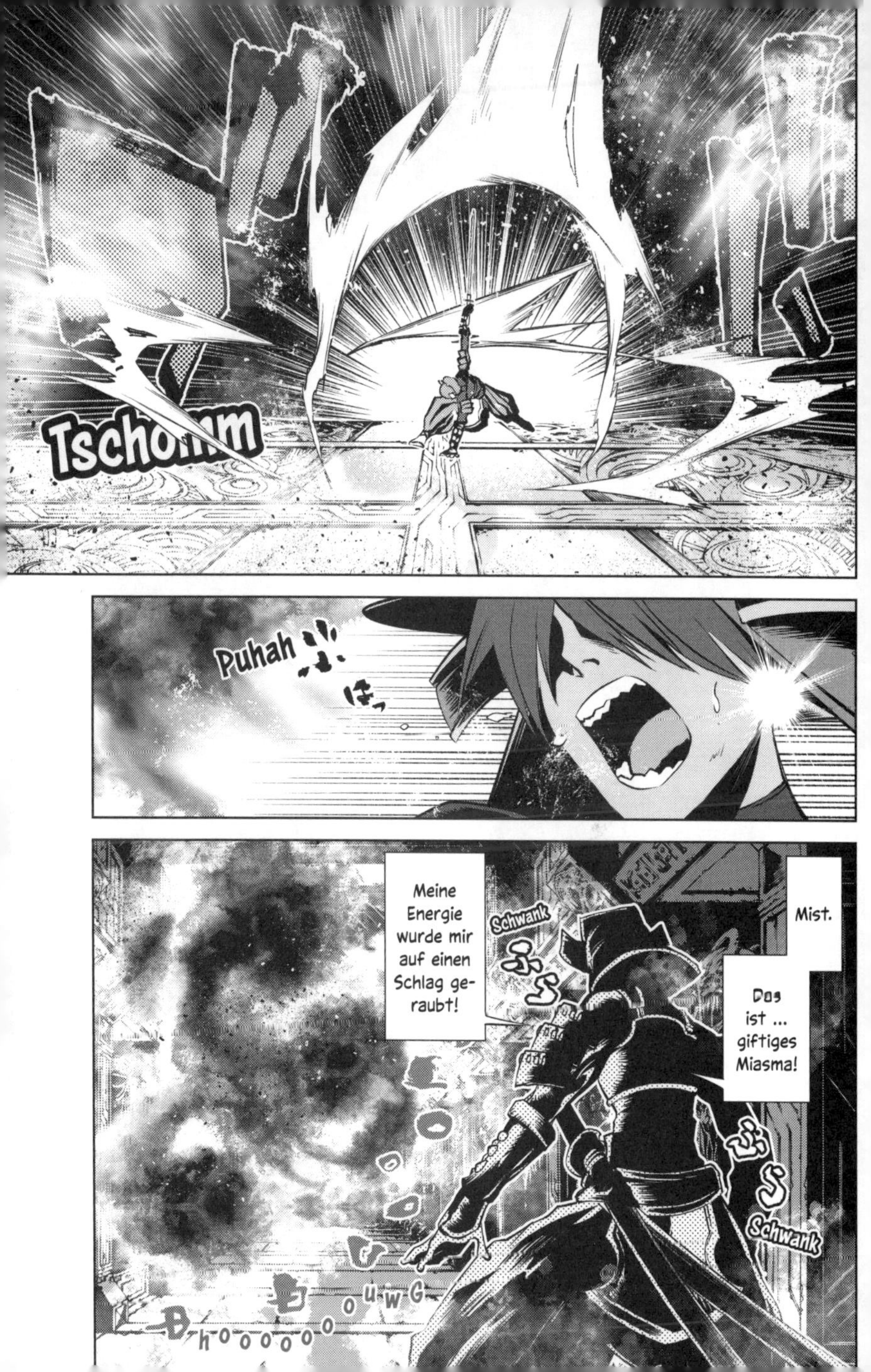
Tschomm
Puhah
Mist.
Das ist ... giftiges Miasma!
Meine Energie wurde mir auf einen Schlag ge- raubt!
Schwank
Schwank
Bhoooooo ouwG

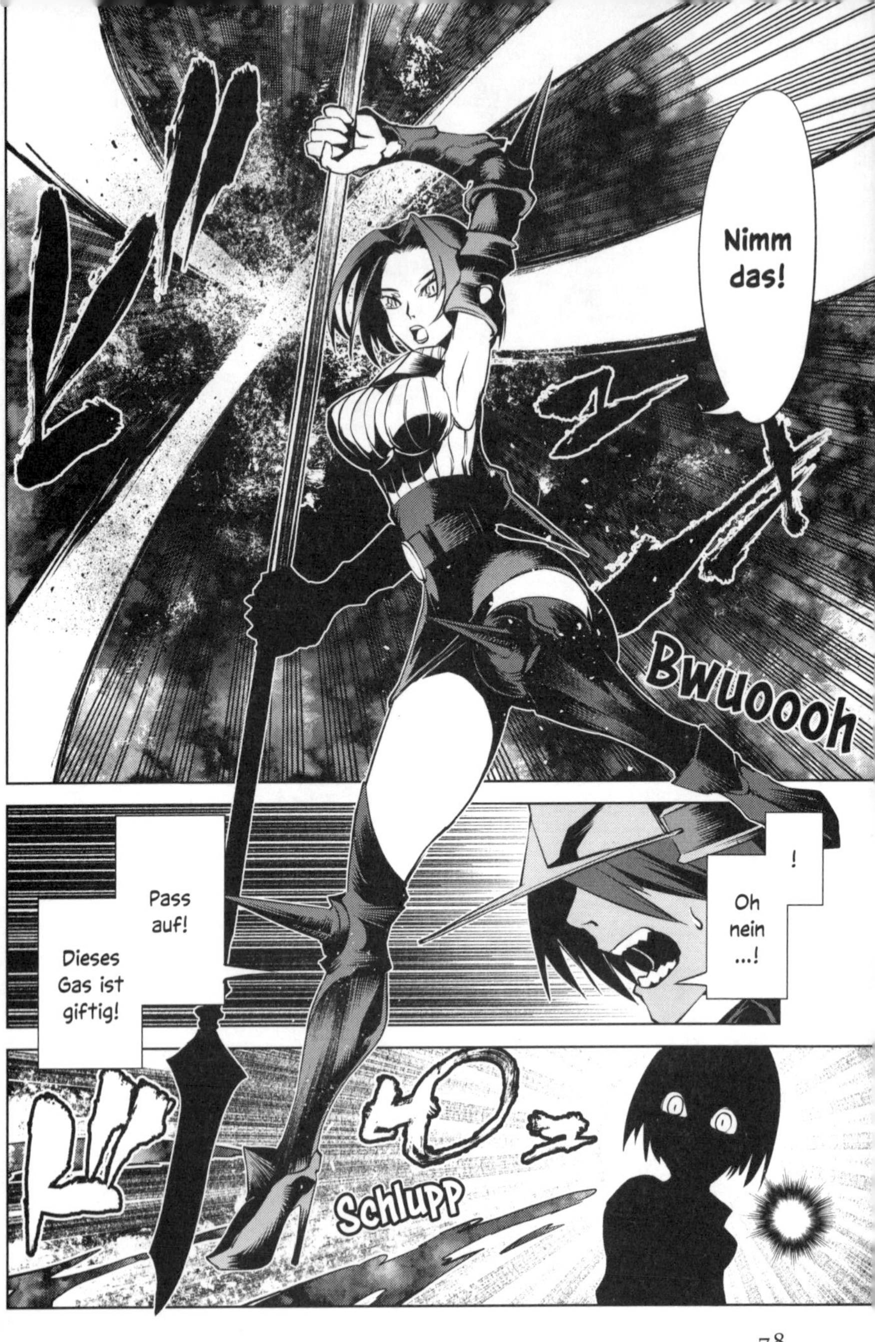
Nimm
das!
Bwuoooh
!
Oh
nein
...!
Pass
auf!
Dieses
Gas ist
giftig!
Schlupp

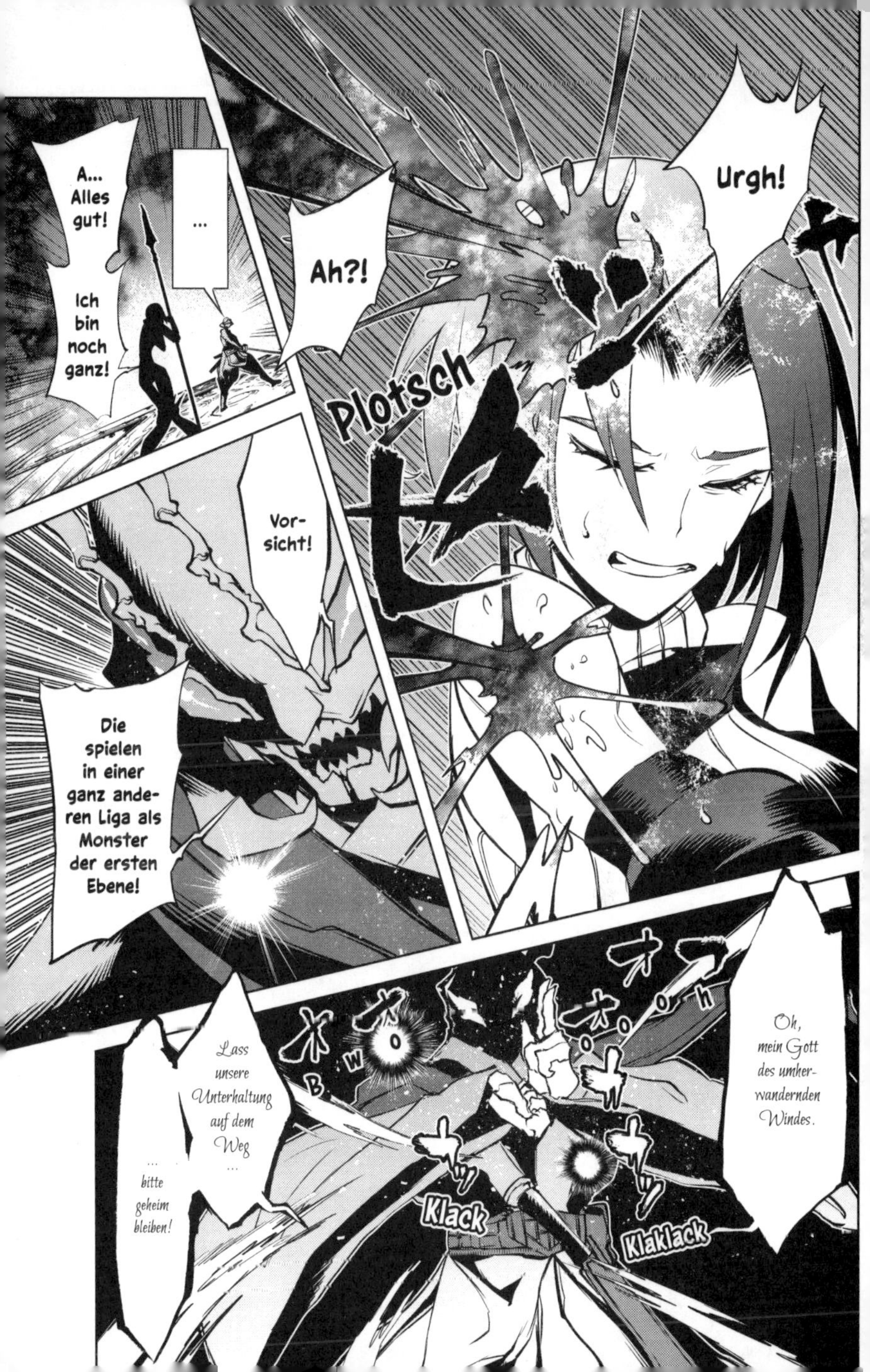
Urgh!
Ah?!
...
A... Alles gut!
Ich bin noch ganz!
Plotsch
Vorsicht!
Die spielen in einer ganz anderen Liga als Monster der ersten Ebene!
Oh, mein Gott des umherwandernden Windes.
Bwo
Oooh
Lass unsere Unterhaltung auf dem Weg ...
... bitte geheim bleiben!
Klack
Klaklack

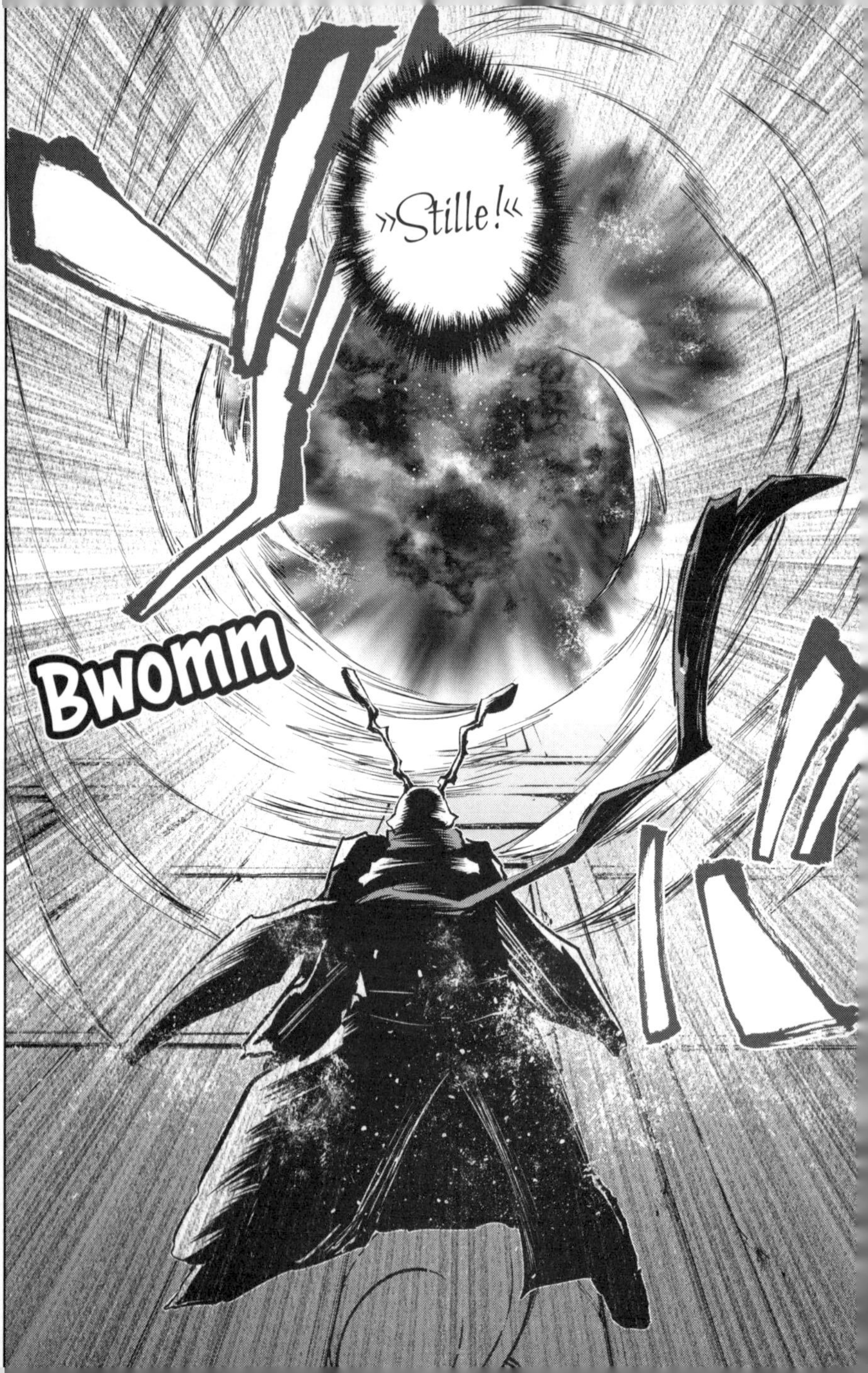
»Stille!«
Bwomm

GOBLIN SLAYER!

Even the gods can't control the dice

THE SINGING DEATH

GOBLIN SLAYER!

Even the gods can't control the dice

THE SINGING DEATH

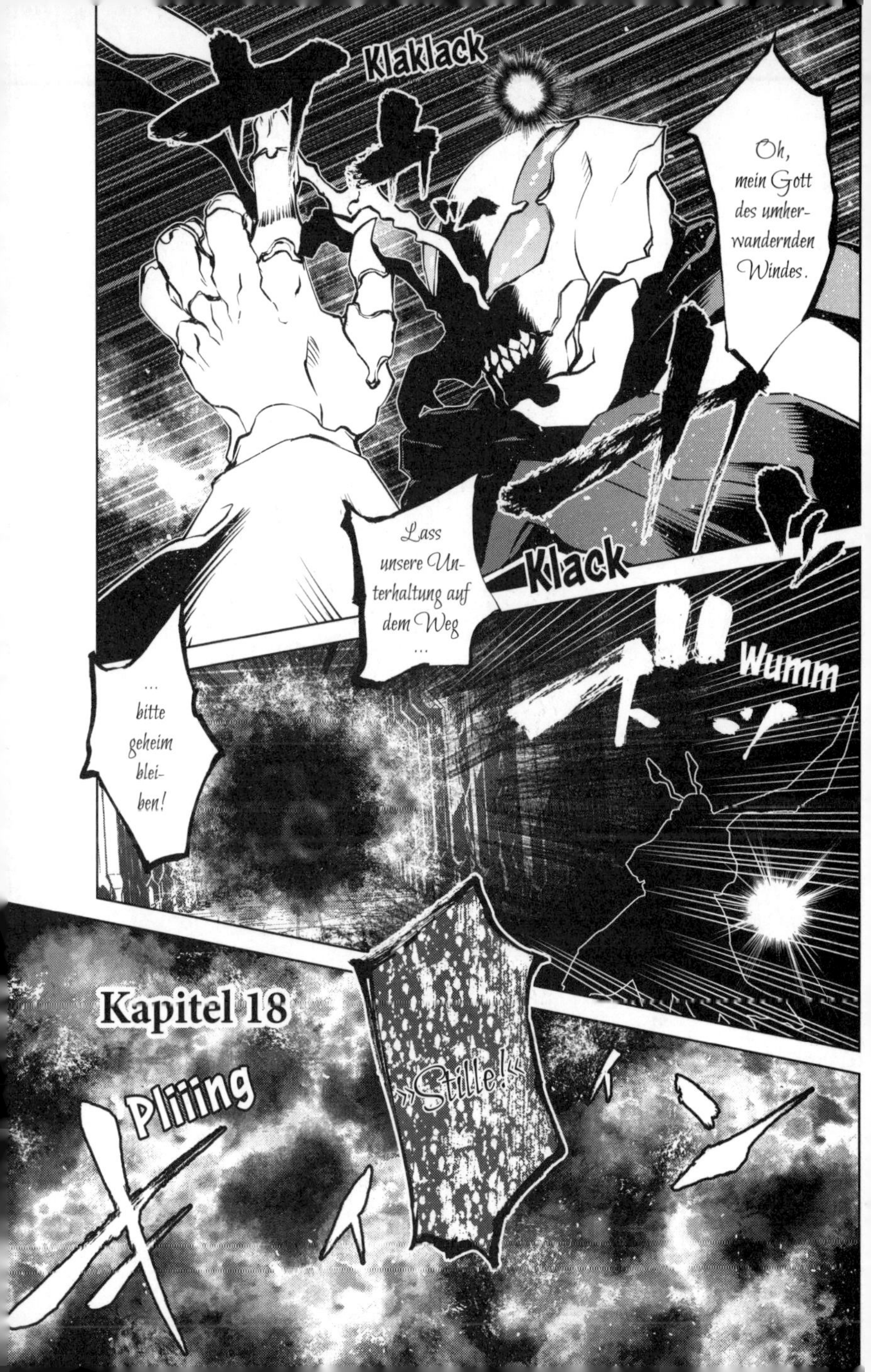
Klaklack
Oh, mein Gott des umher-wandernden Windes.
Lass unsere Unterhaltung auf dem Weg …
Klack
… bitte geheim blei-ben!
Wumm
Kapitel 18
»Stille!«
Pliiing

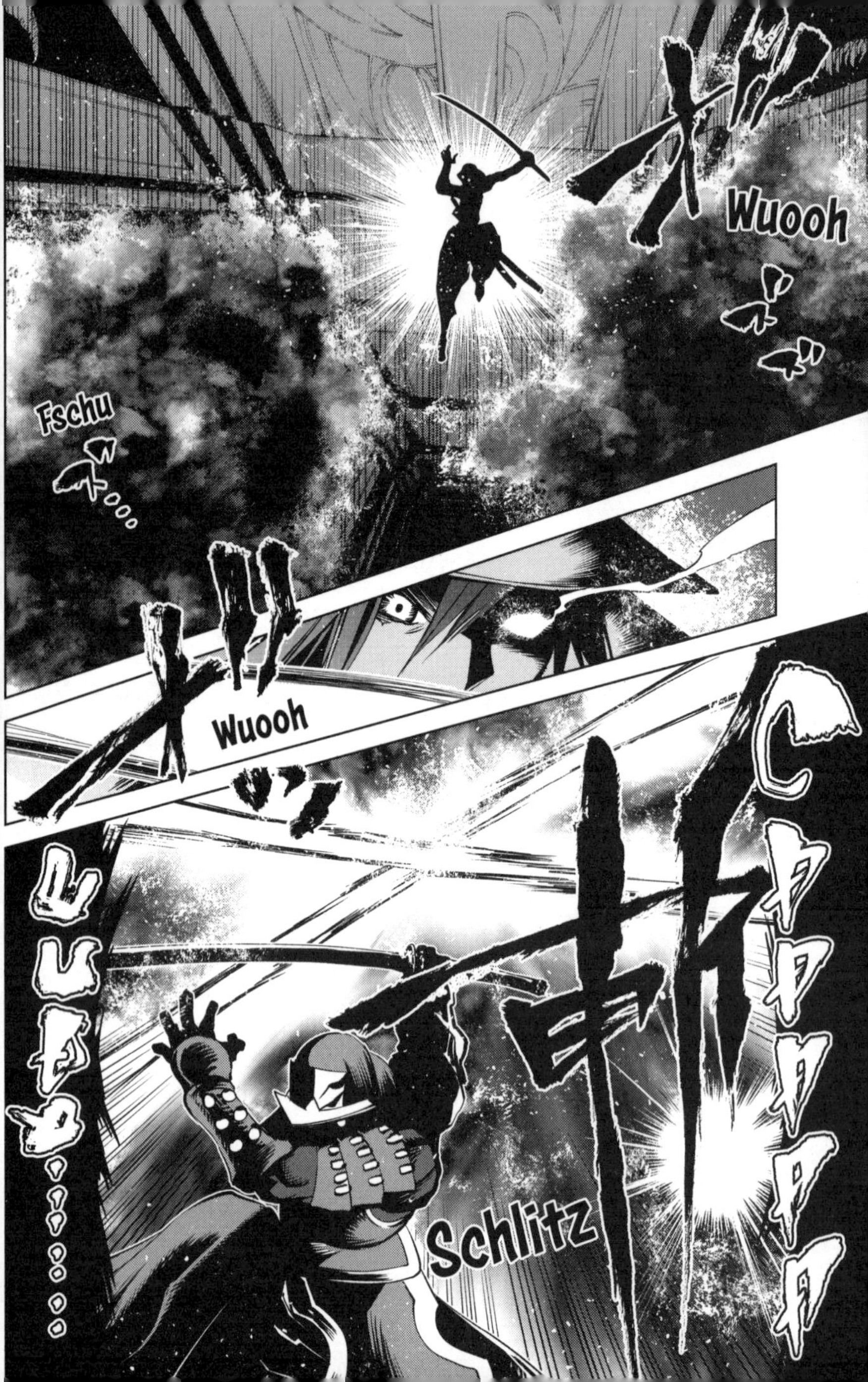
Wuooh
Fschu
Wuooh
Schlitz

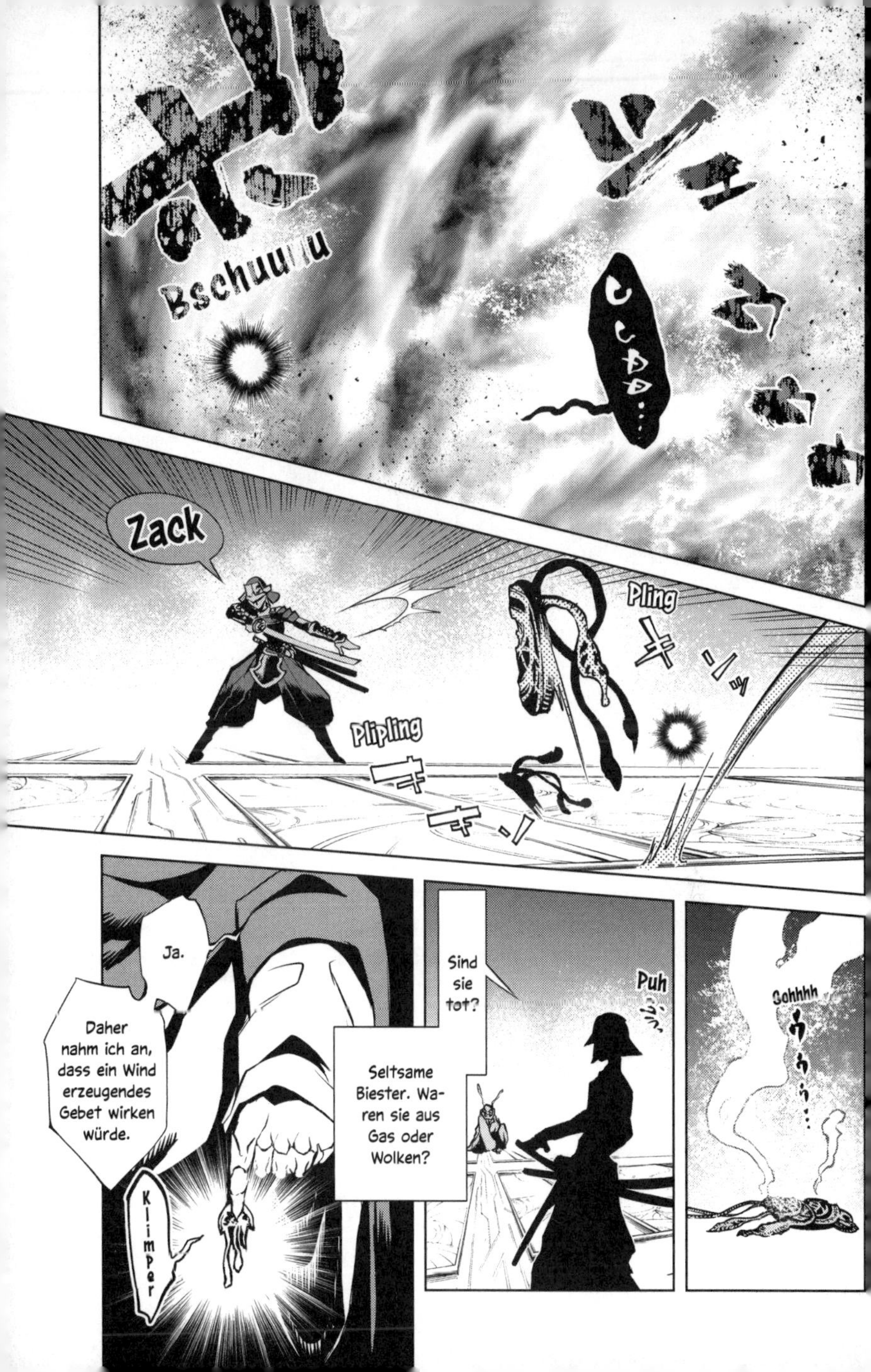
Bschuuuu
Zack
Pling
Plipling
Puh
Sind sie tot?
Seltsame Biester. Waren sie aus Gas oder Wolken?
Ja.
Daher nahm ich an, dass ein Wind erzeugendes Gebet wirken würde.
Klimper

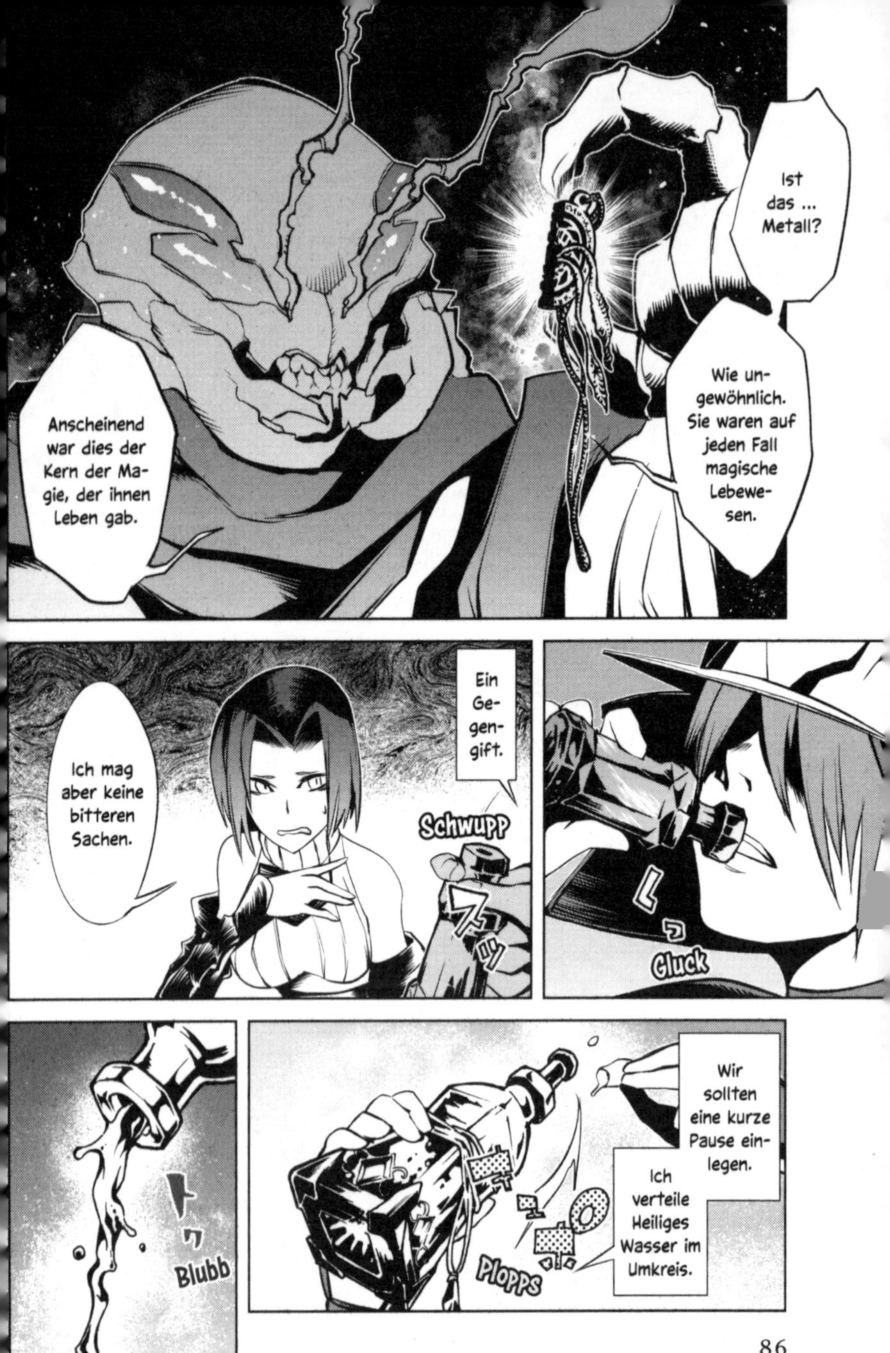
Ist das ... Metall?
Wie ungewöhnlich. Sie waren auf jeden Fall magische Lebewesen.
Anscheinend war dies der Kern der Magie, der ihnen Leben gab.
Gluck
Ein Gegengift.
Schwupp
Ich mag aber keine bitteren Sachen.
Wir sollten eine kurze Pause einlegen.
Ich verteile Heiliges Wasser im Umkreis.
Plopps
Blubb

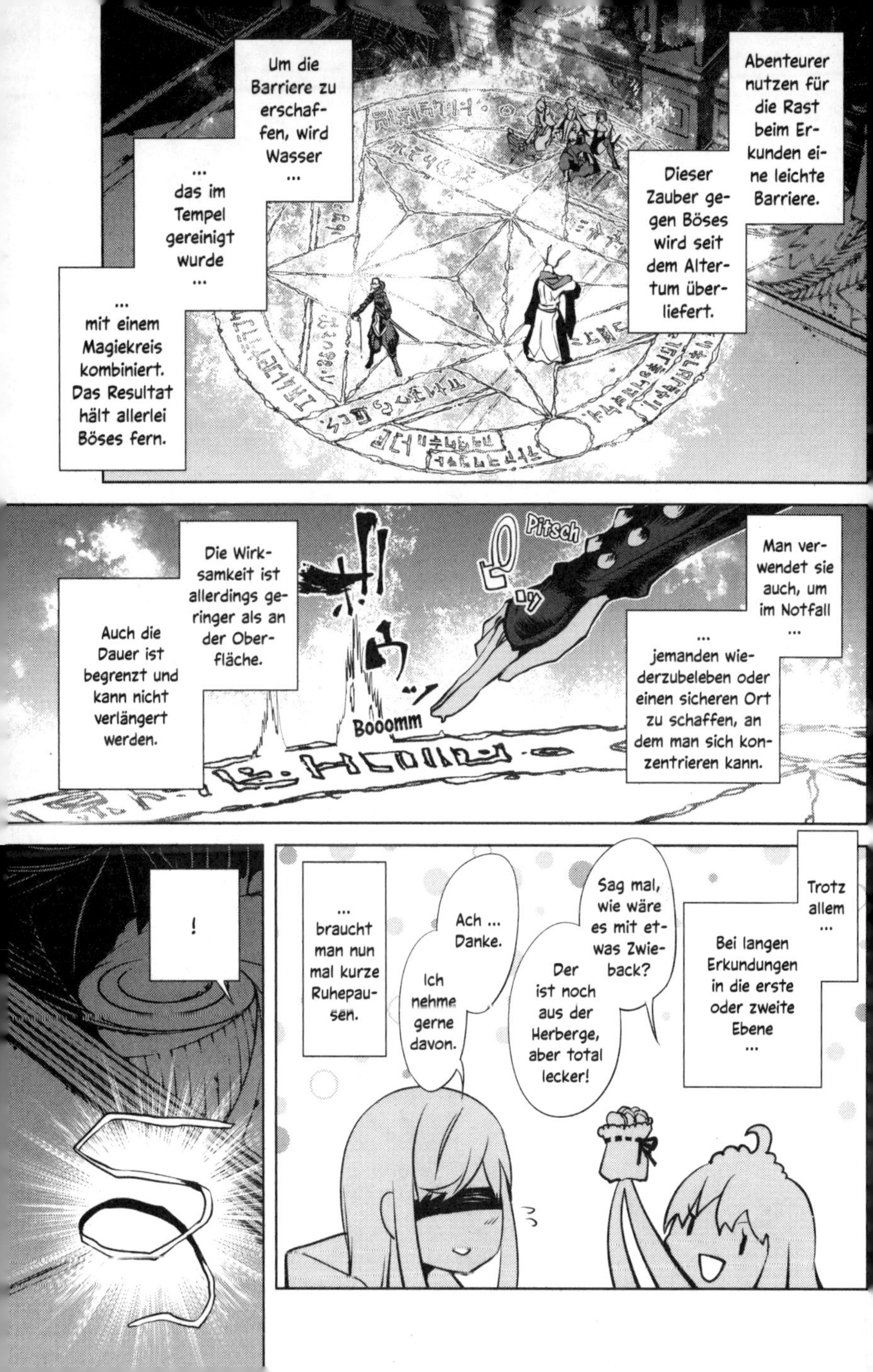
Abenteurer nutzen für die Rast beim Erkunden eine leichte Barriere.
Dieser Zauber gegen Böses wird seit dem Altertum überliefert.
Um die Barriere zu erschaffen, wird Wasser ...
... das im Tempel gereinigt wurde ...
... mit einem Magiekreis kombiniert. Das Resultat hält allerlei Böses fern.
Man verwendet sie auch, um im Notfall ...
... jemanden wiederzubeleben oder einen sicheren Ort zu schaffen, an dem man sich konzentrieren kann.
Pitsch
Booomm
Die Wirksamkeit ist allerdings geringer als an der Oberfläche.
Auch die Dauer ist begrenzt und kann nicht verlängert werden.
Trotz allem ...
Bei langen Erkundungen in die erste oder zweite Ebene ...
... braucht man nun mal kurze Ruhepausen.
Sag mal, wie wäre es mit etwas Zwieback?
Der ist noch aus der Herberge, aber total lecker!
Ach ... Danke.
Ich nehme gerne davon.
!

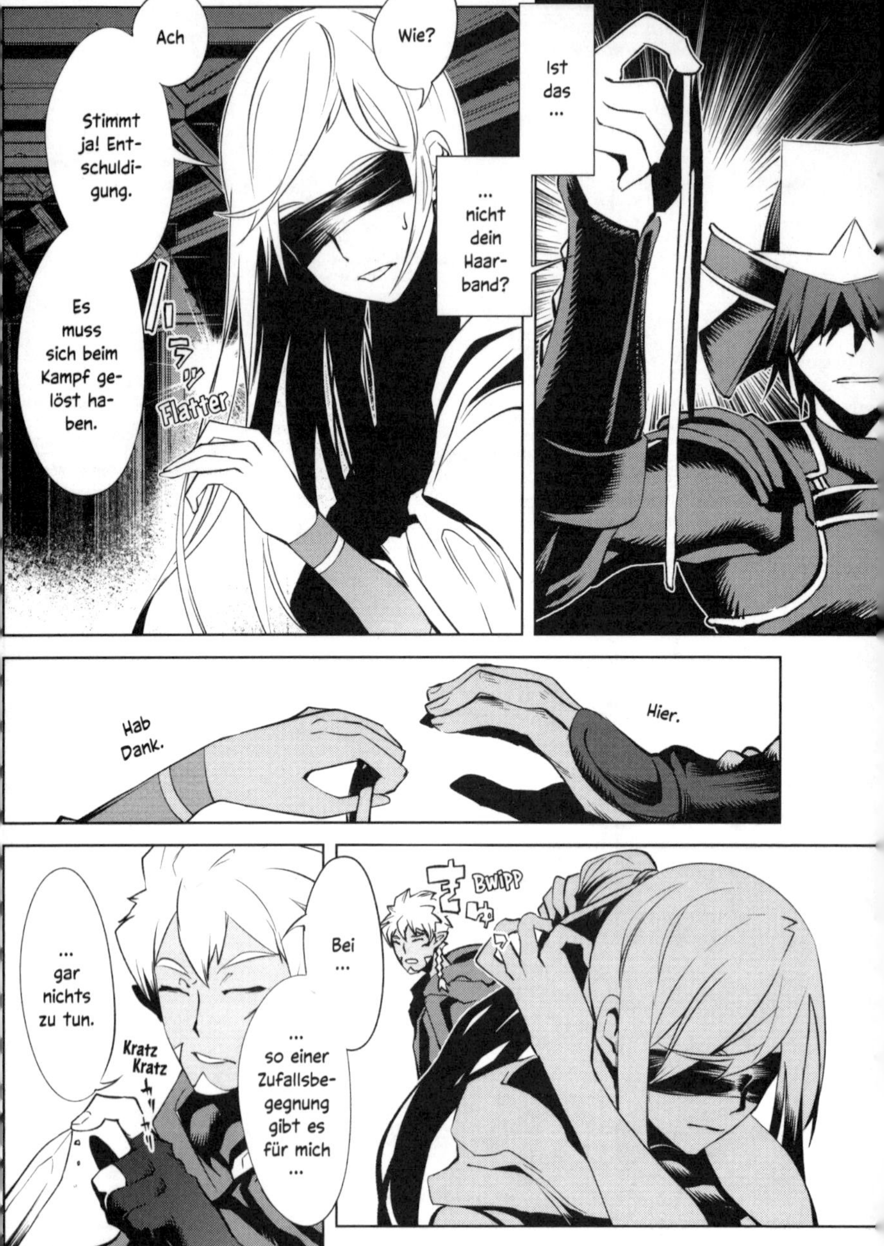
Ist das …
… nicht dein Haarband?
Wie?
Ach
Stimmt ja! Entschuldigung.
Es muss sich beim Kampf gelöst haben.
Flatter
Hier.
Hab Dank.
BWIPP
Bei …
… so einer Zufallsbegegnung gibt es für mich …
… gar nichts zu tun.
Kratz Kratz

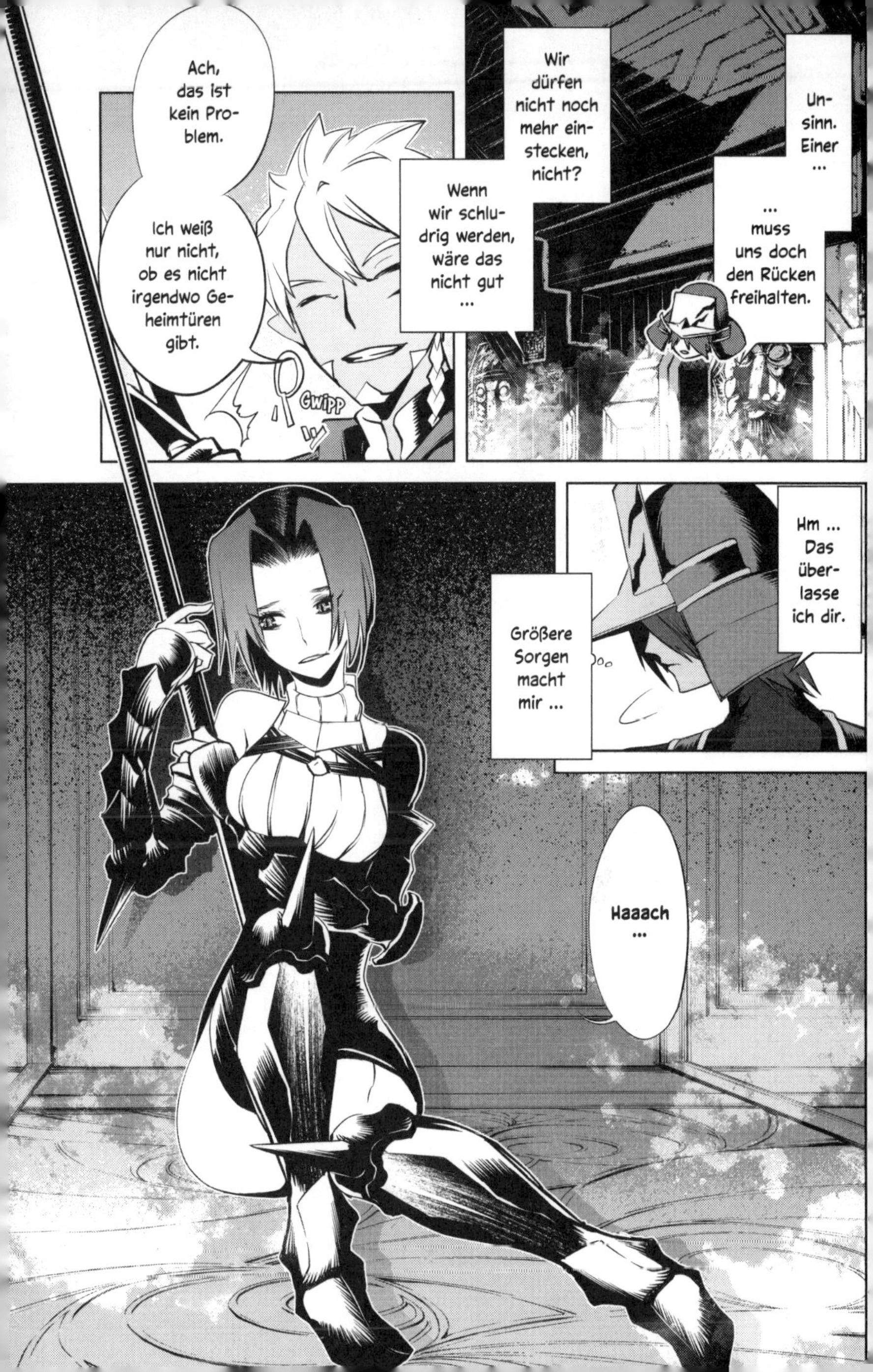
Unsinn. Einer ...
... muss uns doch den Rücken freihalten.
Wir dürfen nicht noch mehr einstecken, nicht?
Wenn wir schludrig werden, wäre das nicht gut ...
Ach, das ist kein Problem.
Ich weiß nur nicht, ob es nicht irgendwo Geheimtüren gibt.
Gwipp
Hm ... Das überlasse ich dir.
Größere Sorgen macht mir ...
Haaach ...

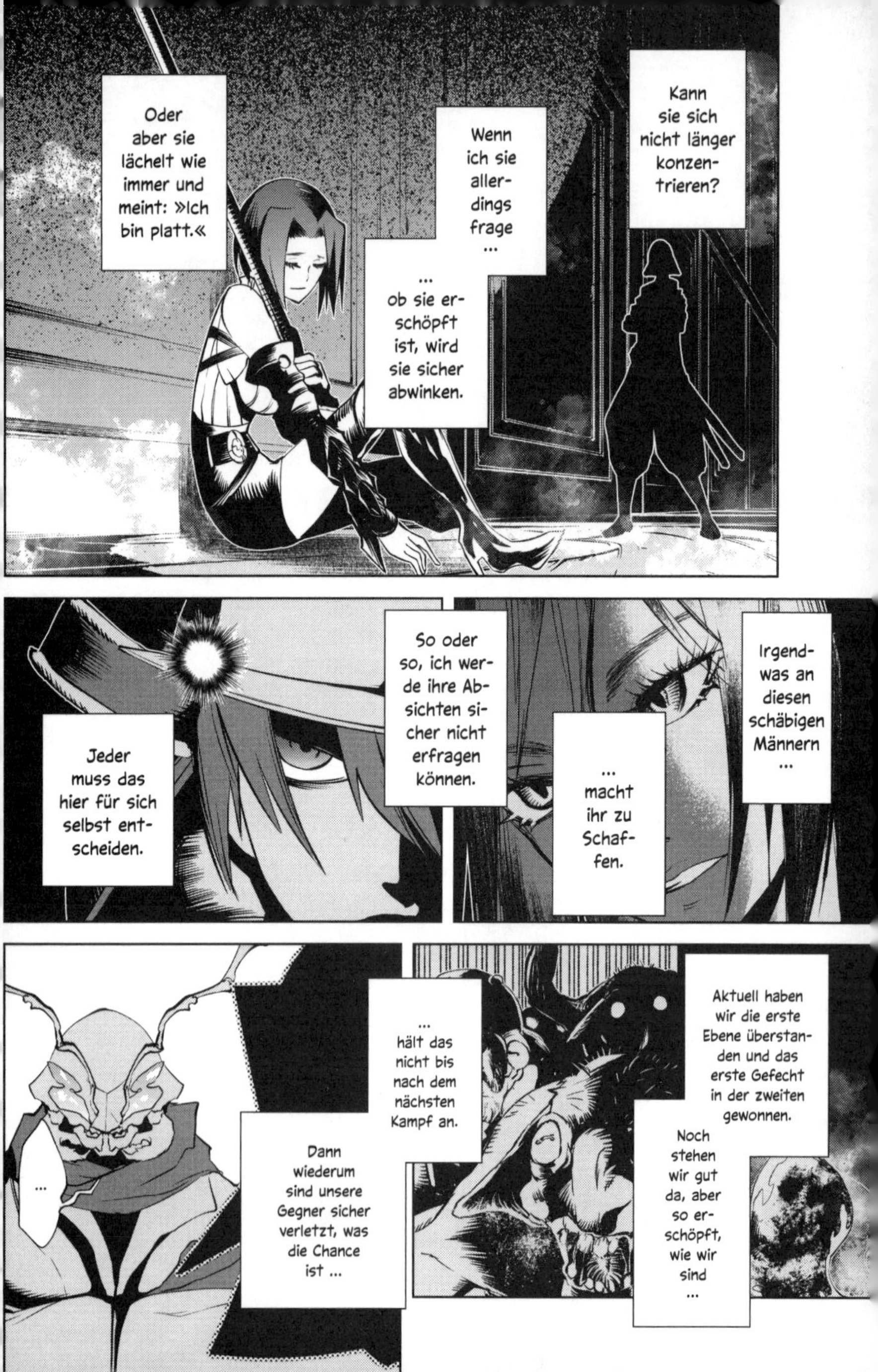

Kann sie sich nicht länger konzentrieren?
Wenn ich sie allerdings frage ...
... ob sie erschöpft ist, wird sie sicher abwinken.
Oder aber sie lächelt wie immer und meint: »Ich bin platt.«
Irgendwas an diesen schäbigen Männern ...
... macht ihr zu Schaffen.
So oder so, ich werde ihre Absichten sicher nicht erfragen können.
Jeder muss das hier für sich selbst entscheiden.
Aktuell haben wir die erste Ebene überstanden und das erste Gefecht in der zweiten gewonnen.
Noch stehen wir gut da, aber so erschöpft, wie wir sind ...
... hält das nicht bis nach dem nächsten Kampf an.
Dann wiederum sind unsere Gegner sicher verletzt, was die Chance ist ...
...

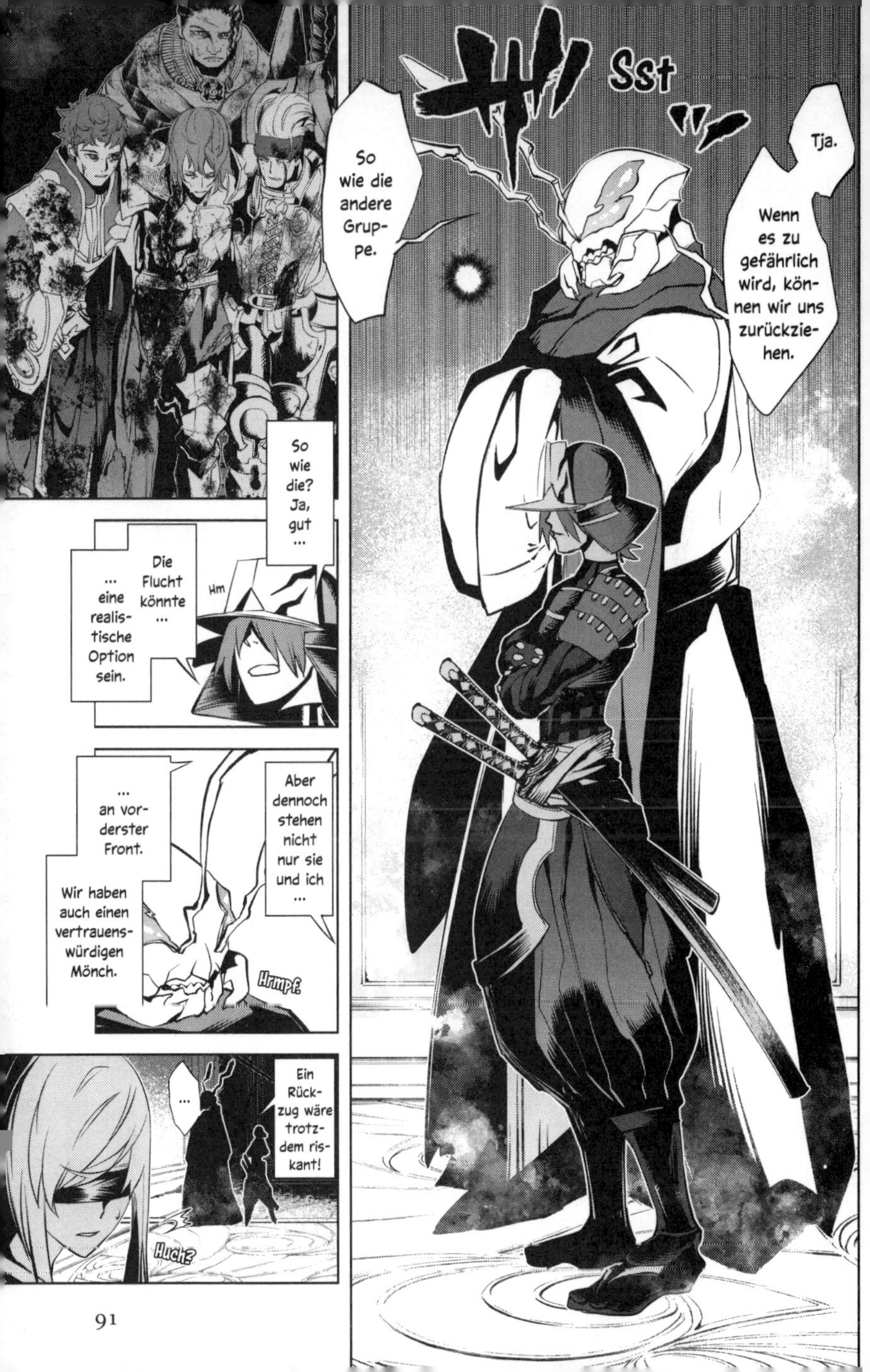
Sst
Tja.
Wenn es zu gefährlich wird, können wir uns zurückziehen.
So wie die andere Gruppe.
So wie die? Ja, gut ...
Hm
Die Flucht könnte ...
... eine realistische Option sein.
Aber dennoch stehen nicht nur sie und ich ...
... an vorderster Front.
Wir haben auch einen vertrauenswürdigen Mönch.
Hrmpf.
Ein Rückzug wäre trotzdem riskant!
...
Huch?

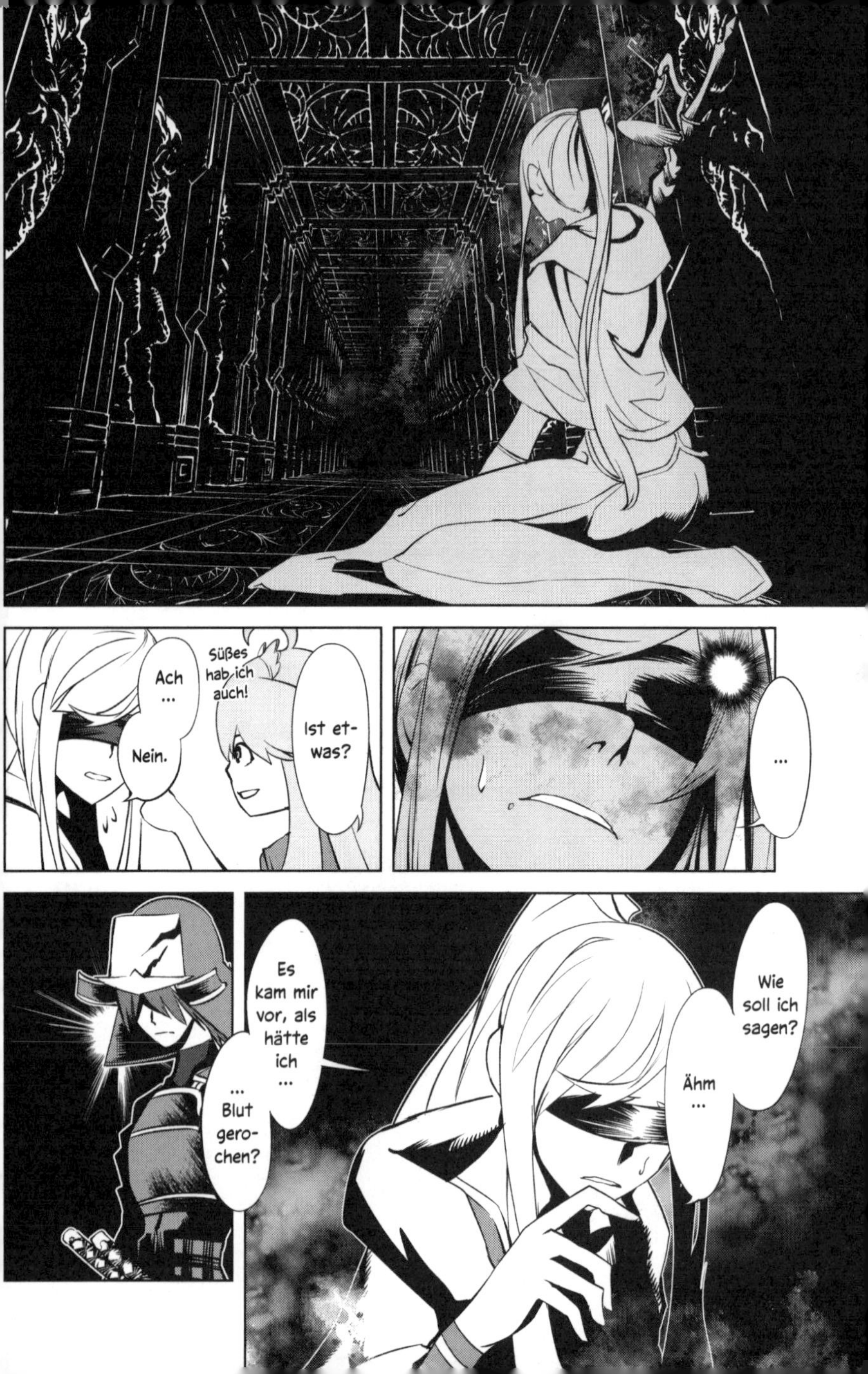
...
Ist et-
was?
Süßes hab ich auch!
Ach ...
Nein.
Wie soll ich sagen?
Ähm ...
Es kam mir vor, als hätte ich ...
... Blut gero-
chen?

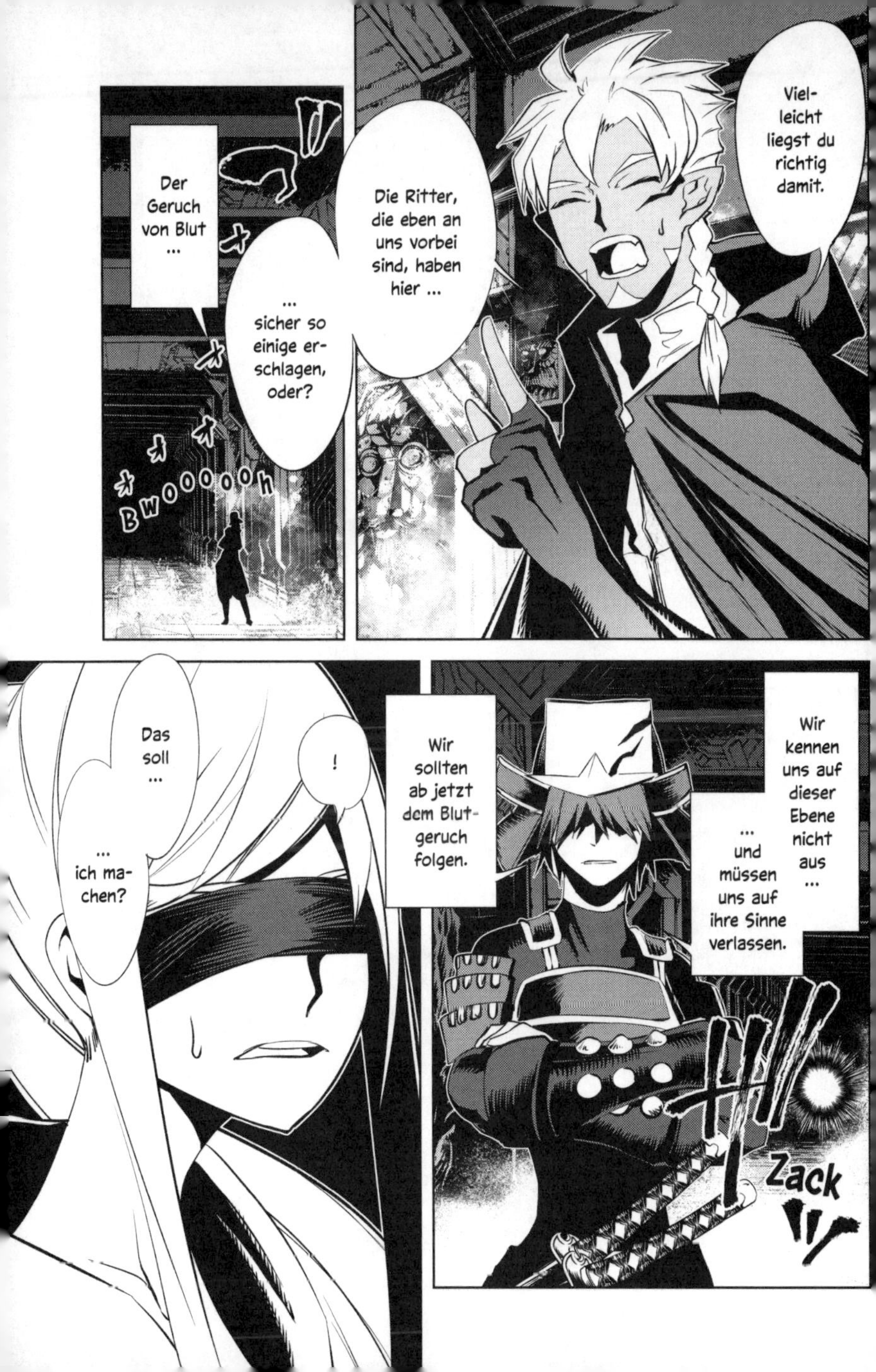
Vielleicht liegst du richtig damit.
Die Ritter, die eben an uns vorbei sind, haben hier ...
... sicher so einige erschlagen, oder?
Der Geruch von Blut ...
Bwooooooh
Wir kennen uns auf dieser Ebene nicht aus ...
... und müssen uns auf ihre Sinne verlassen.
Wir sollten ab jetzt dem Blutgeruch folgen.
Zack
!
Das soll ...
... ich machen?

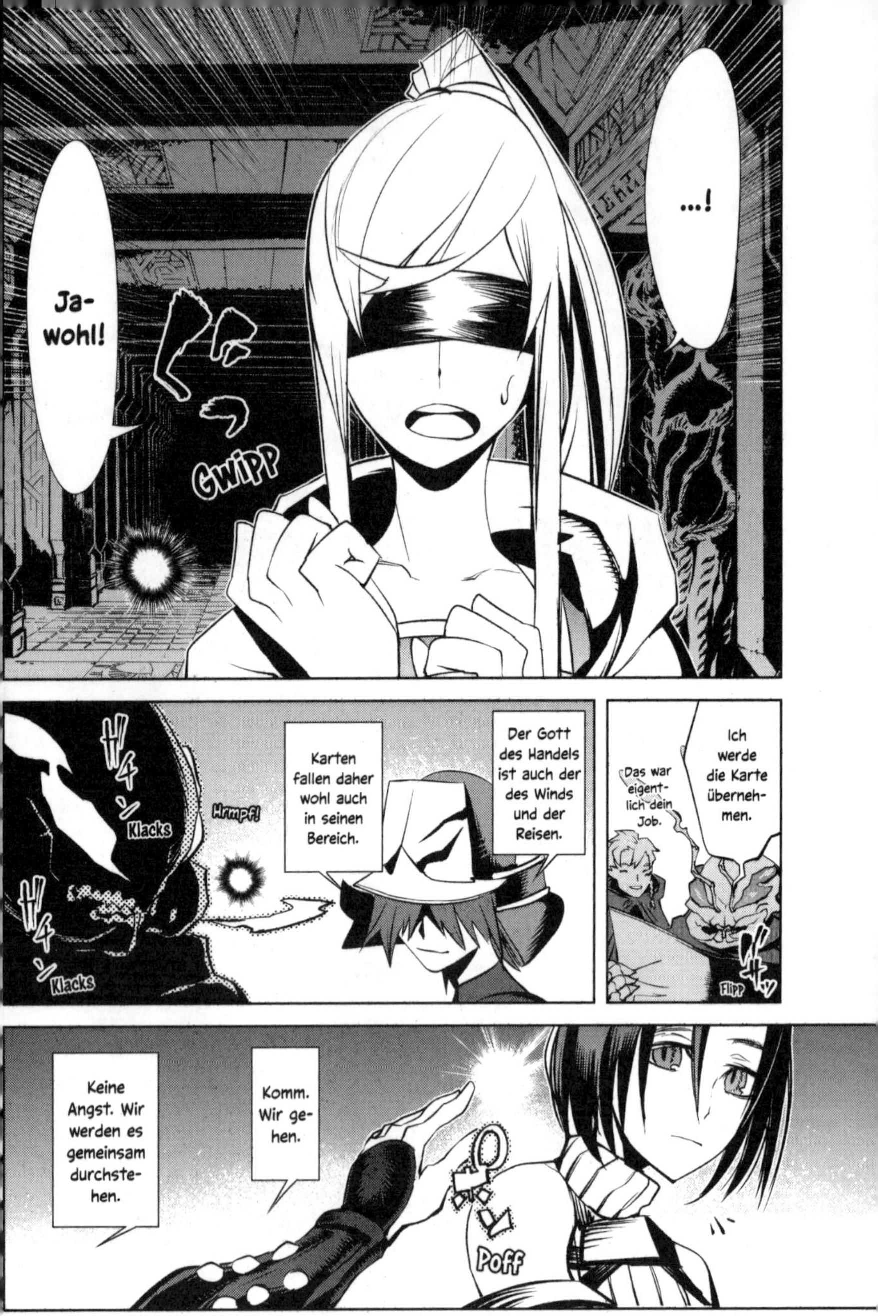
...!
Ja-
wohl!
Gwipp
Ich
werde
die Karte
überneh-
men.
Das war
eigent-
lich dein
Job.
Flipp
Der Gott
des Handels
ist auch der
des Winds
und der
Reisen.
Karten
fallen daher
wohl auch
in seinen
Bereich.
Hrmpf!
Klacks
Klacks
Komm.
Wir ge-
hen.
Keine
Angst. Wir
werden es
gemeinsam
durchste-
hen.
Poff

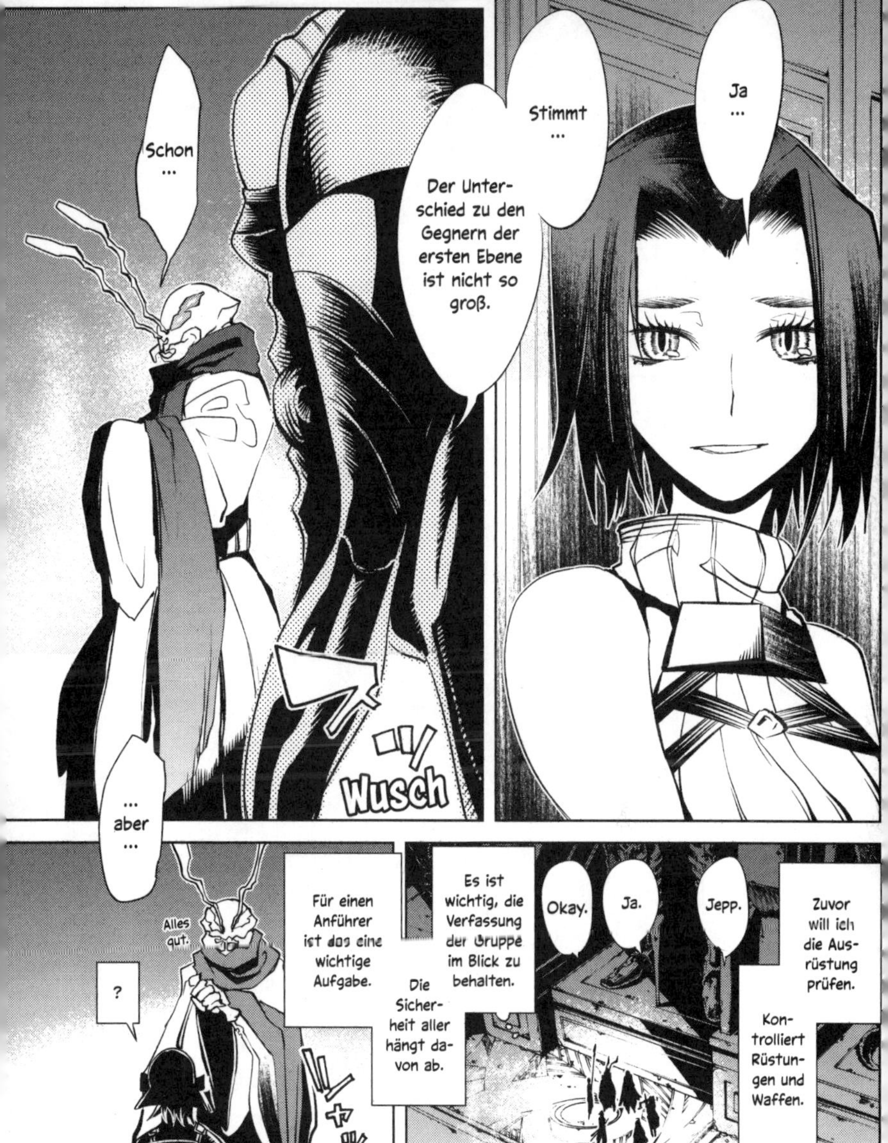

Ja ...
Stimmt ...
Der Unterschied zu den Gegnern der ersten Ebene ist nicht so groß.
Schon ...
Wusch
... aber ...
Zuvor will ich die Ausrüstung prüfen.
Kontrolliert Rüstungen und Waffen.
Jepp.
Ja.
Okay.
Es ist wichtig, die Verfassung der Gruppe im Blick zu behalten.
Die Sicherheit aller hängt davon ab.
Für einen Anführer ist das eine wichtige Aufgabe.
Alles gut.
?
Tschack

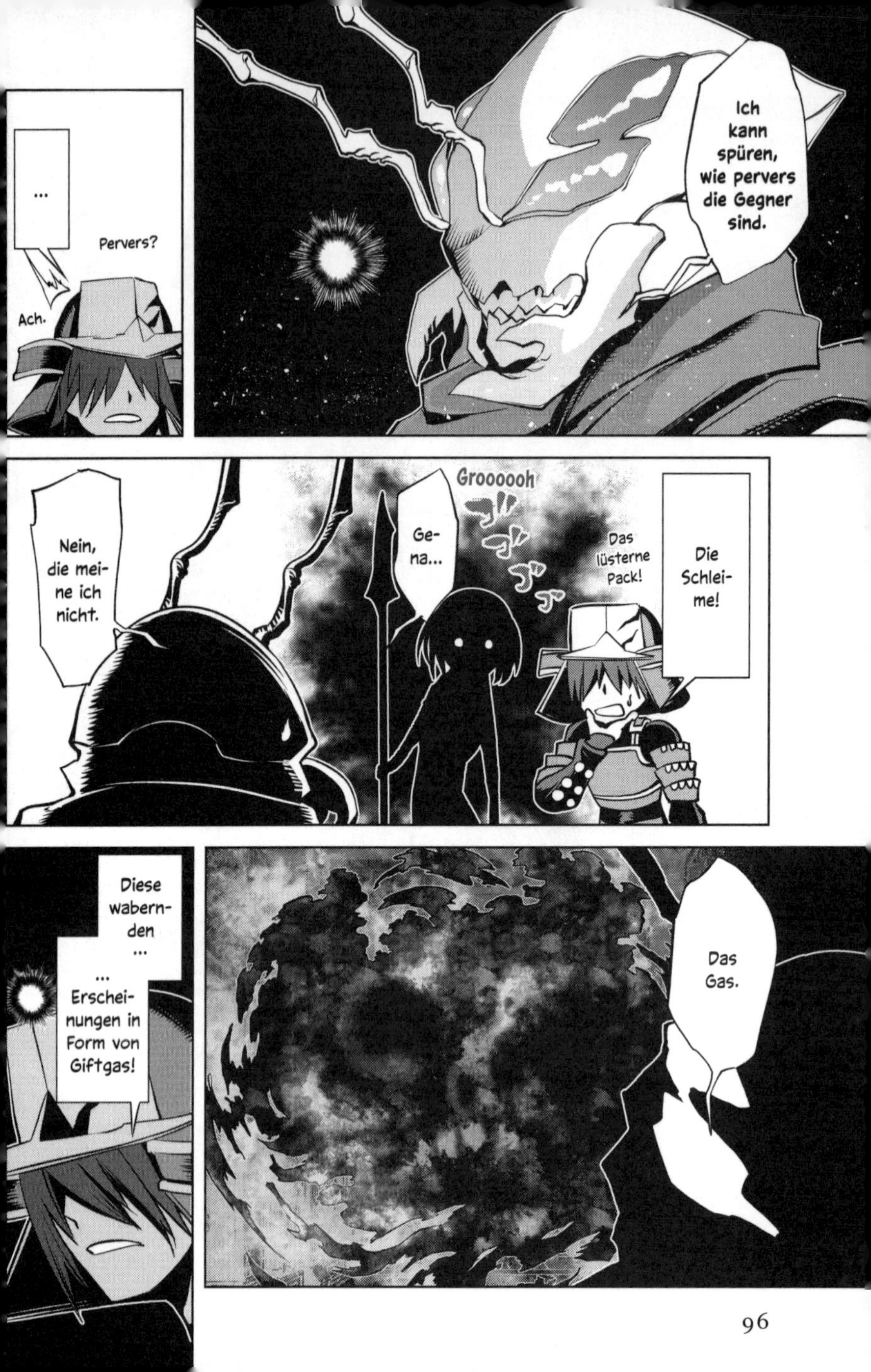
Ich kann spüren, wie pervers die Gegner sind.
…
Pervers?
Ach.
Die Schleime!
Das lüsterne Pack!
Groooooh
Ge-na…
Nein, die mei-ne ich nicht.
Das Gas.
Diese wabern-den …
… Erschei-nungen in Form von Giftgas!

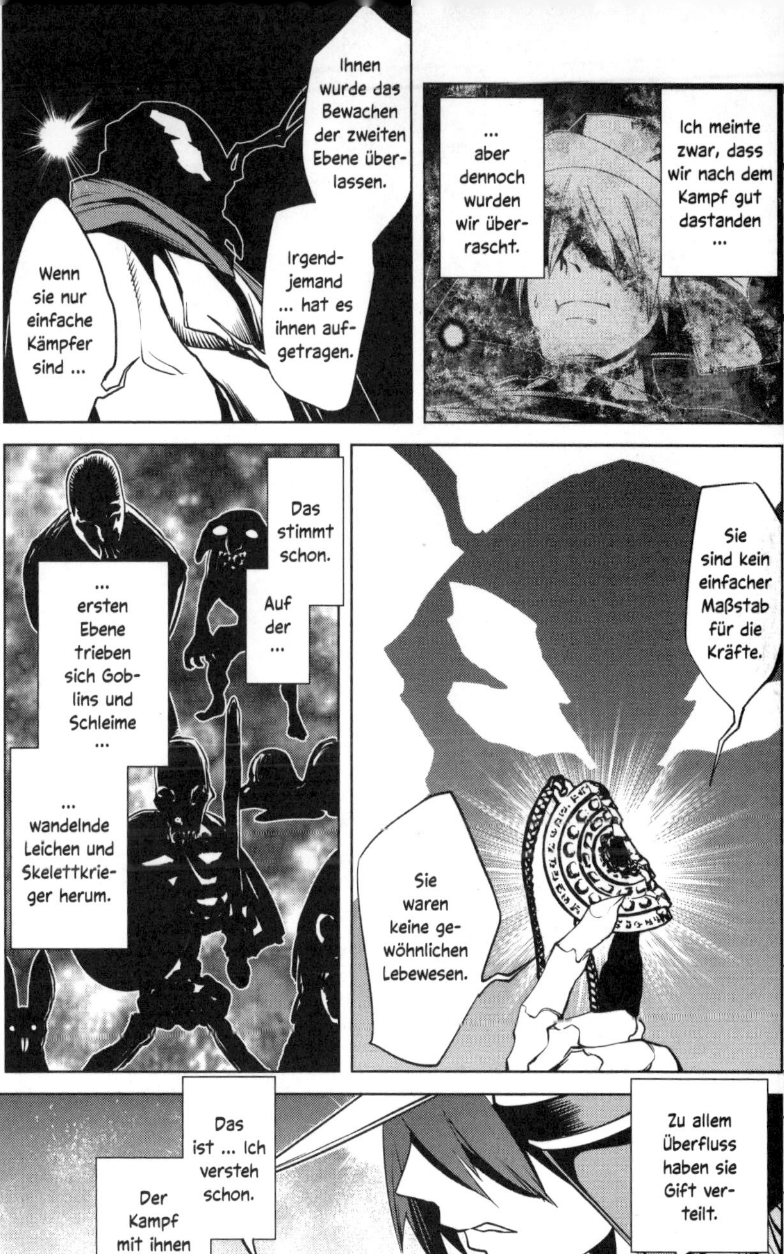
Ich meinte zwar, dass wir nach dem Kampf gut dastanden ...
... aber dennoch wurden wir überrascht.
Ihnen wurde das Bewachen der zweiten Ebene überlassen.
Irgendjemand ... hat es ihnen aufgetragen.
Wenn sie nur einfache Kämpfer sind ...
Sie sind kein einfacher Maßstab für die Kräfte.
Sie waren keine gewöhnlichen Lebewesen.
Das stimmt schon.
Auf der ...
... ersten Ebene trieben sich Goblins und Schleime ...
... wandelnde Leichen und Skelettkrieger herum.
Zu allem Überfluss haben sie Gift verteilt.
Das ist ... Ich versteh schon.
Der Kampf mit ihnen ist lästig, oder?

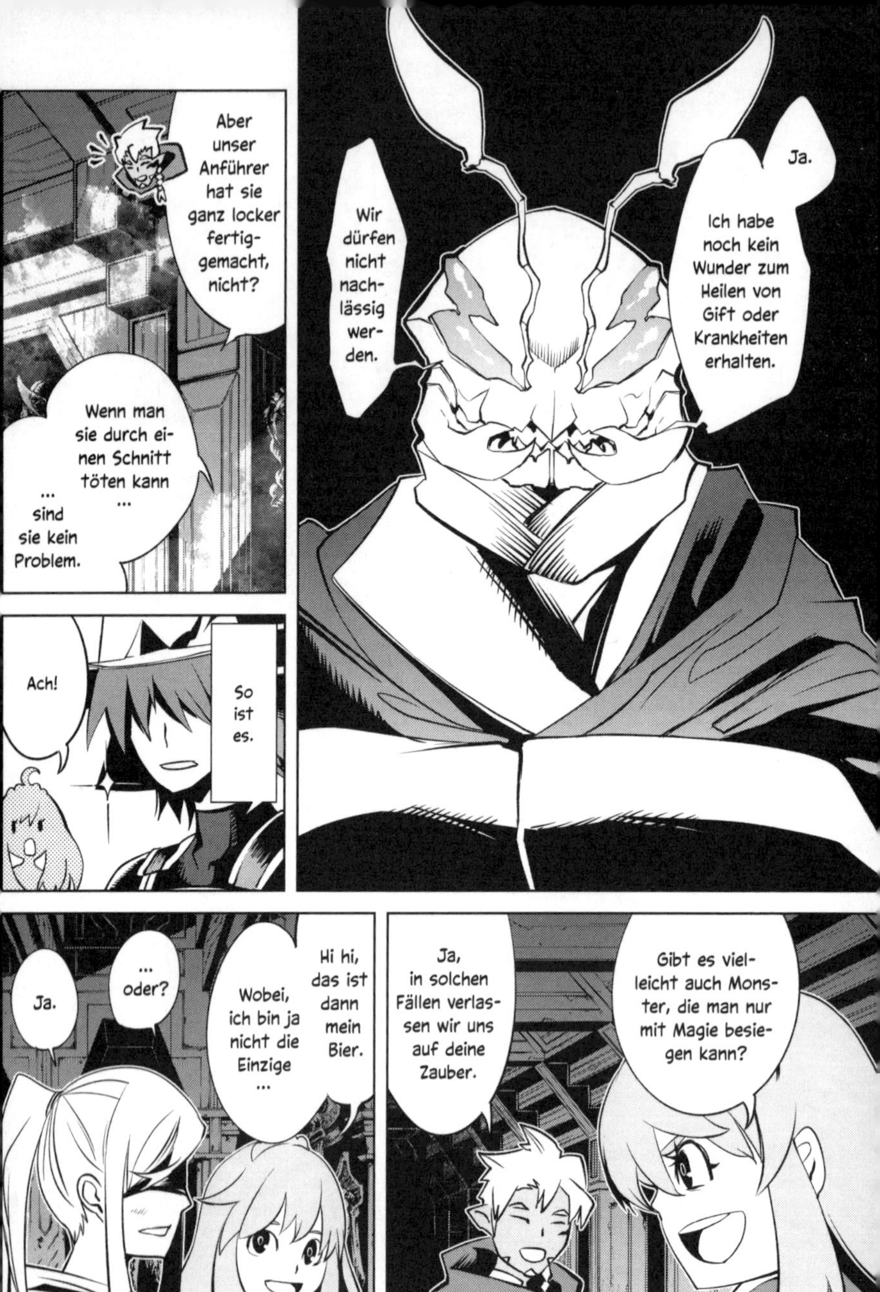
Ja.
Ich habe noch kein Wunder zum Heilen von Gift oder Krankheiten erhalten.
Wir dürfen nicht nachlässig werden.
Aber unser Anführer hat sie ganz locker fertiggemacht, nicht?
Wenn man sie durch einen Schnitt töten kann ...
... sind sie kein Problem.
So ist es.
Ach!
Gibt es vielleicht auch Monster, die man nur mit Magie besiegen kann?
Ja, in solchen Fällen verlassen wir uns auf deine Zauber.
Hi hi, das ist dann mein Bier.
Wobei, ich bin ja nicht die Einzige ...
... oder?
Ja.

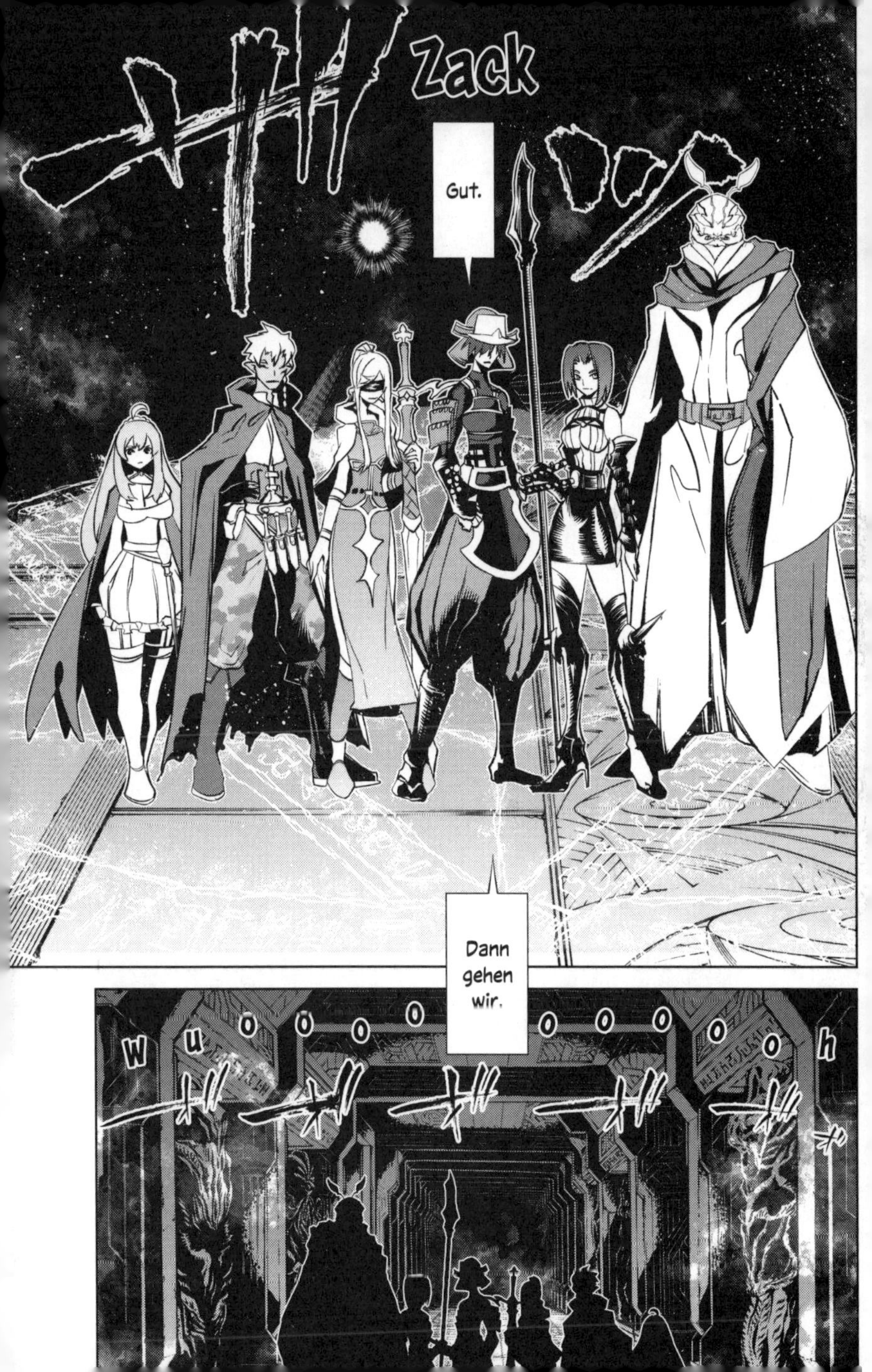
Zack
Gut.
Dann gehen wir.
Wuooooooooooh

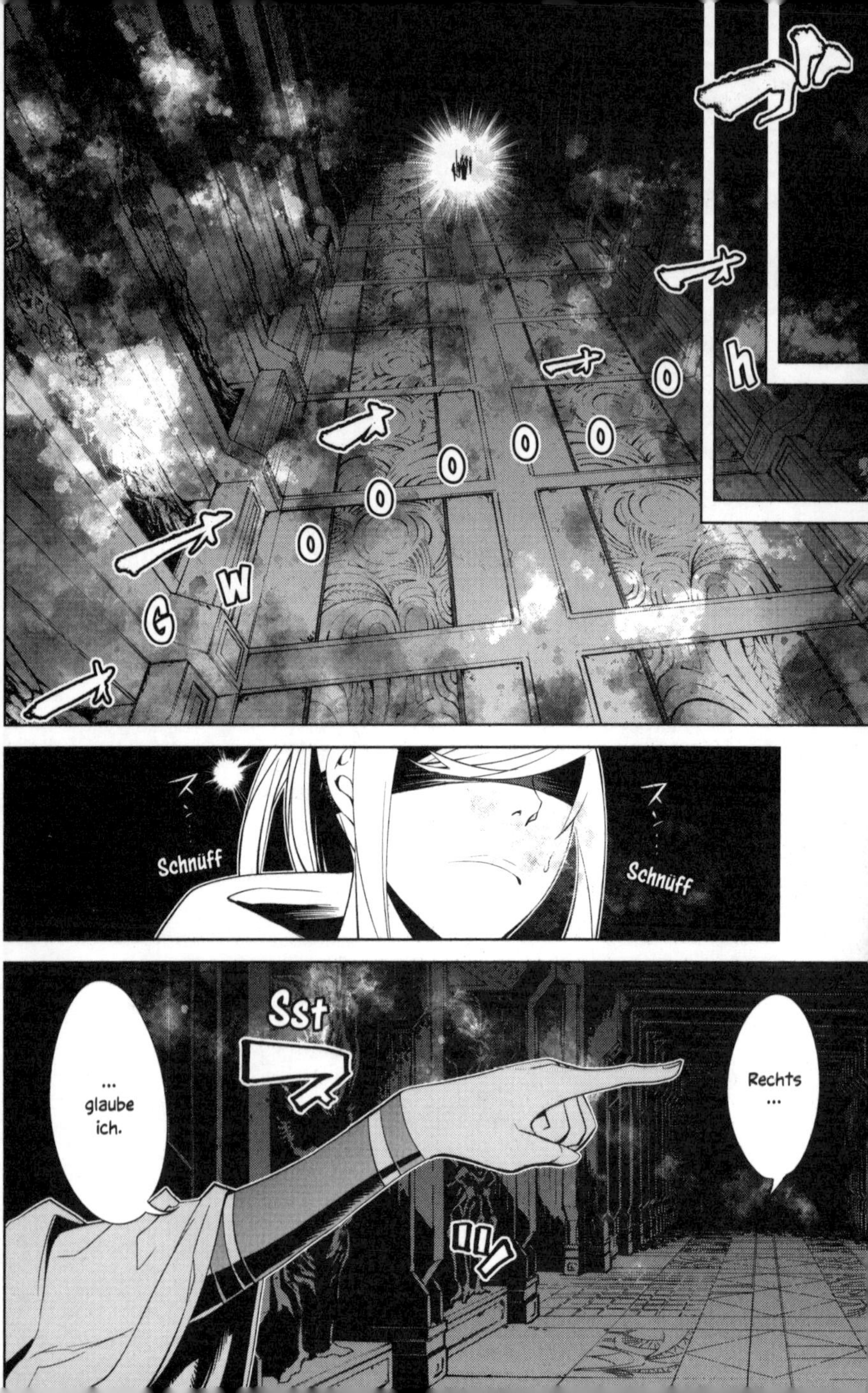
GWOOOOOOOh
Schnüff
Schnüff
Sst
Rechts …
… glaube ich.

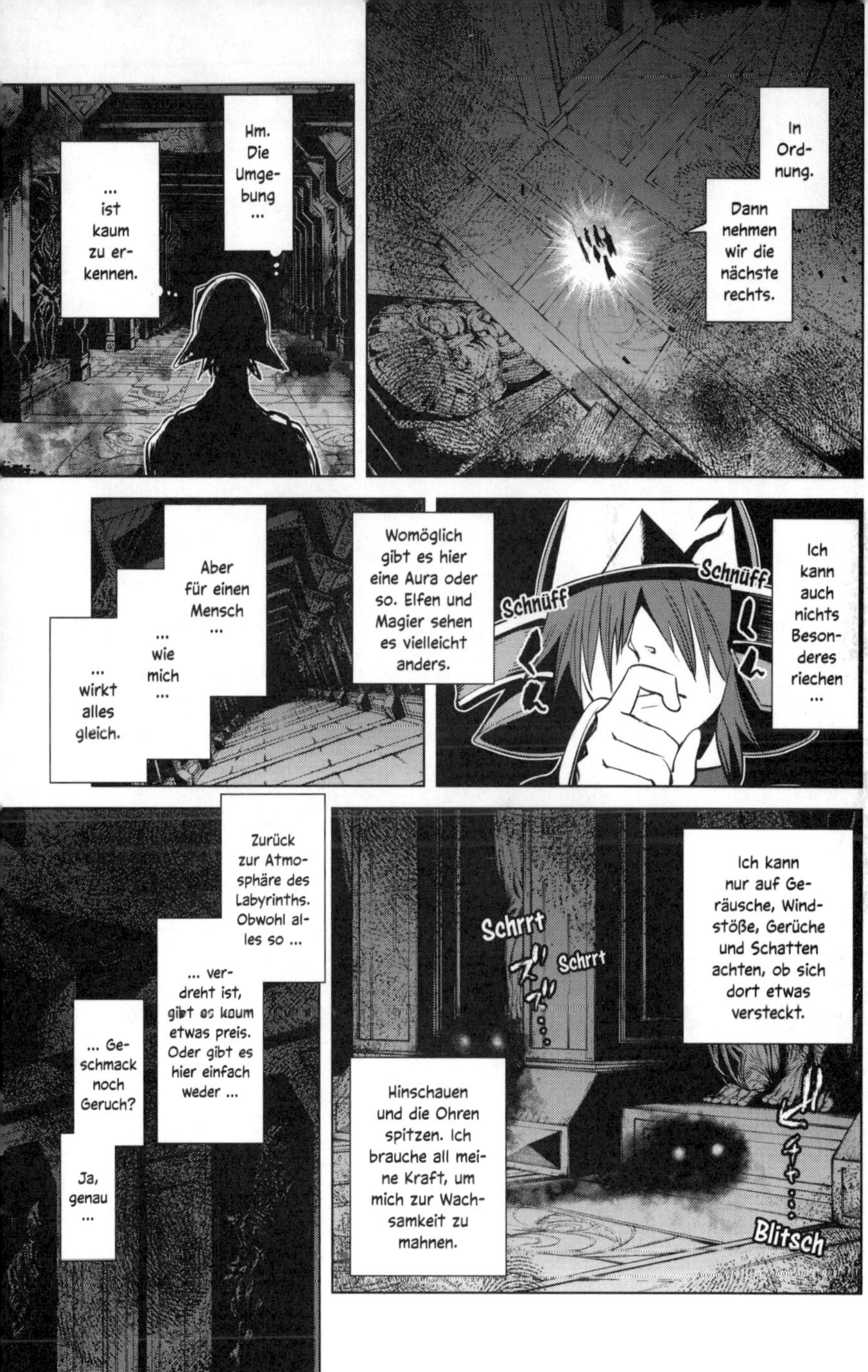

In Ordnung.
Dann nehmen wir die nächste rechts.
Hm. Die Umgebung ...
... ist kaum zu erkennen.
Ich kann auch nichts Besonderes riechen ...
Schnüff
Schnüff
Womöglich gibt es hier eine Aura oder so. Elfen und Magier sehen es vielleicht anders.
Aber für einen Mensch ...
... wie mich ...
... wirkt alles gleich.
Ich kann nur auf Geräusche, Windstöße, Gerüche und Schatten achten, ob sich dort etwas versteckt.
Schrrt
Schrrt
Hinschauen und die Ohren spitzen. Ich brauche all meine Kraft, um mich zur Wachsamkeit zu mahnen.
Blitsch
Zurück zur Atmosphäre des Labyrinths. Obwohl alles so ...
... verdreht ist, gibt es kaum etwas preis. Oder gibt es hier einfach weder ...
... Geschmack noch Geruch?
Ja, genau ...

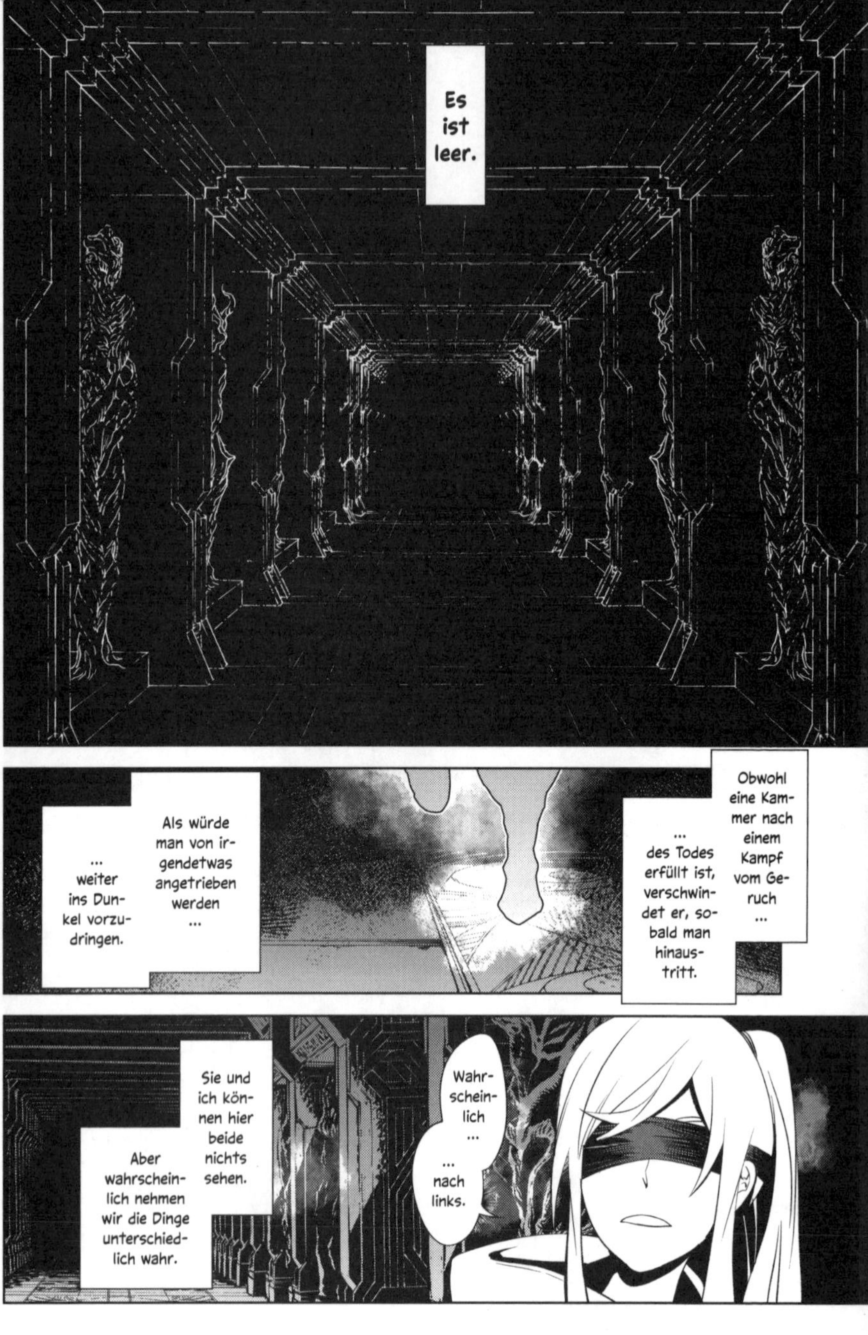

Es ist leer.
Obwohl eine Kammer nach einem Kampf vom Geruch ...
... des Todes erfüllt ist, verschwindet er, sobald man hinaustritt.
Als würde man von irgendetwas angetrieben werden ...
... weiter ins Dunkel vorzudringen.
Wahrscheinlich ...
... nach links.
Sie und ich können hier beide nichts sehen.
Aber wahrscheinlich nehmen wir die Dinge unterschiedlich wahr.

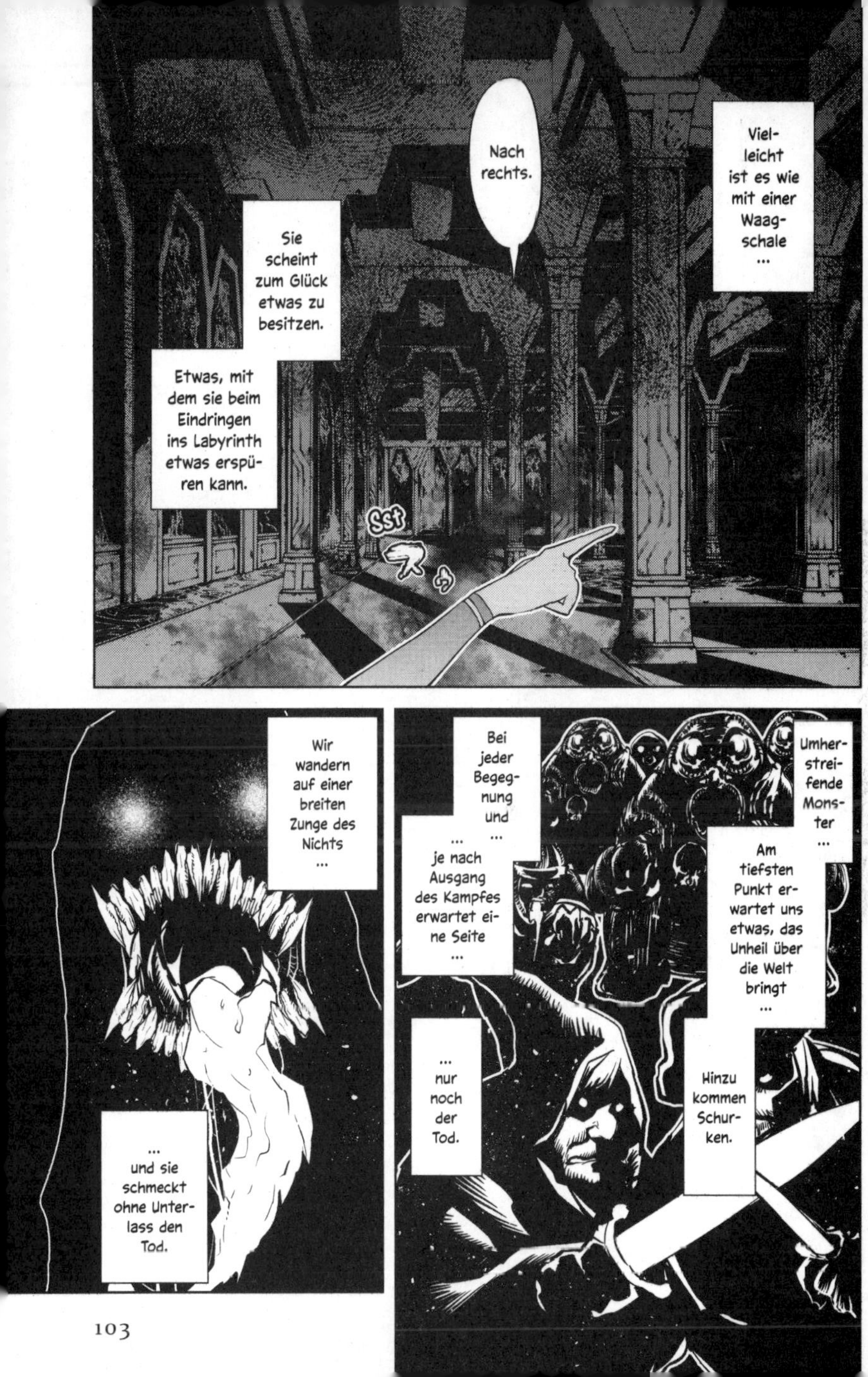

Vielleicht ist es wie mit einer Waagschale ...
Nach rechts.
Sie scheint zum Glück etwas zu besitzen.
Etwas, mit dem sie beim Eindringen ins Labyrinth etwas erspüren kann.
Sst
Umherstreifende Monster ...
Bei jeder Begegnung und ...
... je nach Ausgang des Kampfes erwartet eine Seite ...
Am tiefsten Punkt erwartet uns etwas, das Unheil über die Welt bringt ...
Hinzu kommen Schurken.
... nur noch der Tod.
Wir wandern auf einer breiten Zunge des Nichts ...
... und sie schmeckt ohne Unterlass den Tod.

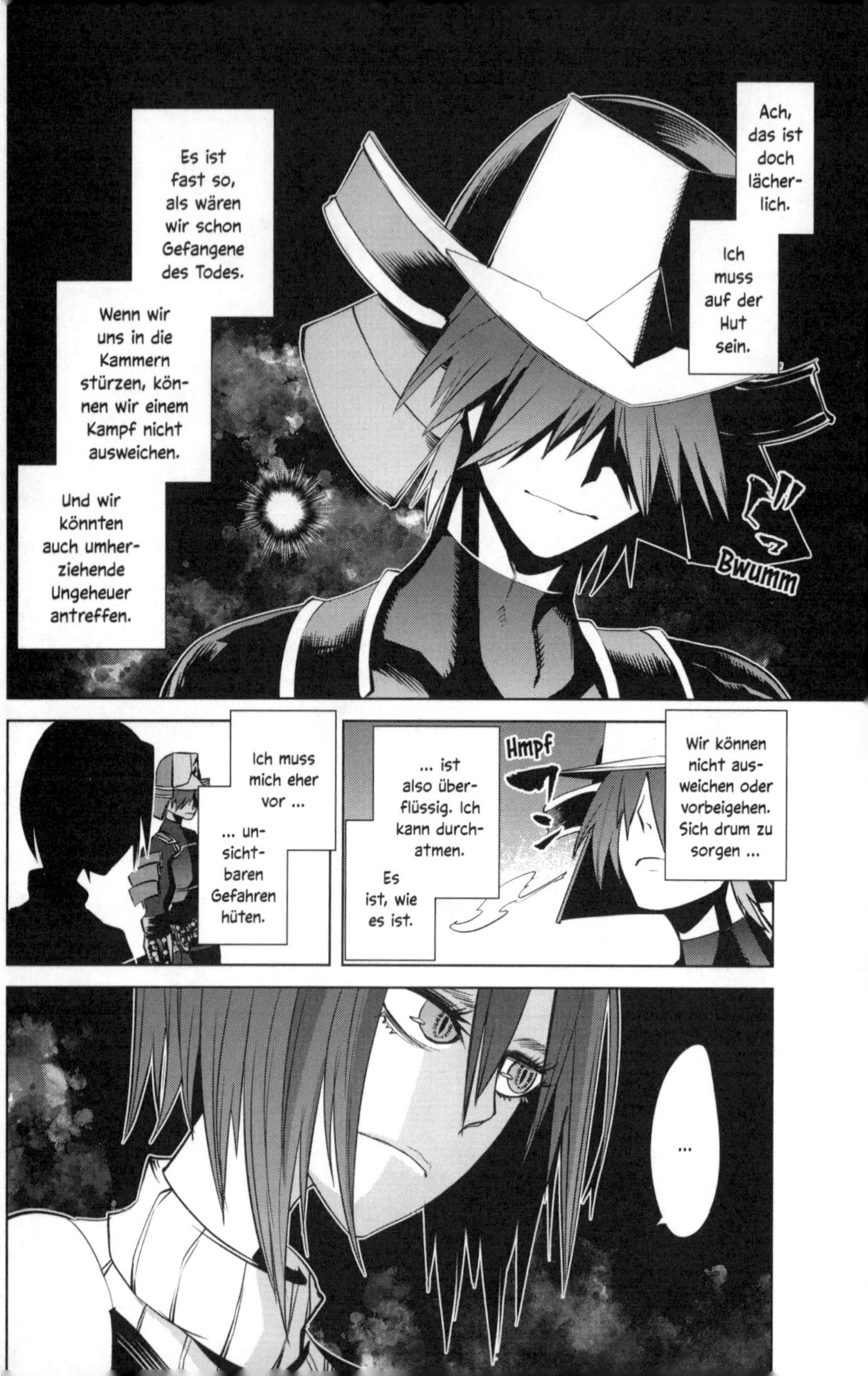
Ach, das ist doch lächerlich.
Ich muss auf der Hut sein.
Es ist fast so, als wären wir schon Gefangene des Todes.
Wenn wir uns in die Kammern stürzen, können wir einem Kampf nicht ausweichen.
Und wir könnten auch umherziehende Ungeheuer antreffen.
Bwumm
Wir können nicht ausweichen oder vorbeigehen. Sich drum zu sorgen ...
Hmpf
... ist also überflüssig. Ich kann durchatmen.
Es ist, wie es ist.
Ich muss mich eher vor ...
... unsichtbaren Gefahren hüten.
...

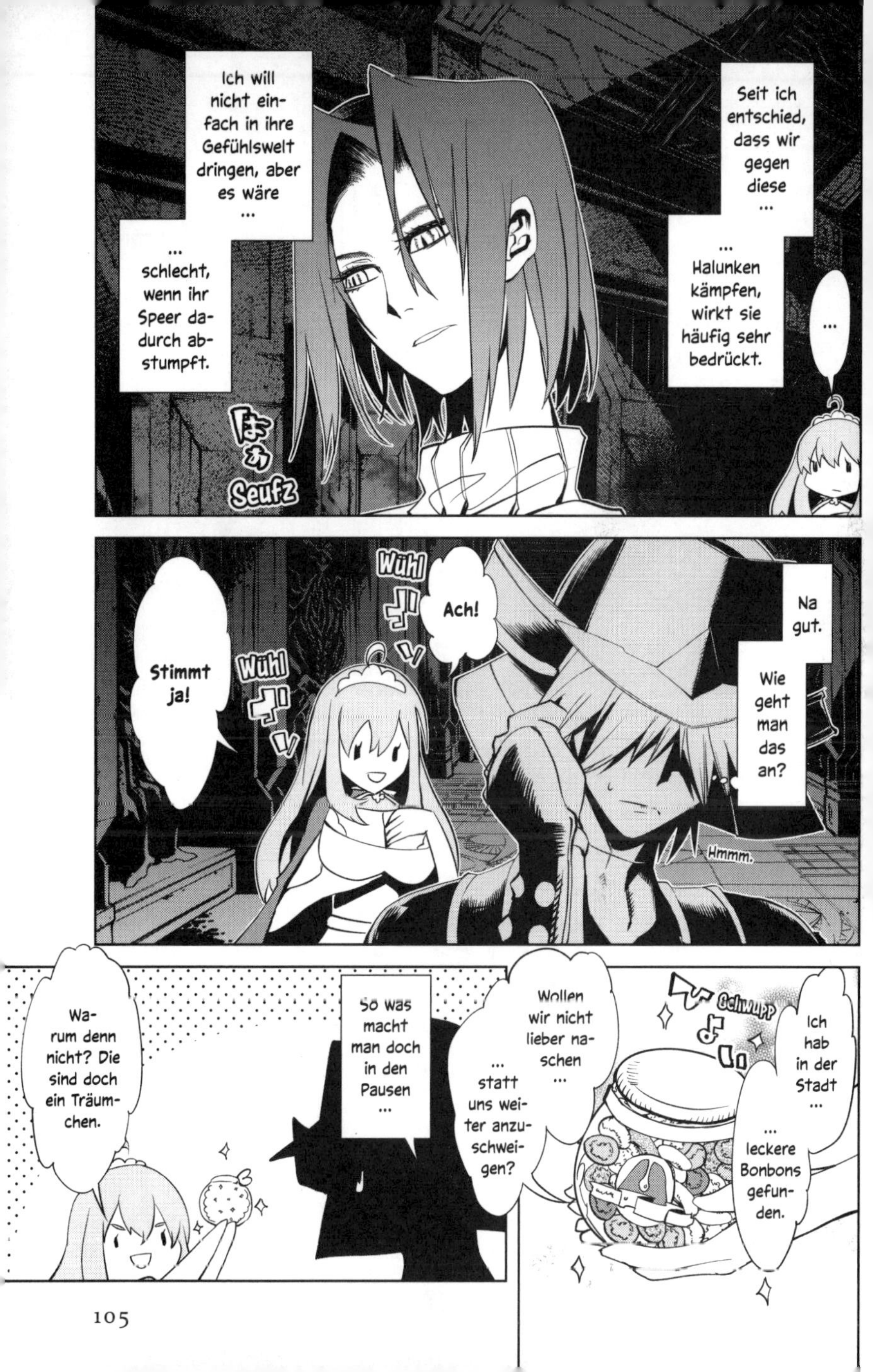

Seit ich entschied, dass wir gegen diese …
… Halunken kämpfen, wirkt sie häufig sehr bedrückt.
…
Ich will nicht ein-fach in ihre Gefühlswelt dringen, aber es wäre …
… schlecht, wenn ihr Speer da-durch ab-stumpft.
Seufz
Na gut.
Wie geht man das an?
Hmmm.
Ach!
Wühl
Wühl
Stimmt ja!
Ich hab in der Stadt …
… leckere Bonbons gefun-den.
Schwupp
Wollen wir nicht lieber na-schen …
… statt uns wei-ter anzu-schwei-gen?
So was macht man doch in den Pausen …
Wa-rum denn nicht? Die sind doch ein Träum-chen.

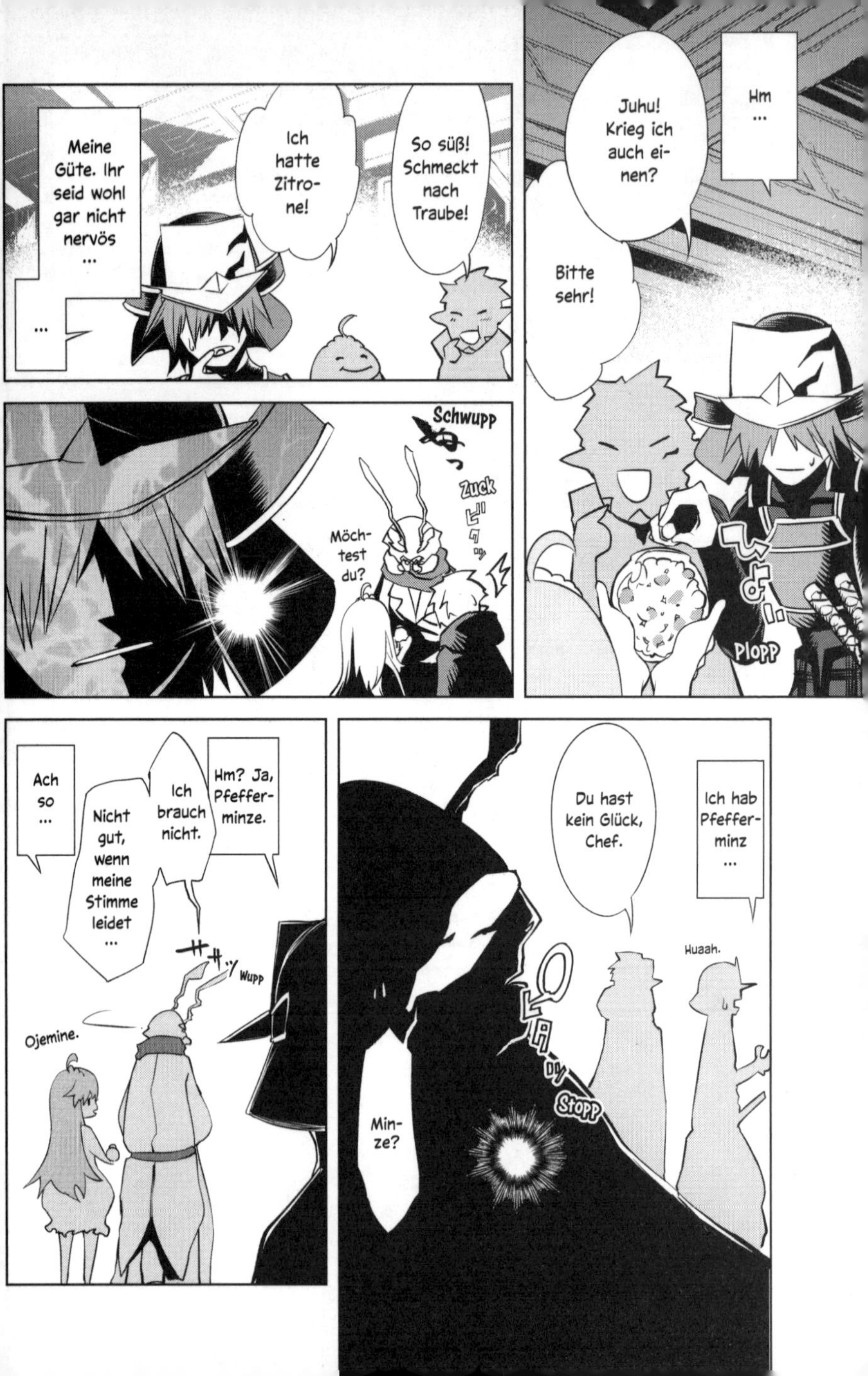
Hm ...
Juhu! Krieg ich auch ei-nen?
Bitte sehr!
Plopp
So süß! Schmeckt nach Traube!
Ich hatte Zitro-ne!
Meine Güte. Ihr seid wohl gar nicht nervös ...
...
Schwupp
Zuck
Möch-test du?
Ich hab Pfeffer-minz ...
Du hast kein Glück, Chef.
Huaah.
Stopp
Min-ze?
Hm? Ja, Pfeffer-minze.
Ich brauch nicht.
Nicht gut, wenn meine Stimme leidet ...
Ach so ...
Wupp
Ojemine.

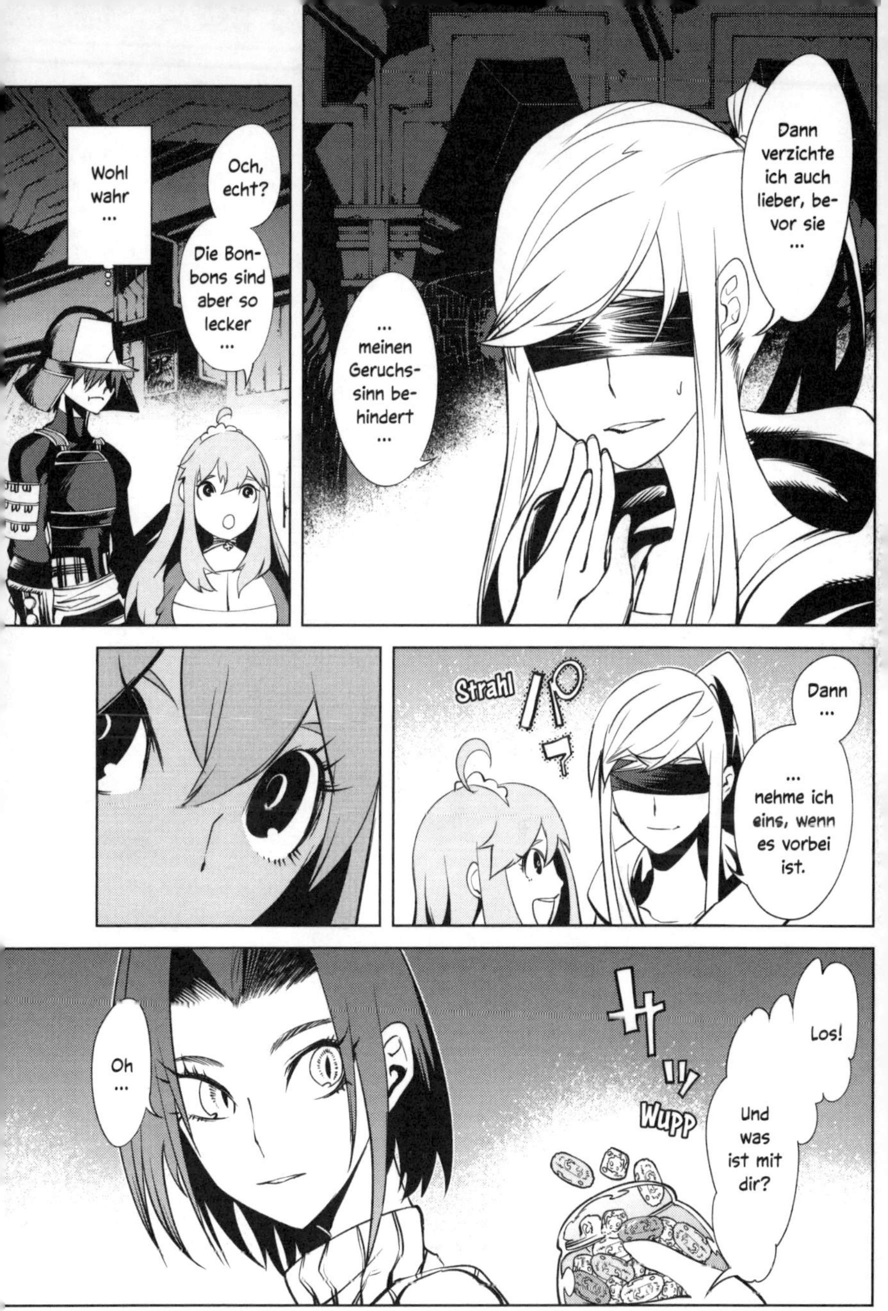
Dann verzichte ich auch lieber, bevor sie ...
... meinen Geruchssinn behindert ...
Och, echt?
Die Bonbons sind aber so lecker ...
Wohl wahr ...
Strahl
Dann ...
... nehme ich eins, wenn es vorbei ist.
Los!
Wupp
Und was ist mit dir?
Oh ...

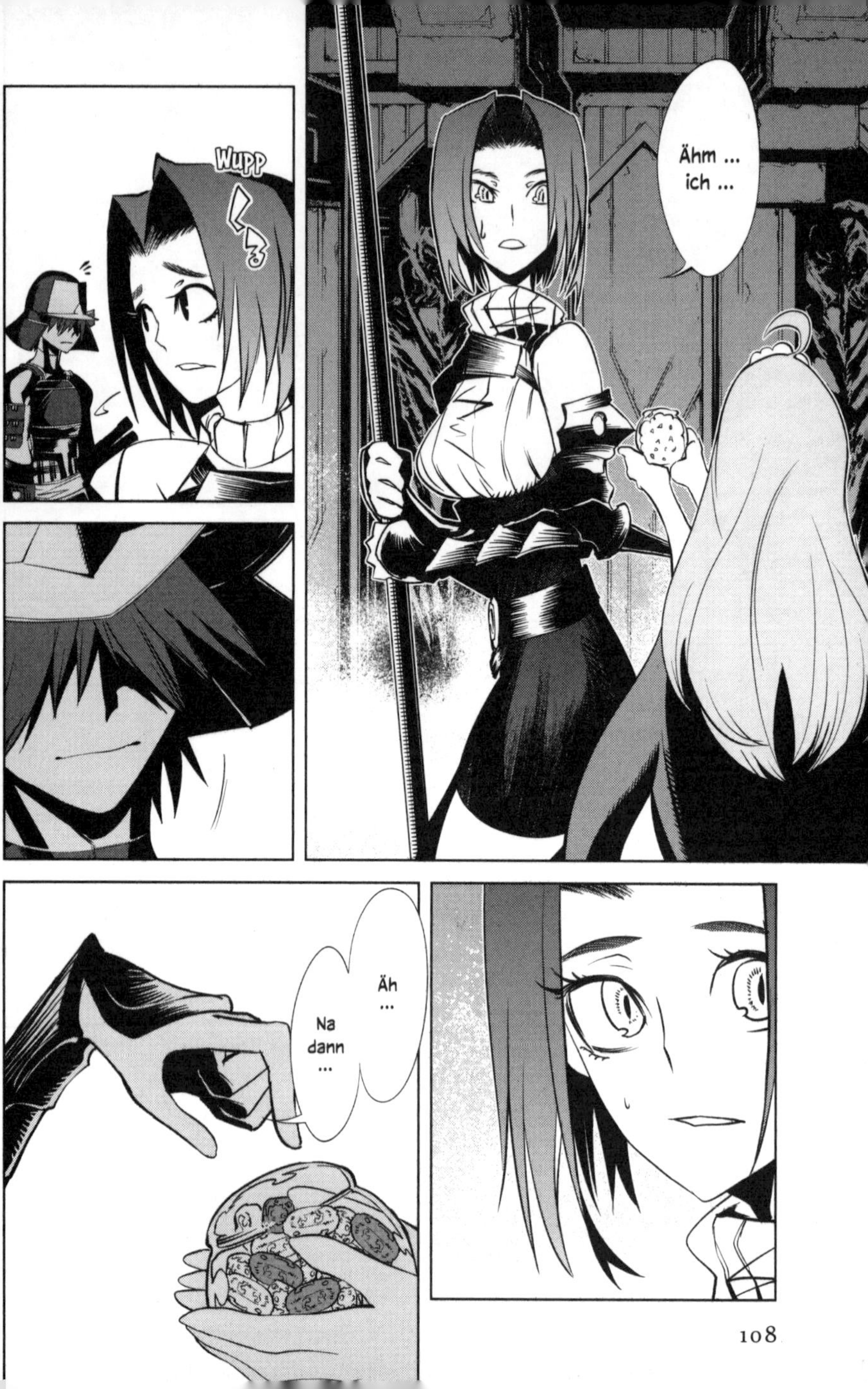
Ähm ... ich ...
Wupp
Äh ...
Na dann ...

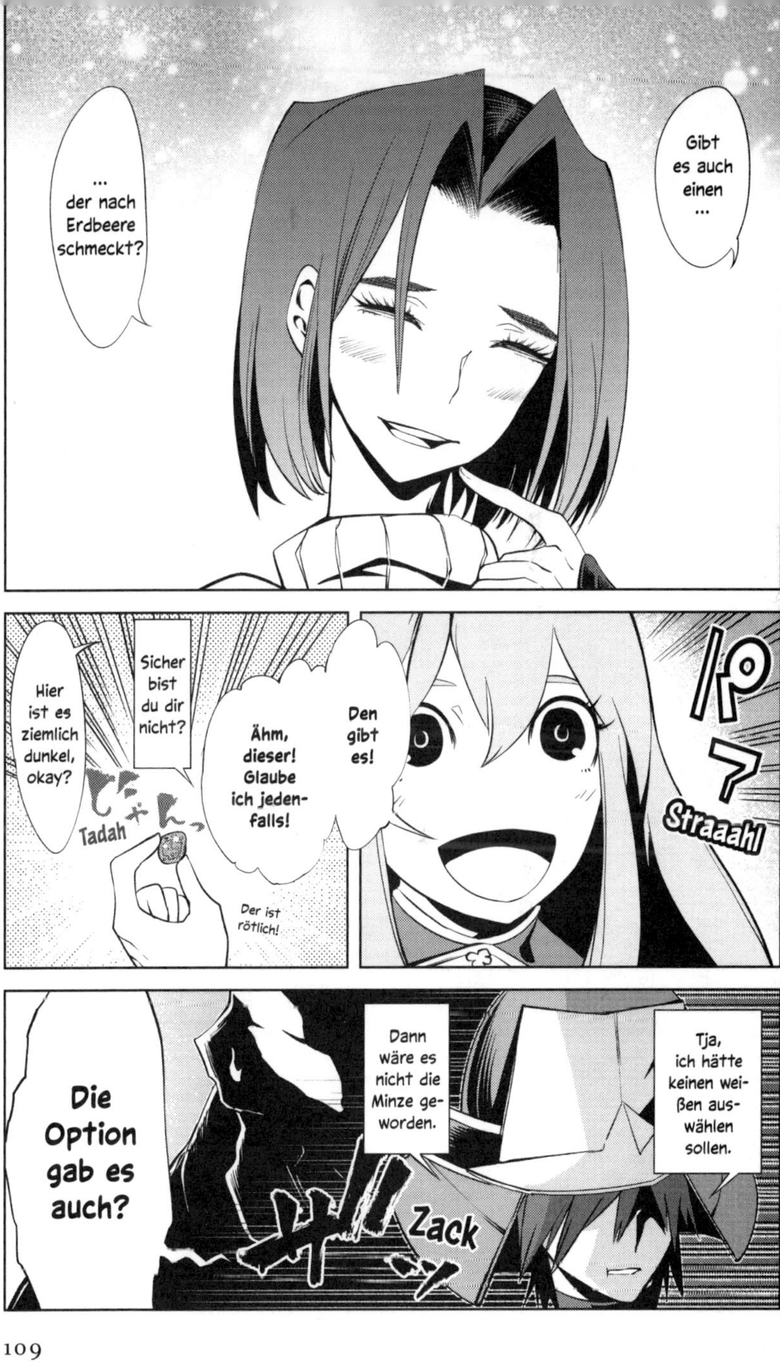

Gibt es auch einen ...
... der nach Erdbeere schmeckt?
Straaahl
Den gibt es!
Ähm, dieser! Glaube ich jeden-falls!
Sicher bist du dir nicht?
Hier ist es ziemlich dunkel, okay?
Tadah
Der ist rötlich!
Tja, ich hätte keinen wei-ßen aus-wählen sollen.
Dann wäre es nicht die Minze ge-worden.
Zack
Die Option gab es auch?

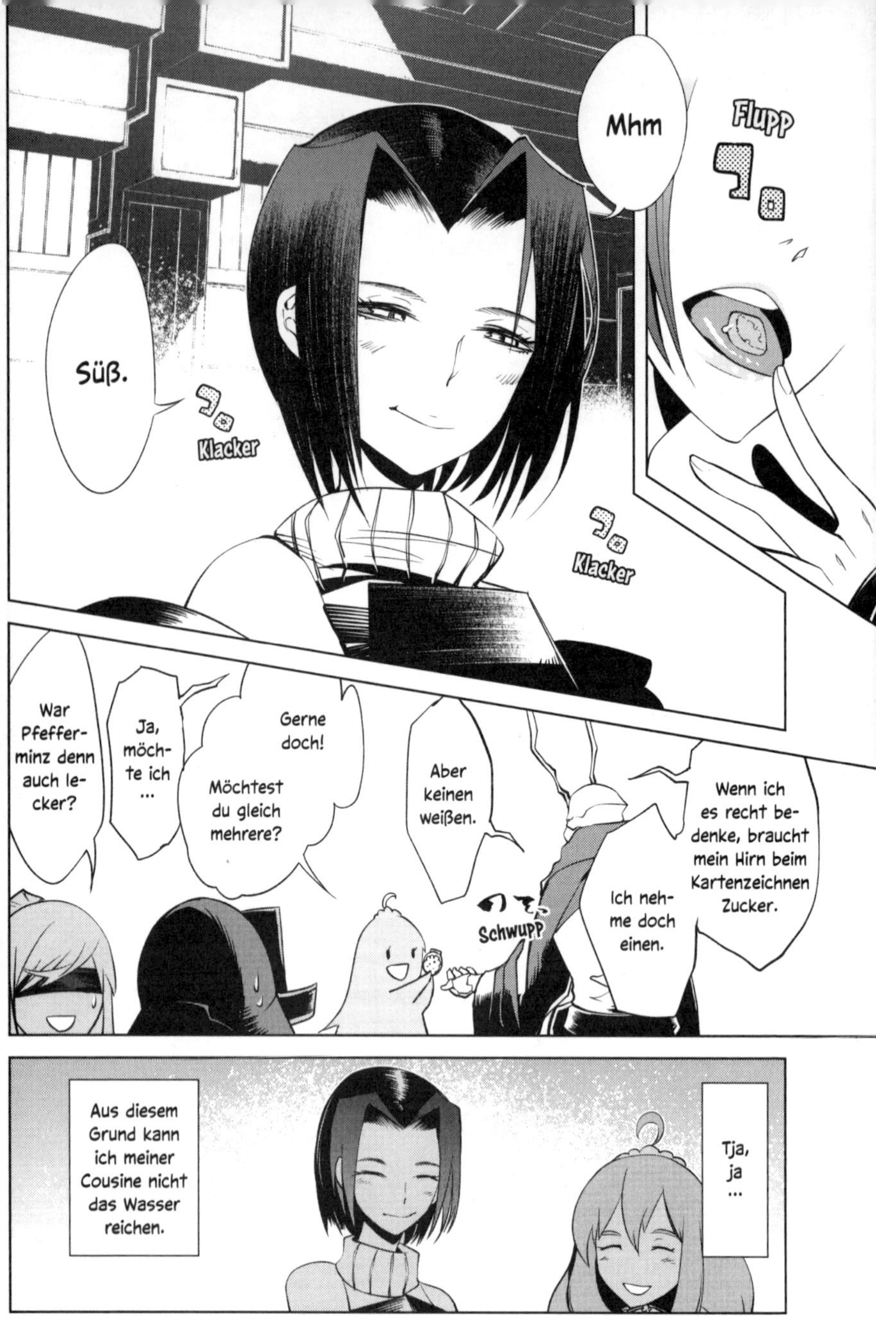
Mhm
Flupp
Süß.
Klacker
Klacker
Wenn ich es recht bedenke, braucht mein Hirn beim Kartenzeichnen Zucker.
Ich nehme doch einen.
Schwupp
Aber keinen weißen.
Gerne doch!
Möchtest du gleich mehrere?
Ja, möchte ich …
War Pfefferminz denn auch lecker?
Tja, ja …
Aus diesem Grund kann ich meiner Cousine nicht das Wasser reichen.

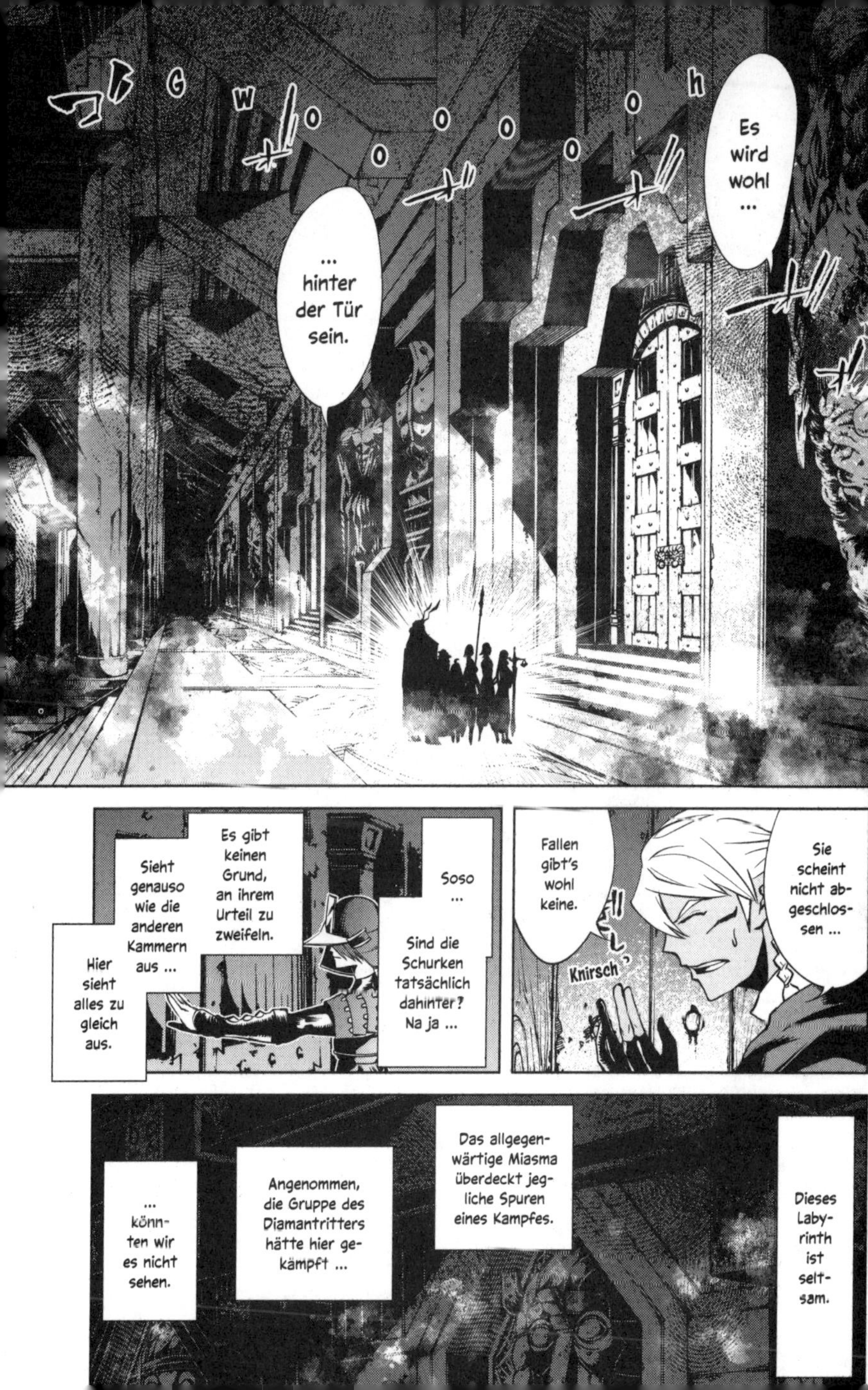

Gwooooooh
Es wird wohl ...
... hinter der Tür sein.
Sie scheint nicht abgeschlossen ...
Fallen gibt's wohl keine.
Knirsch
Soso ...
Sind die Schurken tatsächlich dahinter? Na ja ...
Es gibt keinen Grund, an ihrem Urteil zu zweifeln.
Sieht genauso wie die anderen Kammern aus ...
Hier sieht alles zu gleich aus.
Dieses Labyrinth ist seltsam.
Das allgegenwärtige Miasma überdeckt jegliche Spuren eines Kampfes.
Angenommen, die Gruppe des Diamantritters hätte hier gekämpft ...
... könnten wir es nicht sehen.

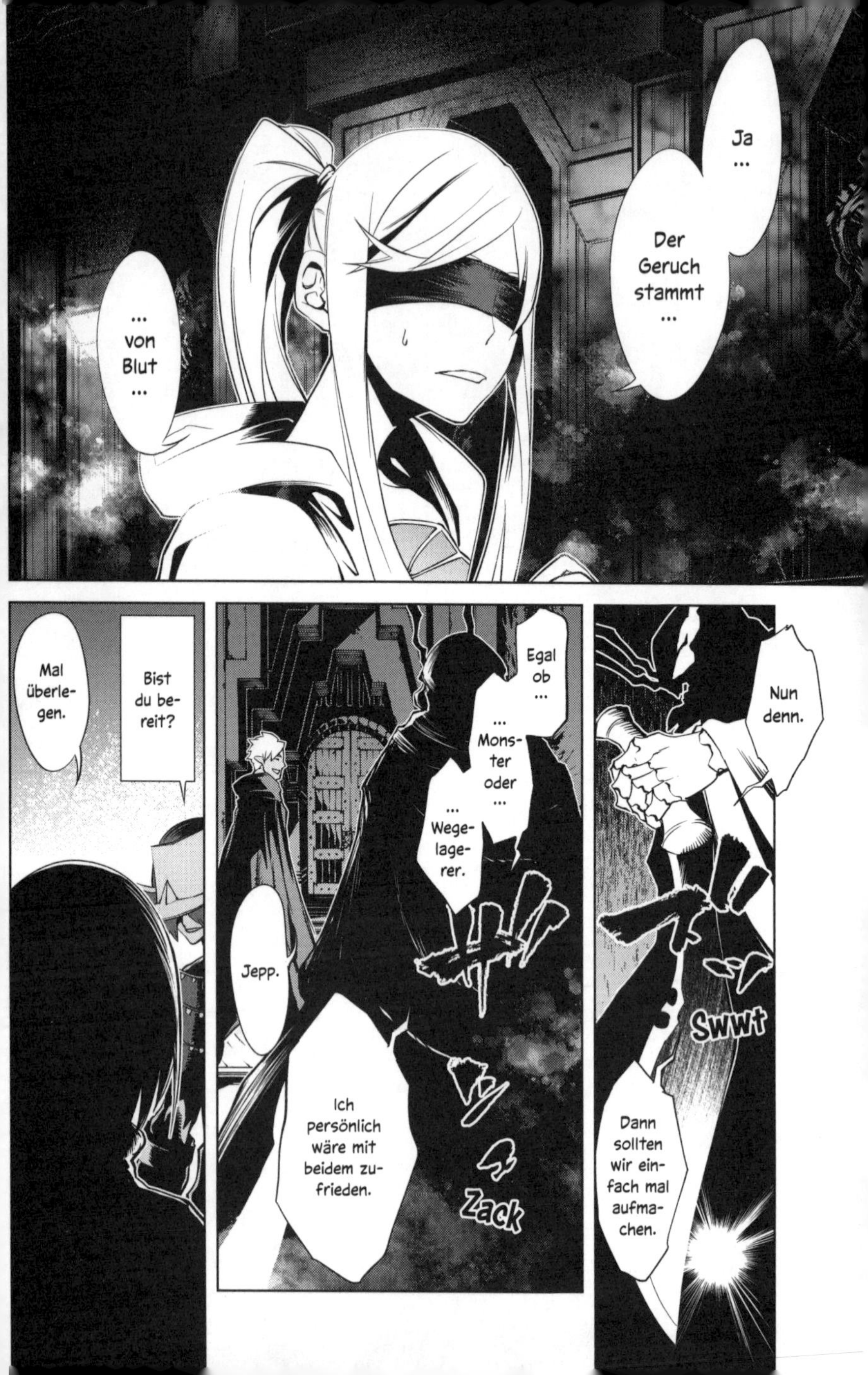
Ja ...
Der Geruch stammt ...
... von Blut ...
Nun denn.
Swwt
Dann sollten wir einfach mal aufmachen.
Egal ob ...
... Monster oder ...
... Wegelagerer.
Jepp.
Ich persönlich wäre mit beidem zufrieden.
Zack
Bist du bereit?
Mal überlegen.

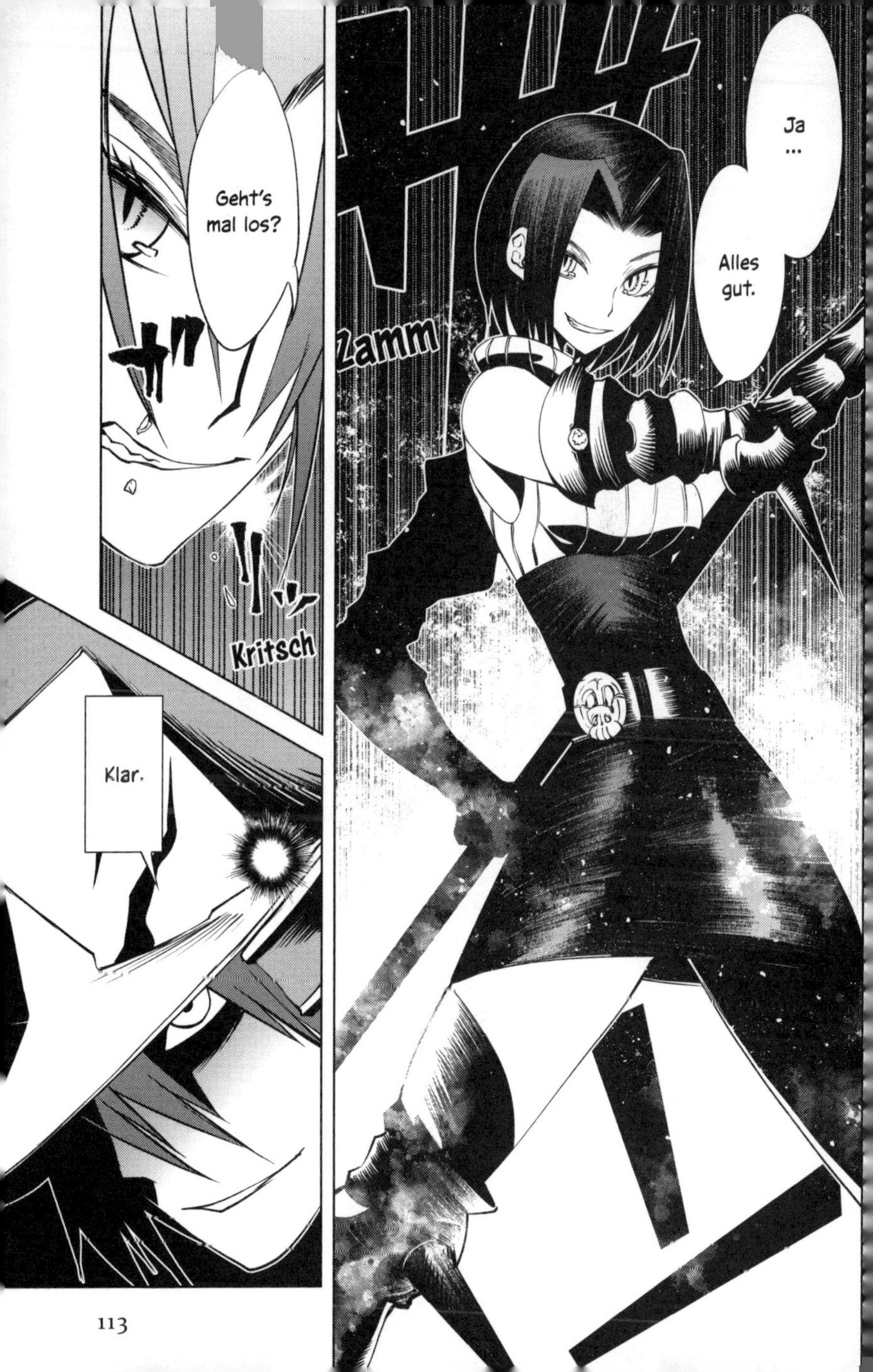
Zamm
Ja ...
Alles gut.
Geht's mal los?
Kritsch
Klar.

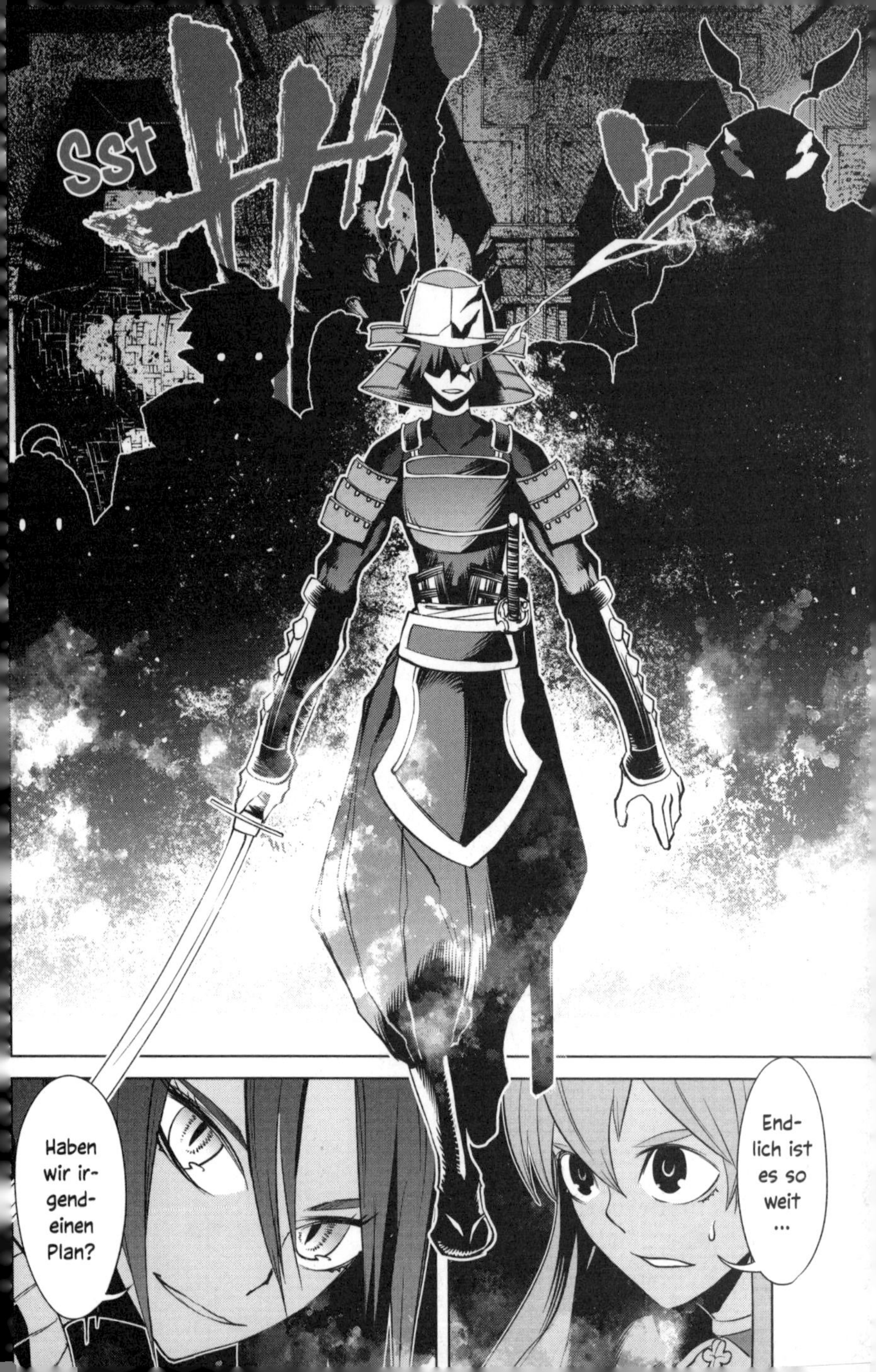
Sst
End-
lich ist
es so
weit
...
Haben
wir ir-
gend-
einen
Plan?

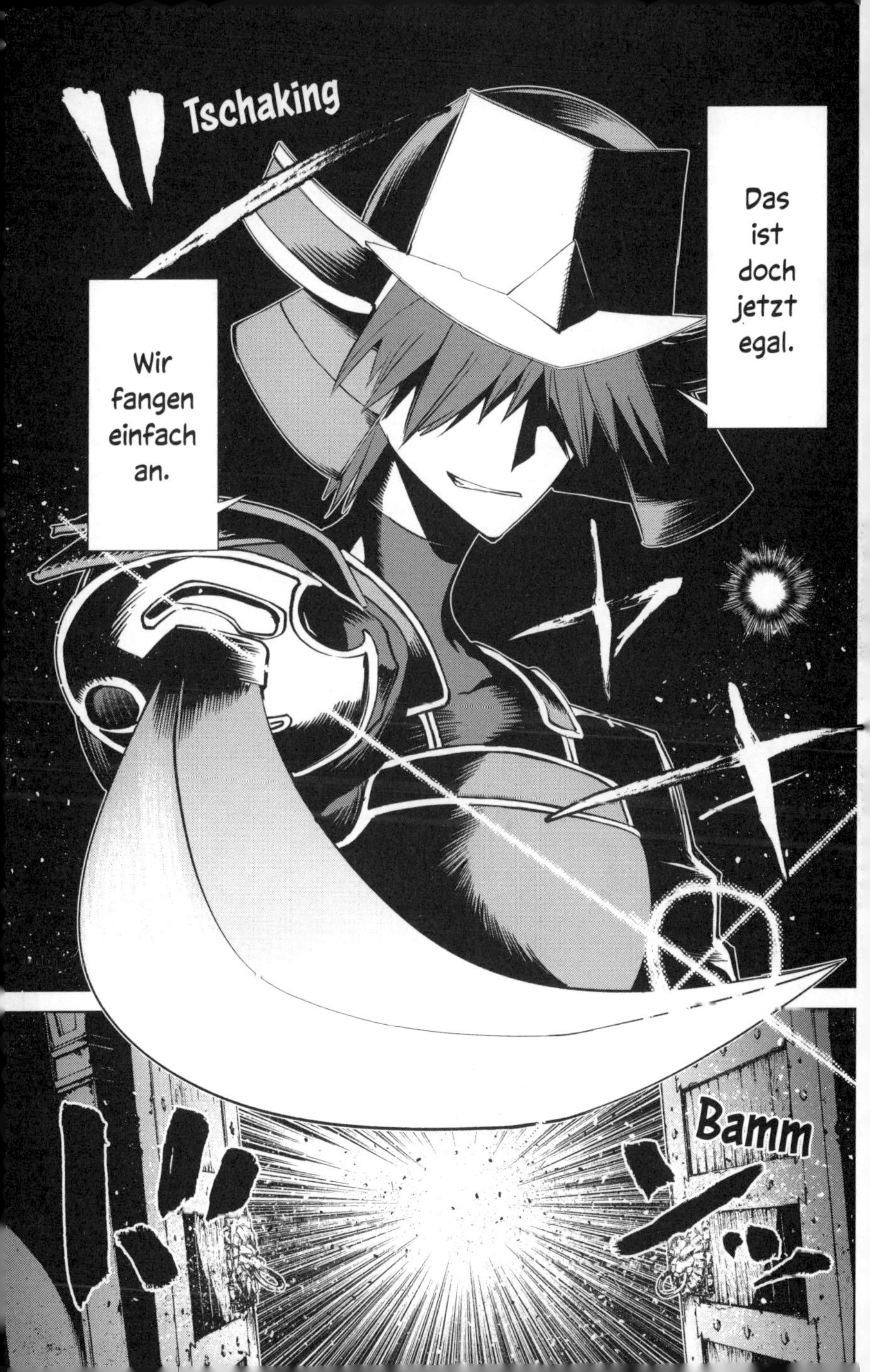
Tschaking
Das ist doch jetzt egal.
Wir fangen einfach an.
Bamm

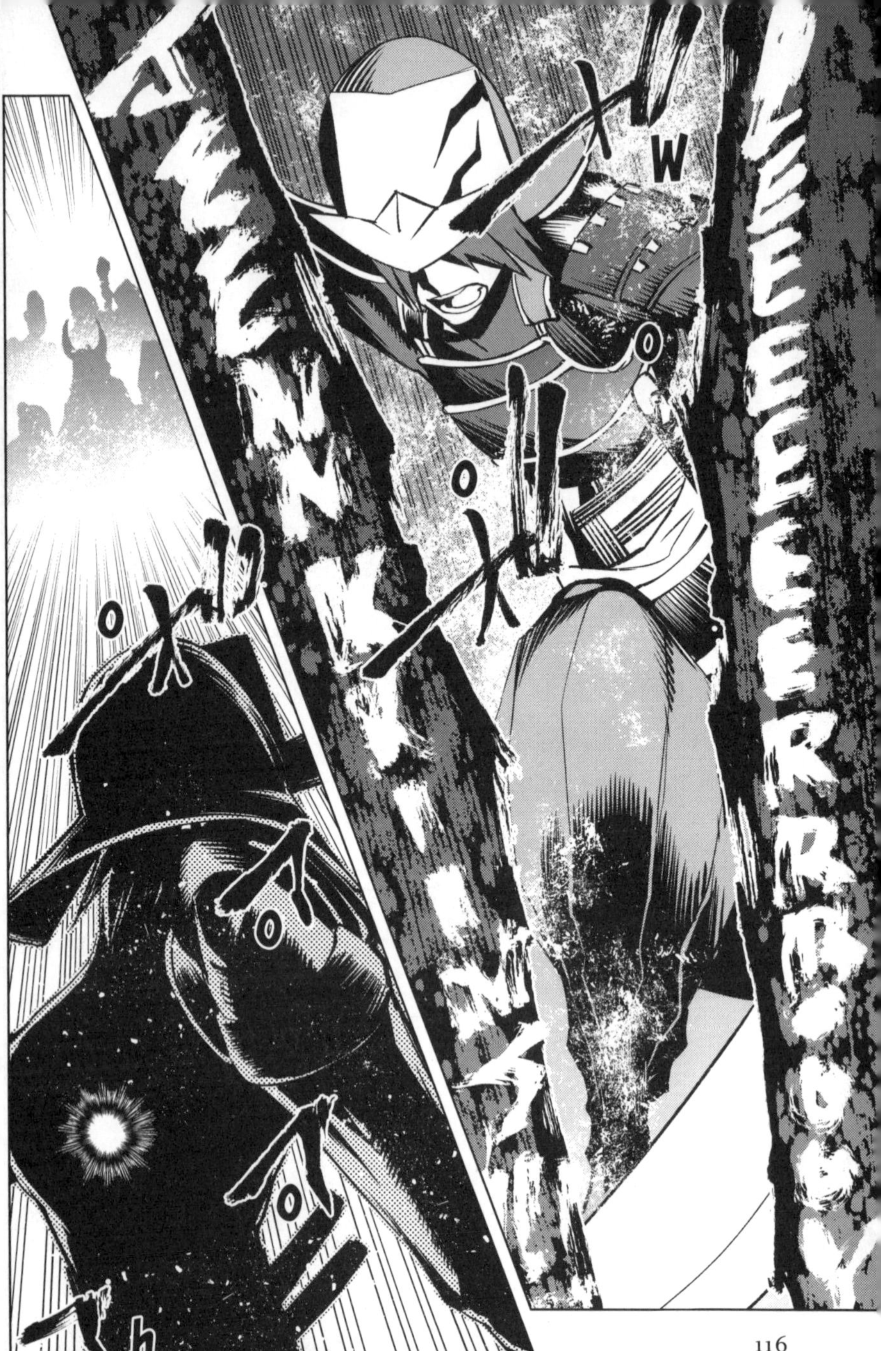

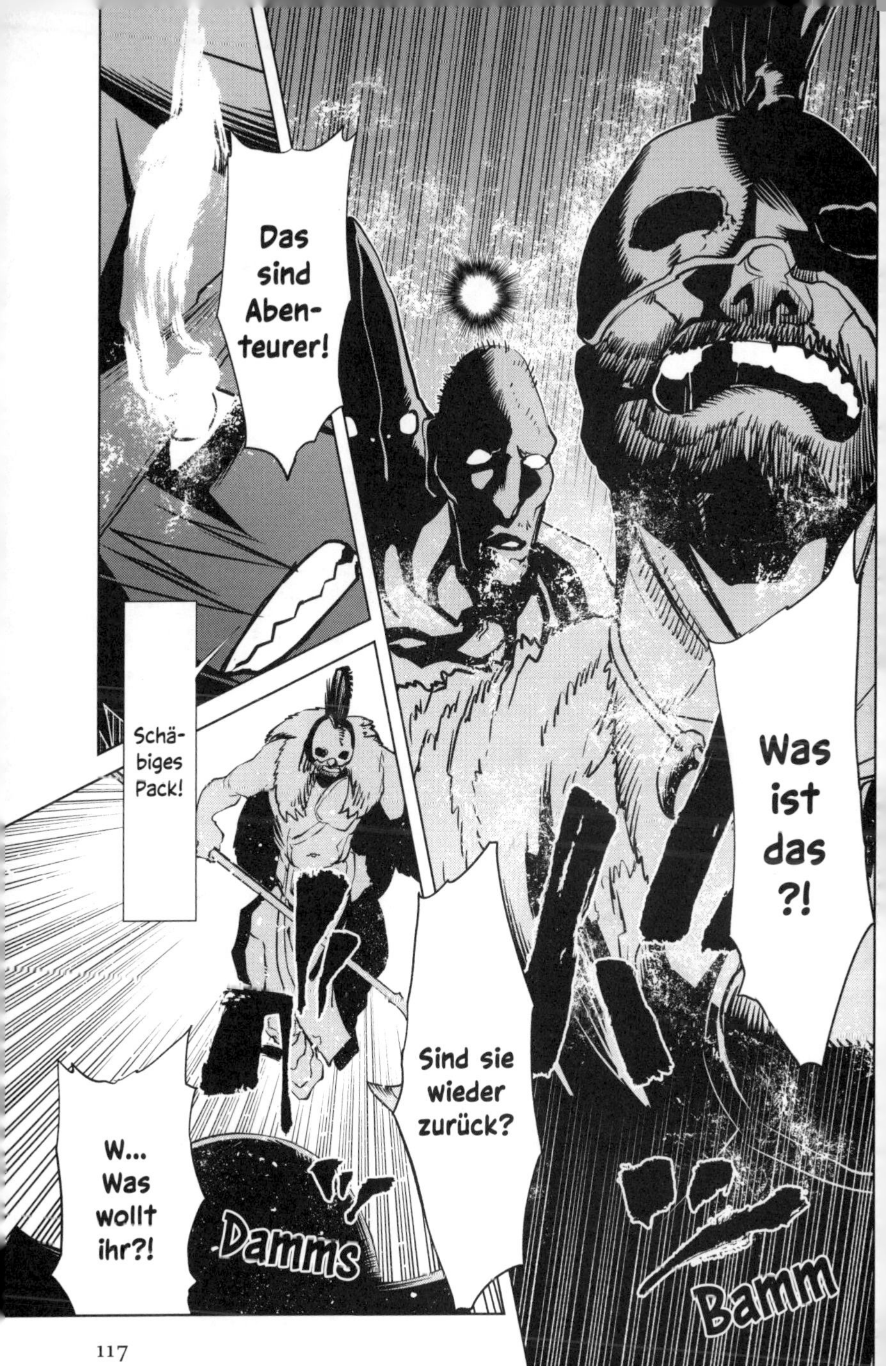
Das sind Abenteurer!
Was ist das ?!
Sind sie wieder zurück?
Schäbiges Pack!
W... Was wollt ihr?!
Damms
Bamm

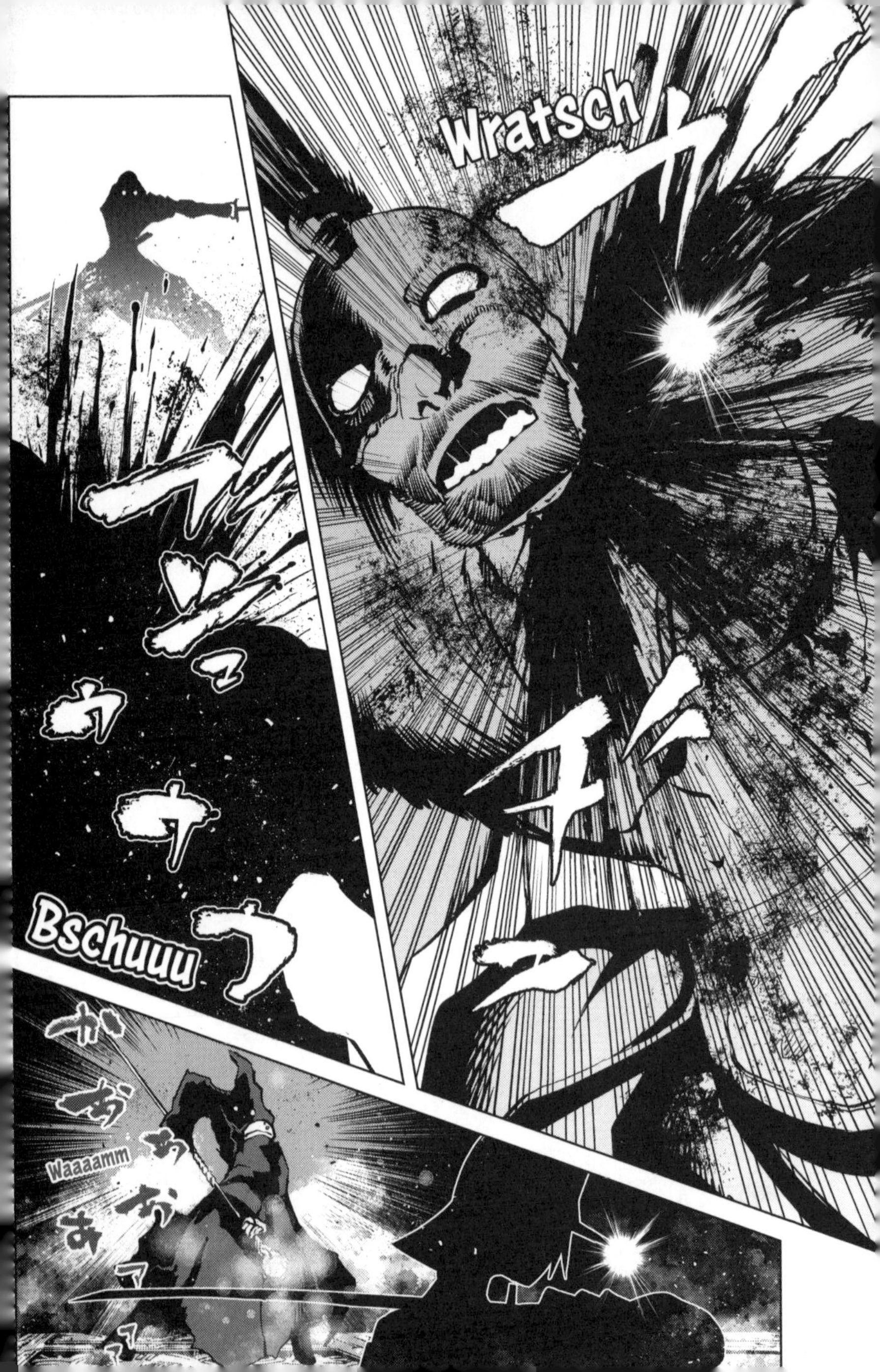
Wratsch
Bschuuu
Waaaamm

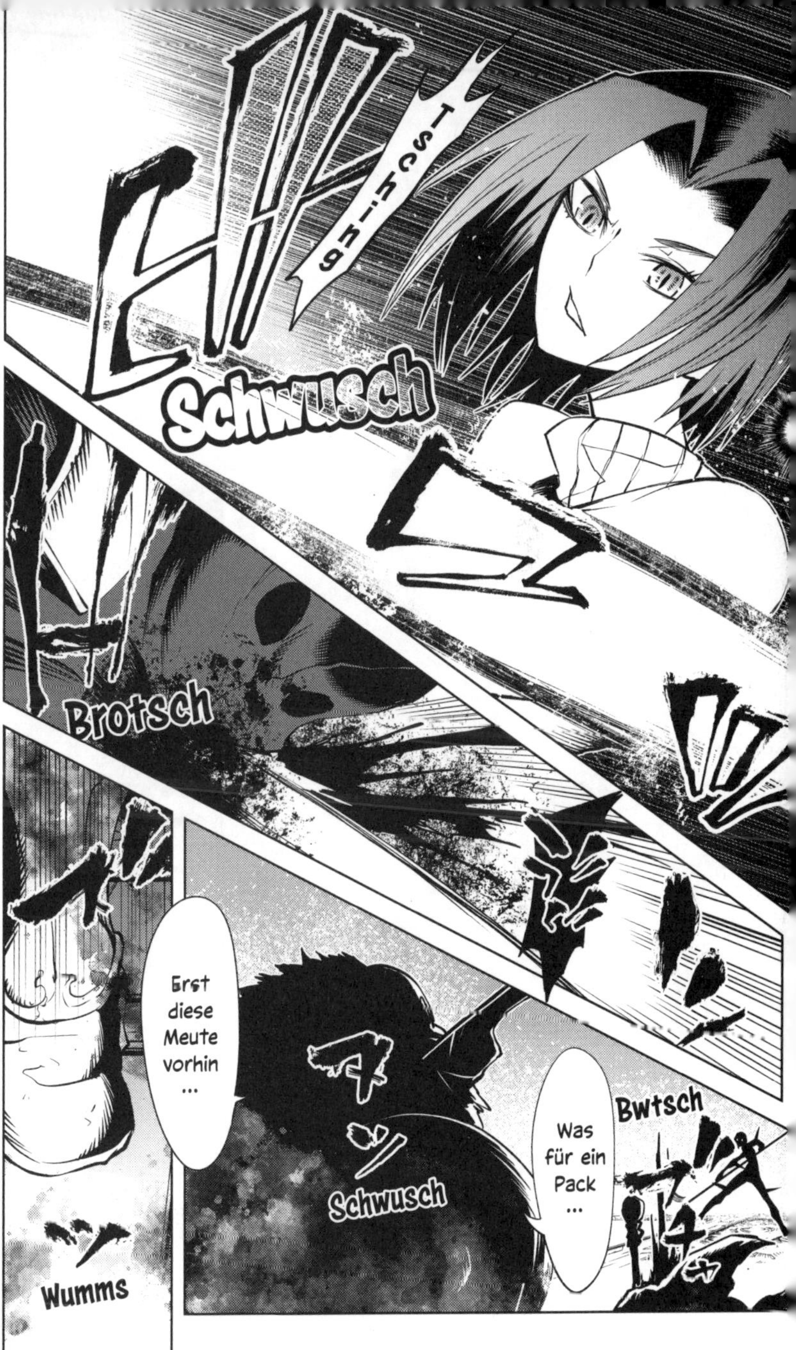
Tsching
Schwusch
Brotsch
Bwtsch
Was für ein Pack ...
Schwusch
Erst diese Meute vorhin ...
Wumms

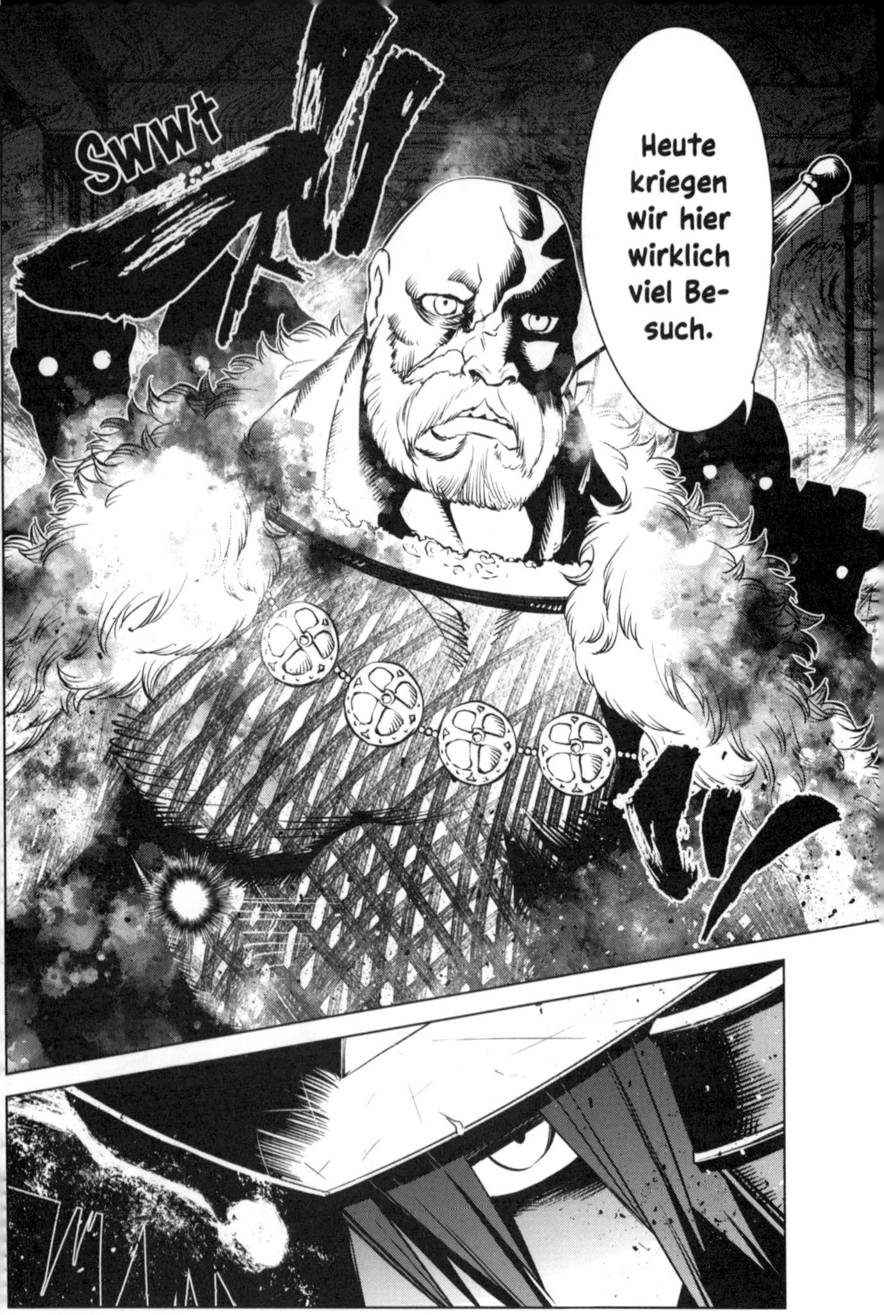
Swwt
Heute kriegen wir hier wirklich viel Besuch.

GOBLIN SLAYER!

Even the gods can't control the dice

THE SINGING DEATH

GOBLIN SLAYER!

Even the gods can't control the dice

THE SINGING DEATH

Kapitel 19

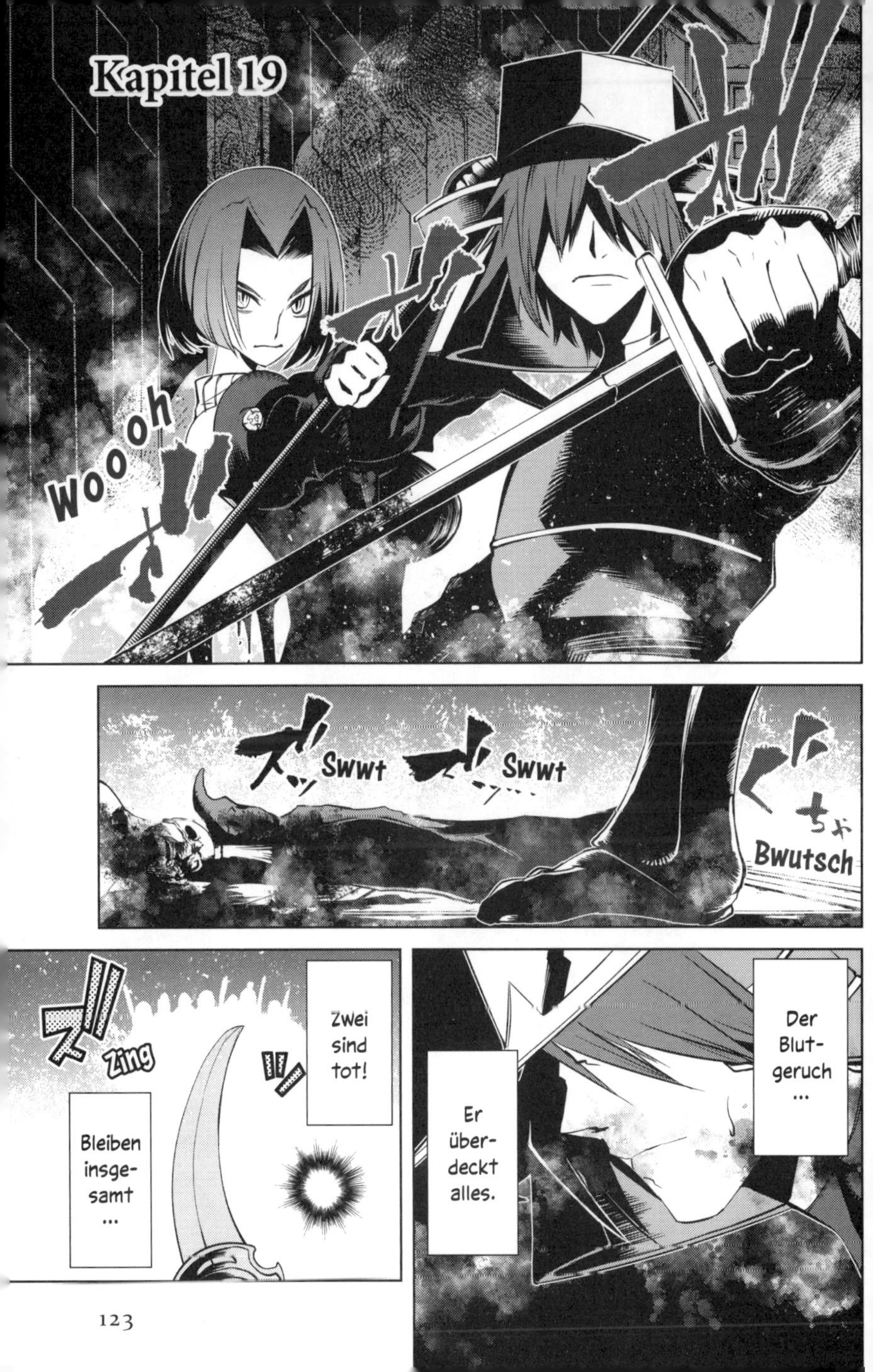

Woooh
Bwutsch
Swwt
Swwt
Der Blut-geruch ...
Er über-deckt alles.
Zwei sind tot!
Zing
Bleiben insge-samt ...

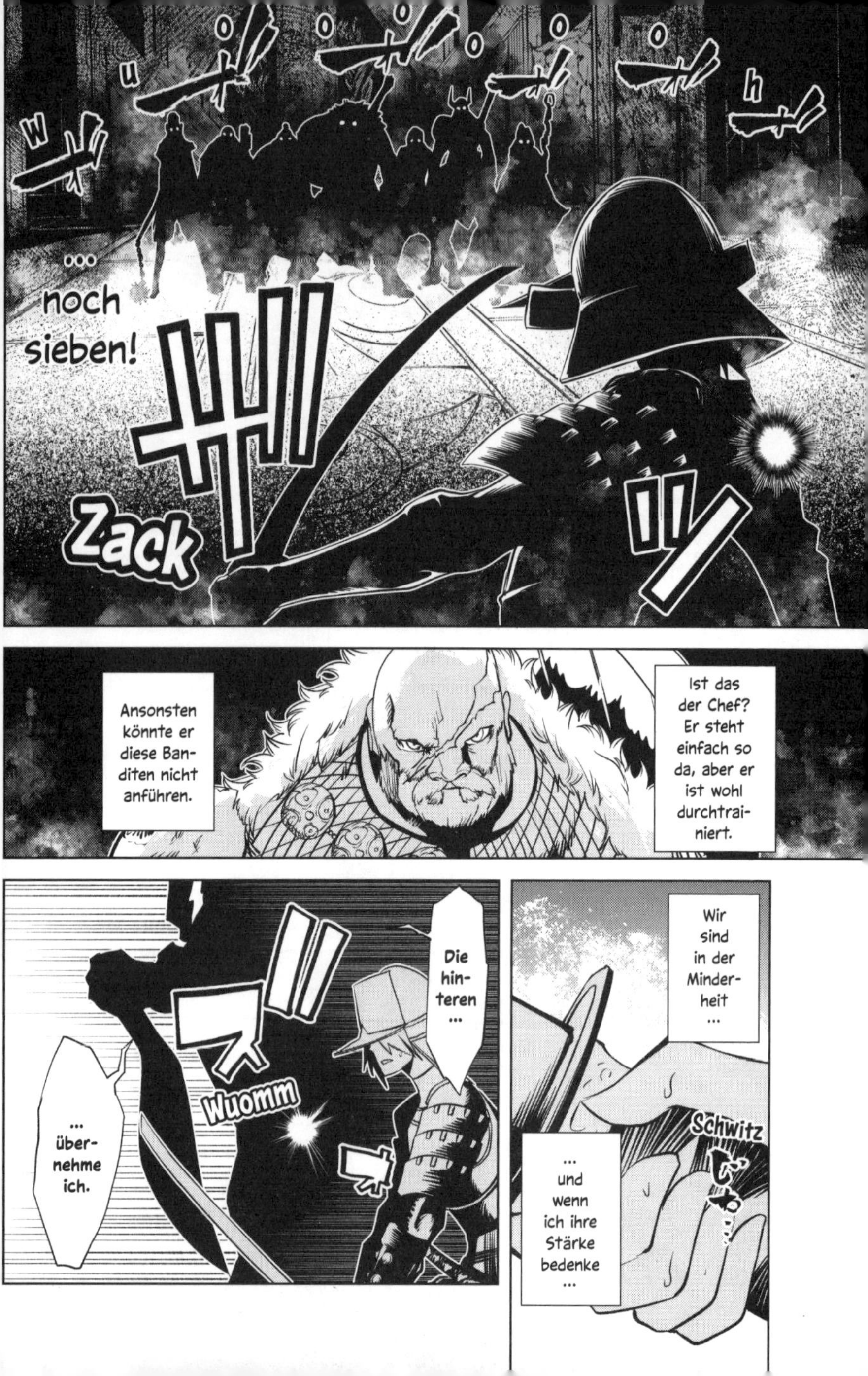
Wuooooooh
... noch sieben!
Zack
Ist das der Chef? Er steht einfach so da, aber er ist wohl durchtrainiert.
Ansonsten könnte er diese Banditen nicht anführen.
Wir sind in der Minderheit ...
... und wenn ich ihre Stärke bedenke ...
Schwitz
Die hinteren ...
Wuomm
... übernehme ich.

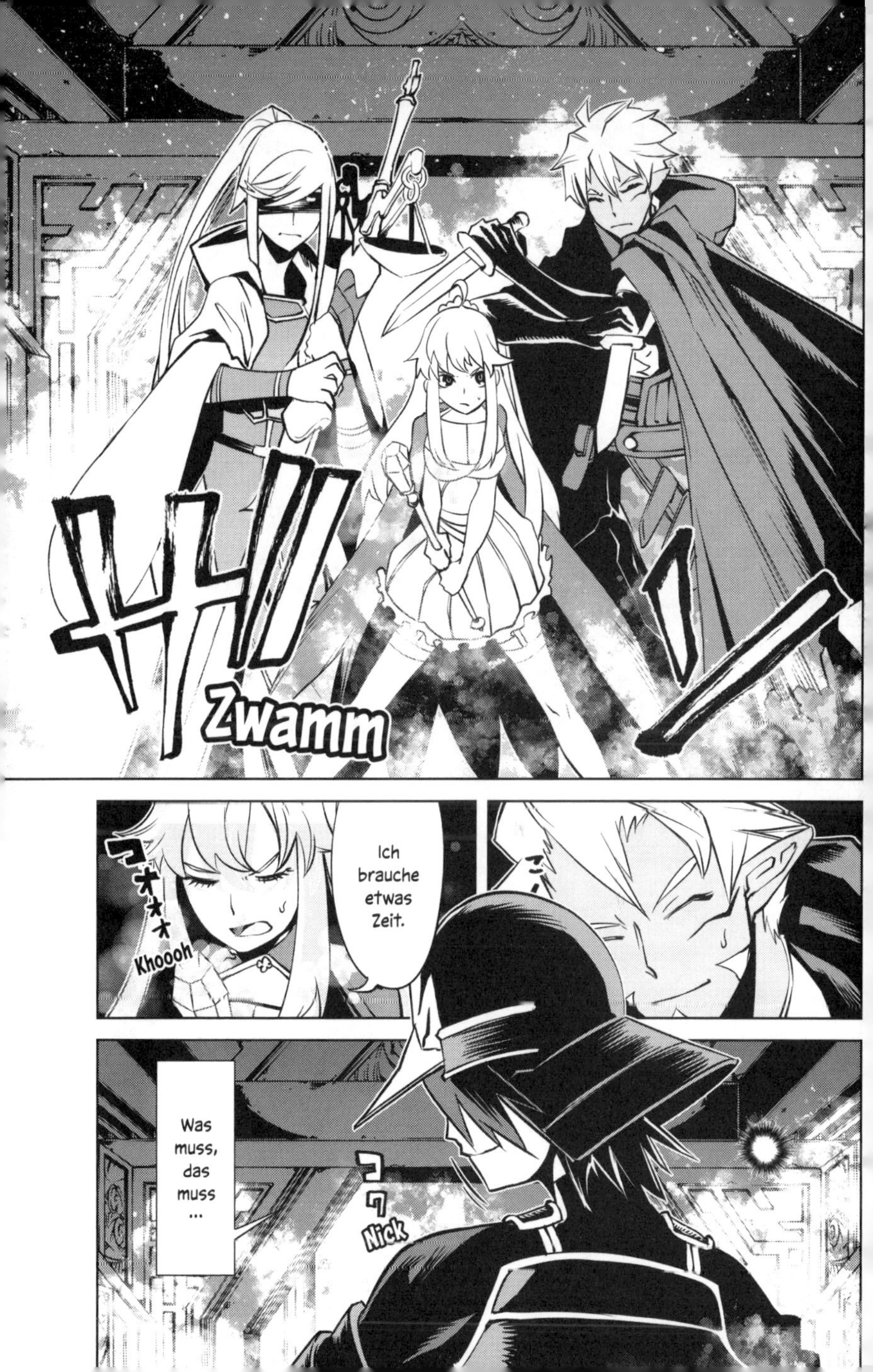

Zwamm
Khoooh
Ich brauche etwas Zeit.
Was muss, das muss ...
Nick

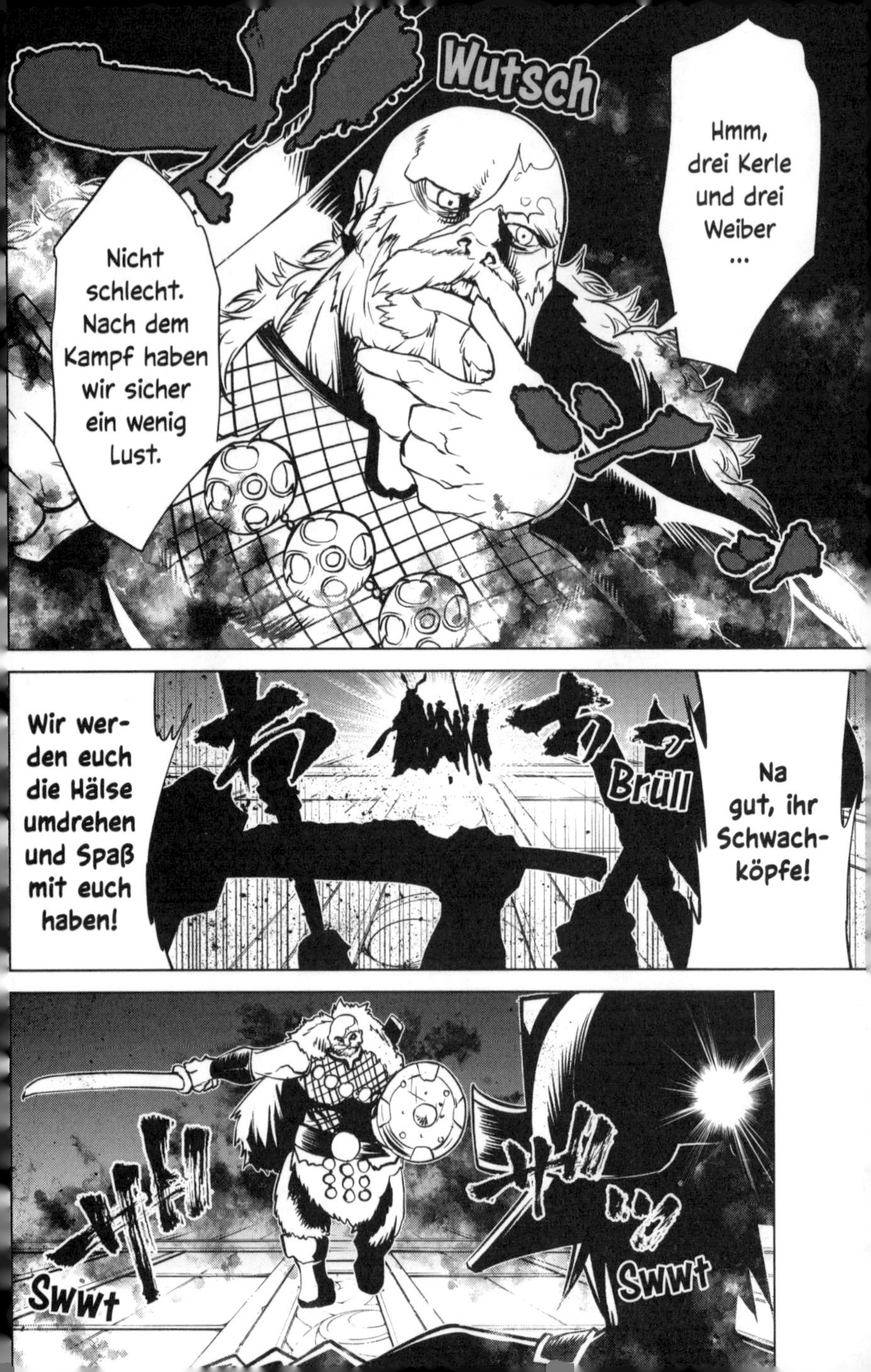
Wutsch
Hmm, drei Kerle und drei Weiber ...
Nicht schlecht. Nach dem Kampf haben wir sicher ein wenig Lust.
Na gut, ihr Schwachköpfe!
Brüll
Wir werden euch die Hälse umdrehen und Spaß mit euch haben!
Swwt
Swwt

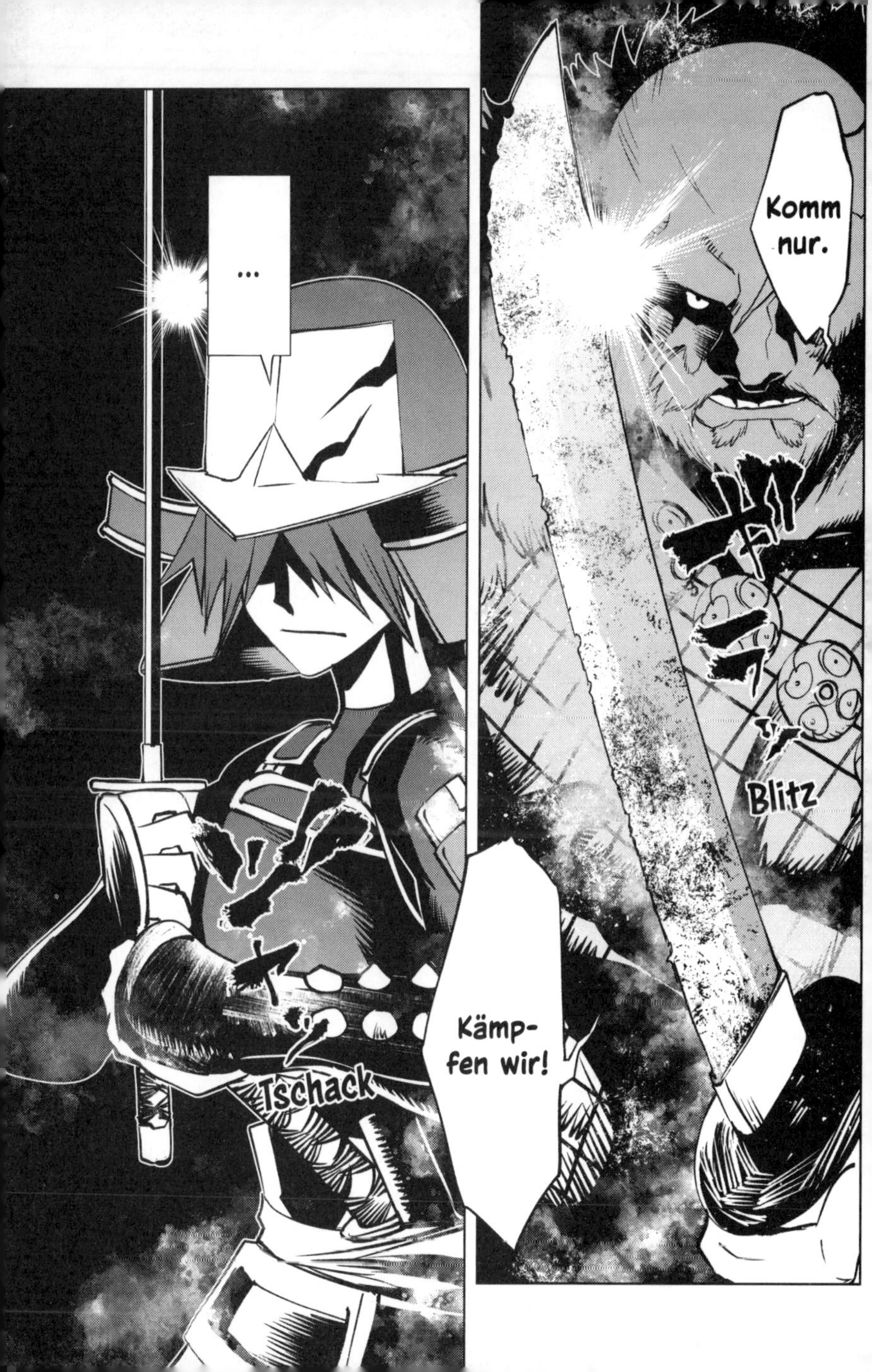
Komm nur.
Blitz
Kämpfen wir!
...
Tschack

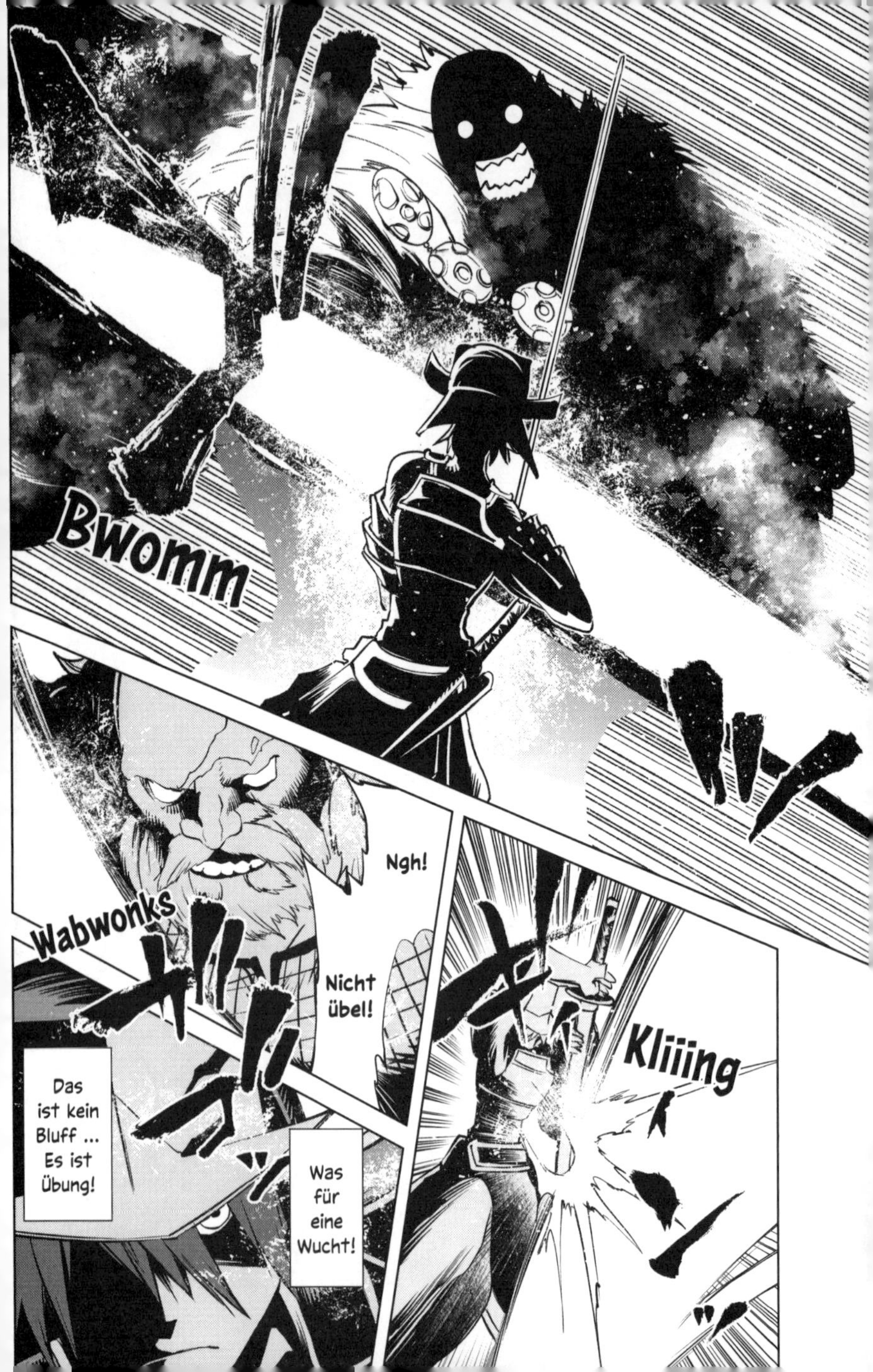
Bwomm
Ngh!
Nicht übel!
Wabwonks
Kliiing
Was für eine Wucht!
Das ist kein Bluff ... Es ist Übung!

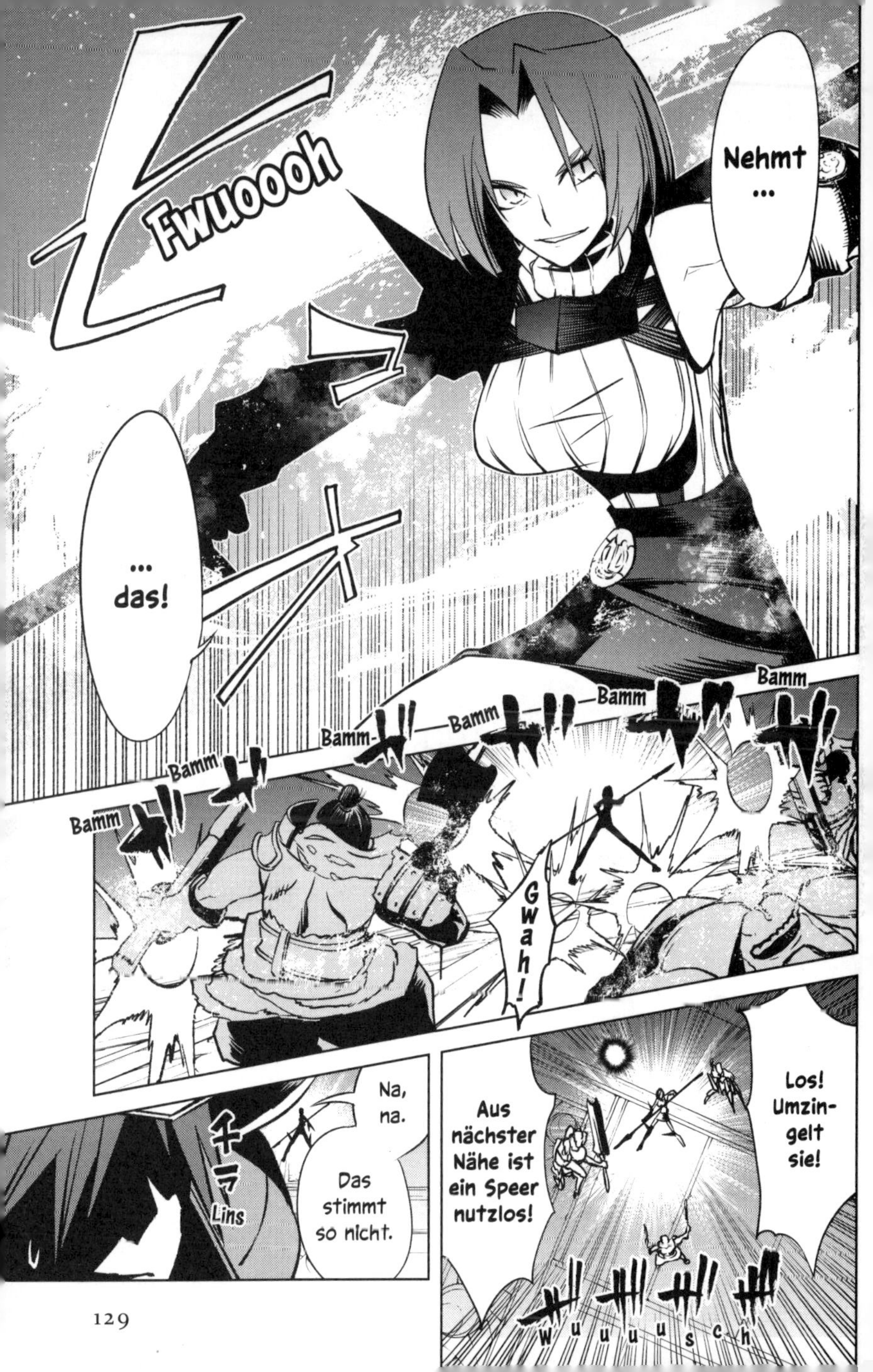

Nehmt ...
Fwuoooh
... das!
Bamm
Bamm
Bamm
Bamm
Bamm
Bamm
Gwah!
Los! Umzingelt sie!
Aus nächster Nähe ist ein Speer nutzlos!
Wuuusch
Na, na.
Das stimmt so nicht.
Lins

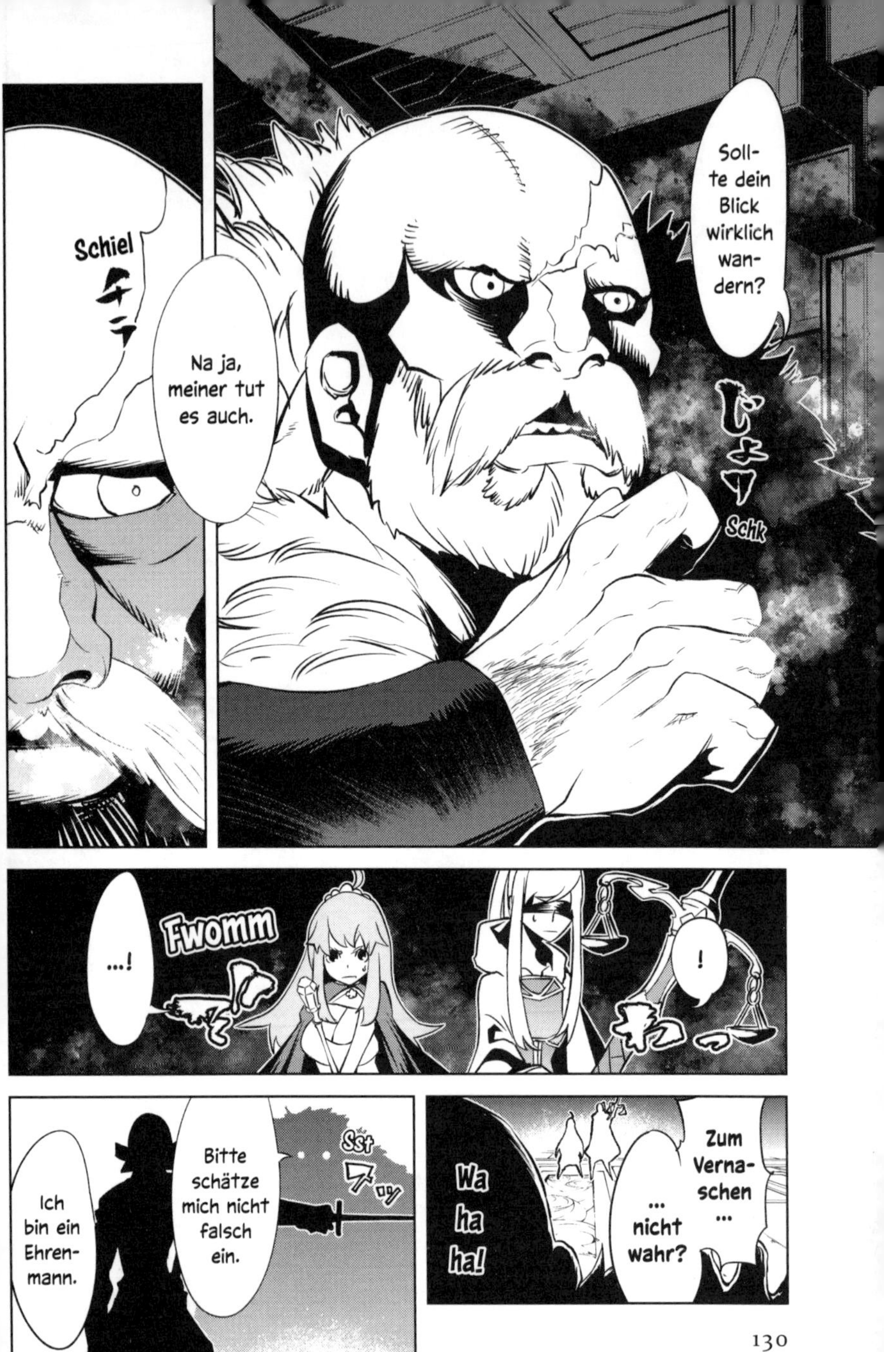

Soll- te dein Blick wirklich wan- dern?
Schk
Na ja, meiner tut es auch.
Schiel
!
Fwomm
...!
Zum Verna- schen ...
... nicht wahr?
Wa ha ha!
Sst
Bitte schätze mich nicht falsch ein.
Ich bin ein Ehren- mann.

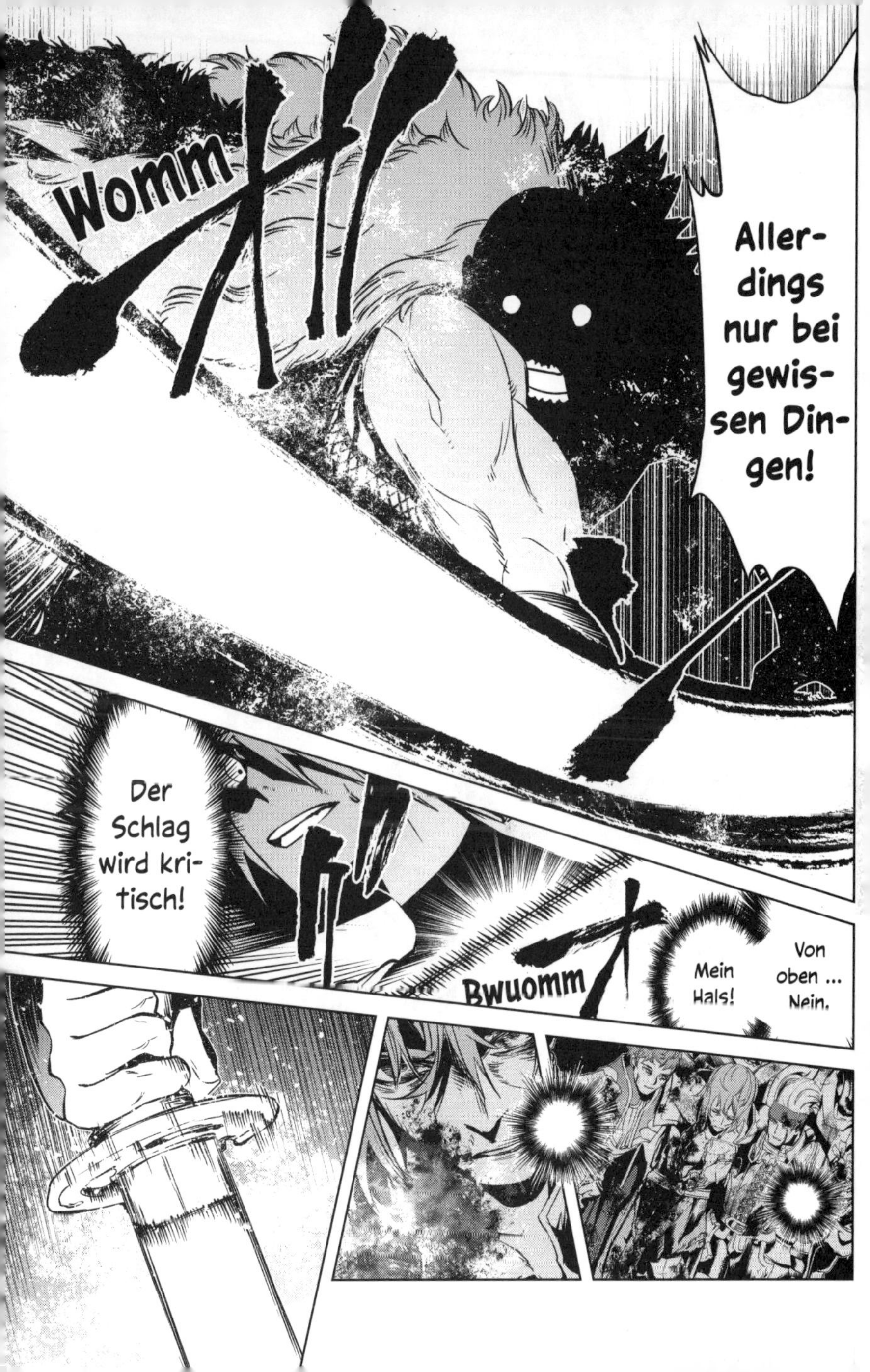
Womm
Allerdings nur bei gewissen Dingen!
Der Schlag wird kritisch!
Bwuomm
Von oben ... Nein.
Mein Hals!

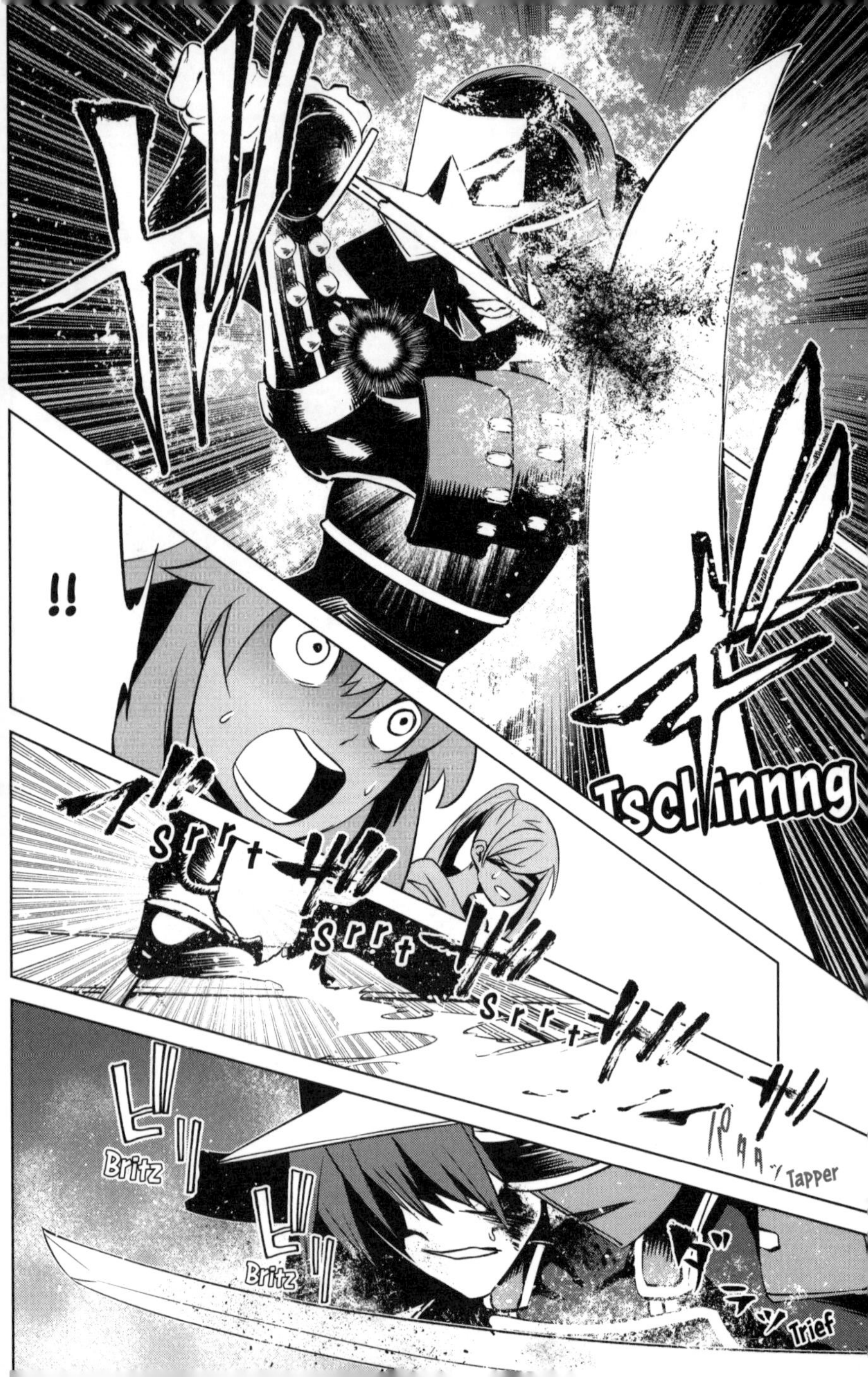

Tschinnng
!!
srrt
srrt
srrt
Tapper
Britz
Britz
Trief

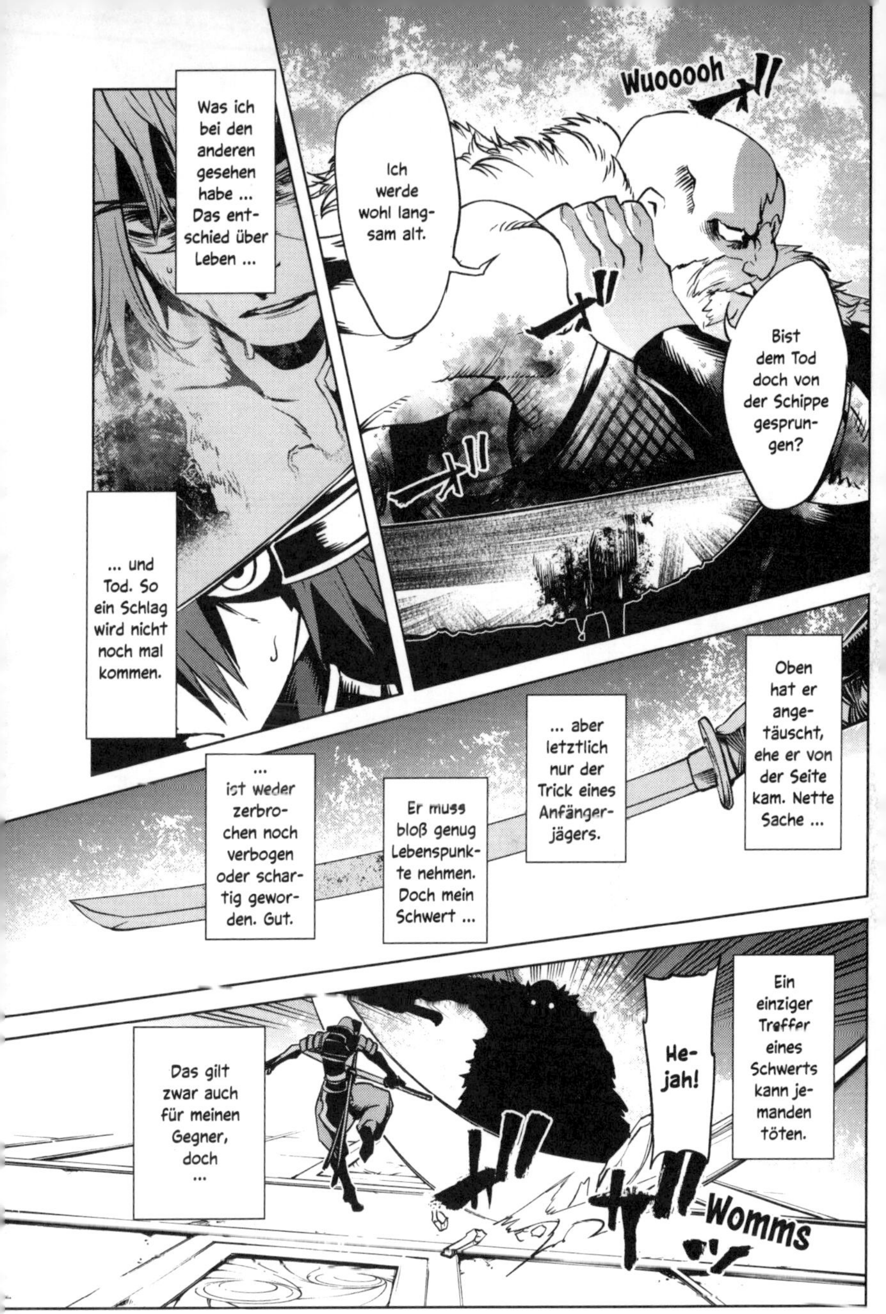
Wuooooh
Bist dem Tod doch von der Schippe gesprungen?
Ich werde wohl langsam alt.
Was ich bei den anderen gesehen habe ... Das entschied über Leben ...
... und Tod. So ein Schlag wird nicht noch mal kommen.
Oben hat er angetäuscht, ehe er von der Seite kam. Nette Sache ...
... aber letztlich nur der Trick eines Anfängerjägers.
Er muss bloß genug Lebenspunkte nehmen. Doch mein Schwert ...
... ist weder zerbrochen noch verbogen oder schartig geworden. Gut.
Ein einziger Treffer eines Schwerts kann jemanden töten.
He-jah!
Das gilt zwar auch für meinen Gegner, doch ...
Womms

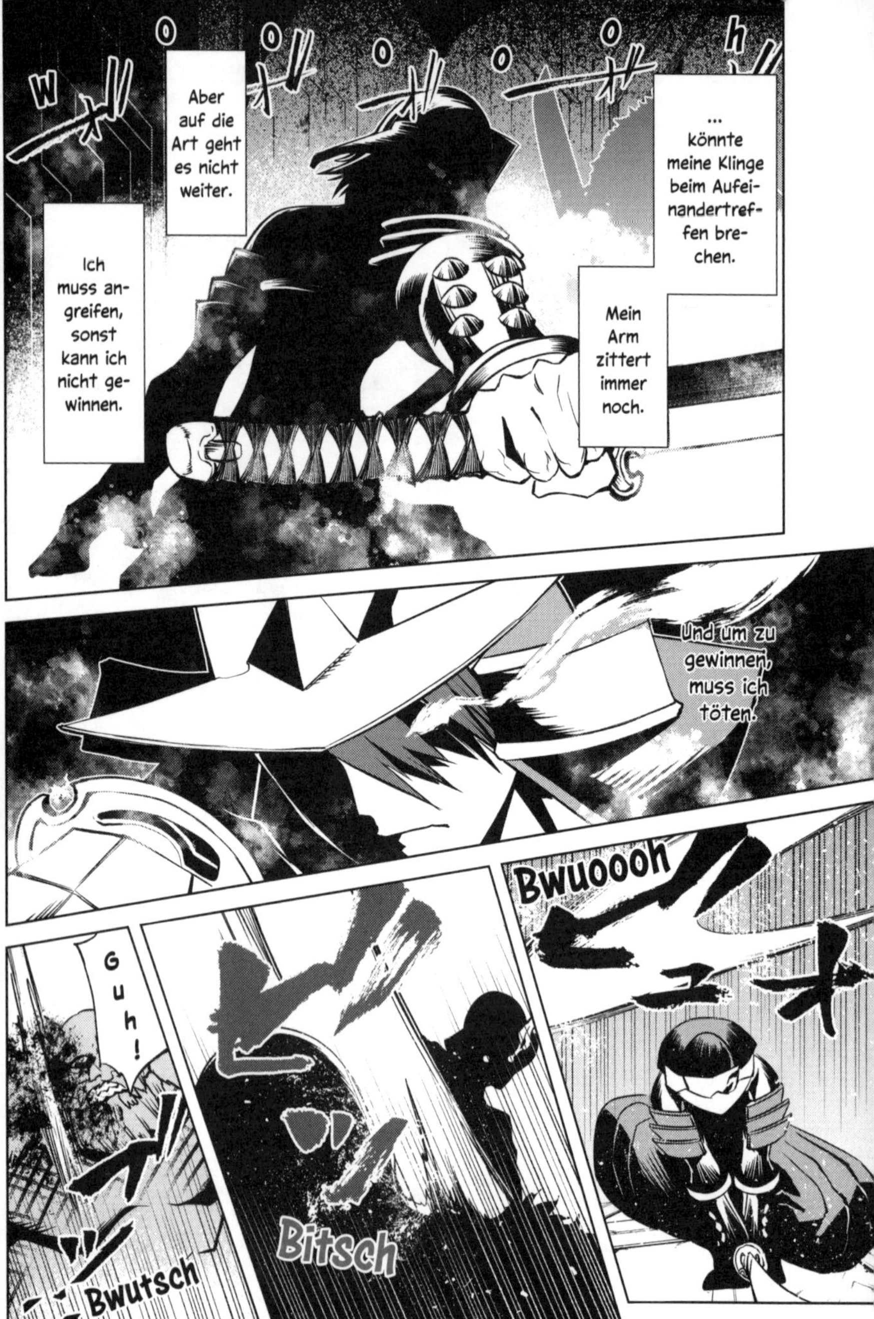
Woooooh
... könnte meine Klinge beim Aufeinandertreffen brechen.
Mein Arm zittert immer noch.
Aber auf die Art geht es nicht weiter.
Ich muss angreifen, sonst kann ich nicht gewinnen.
Und um zu gewinnen, muss ich töten.
Bwuoooh
Bitsch
Guh!
Bwutsch

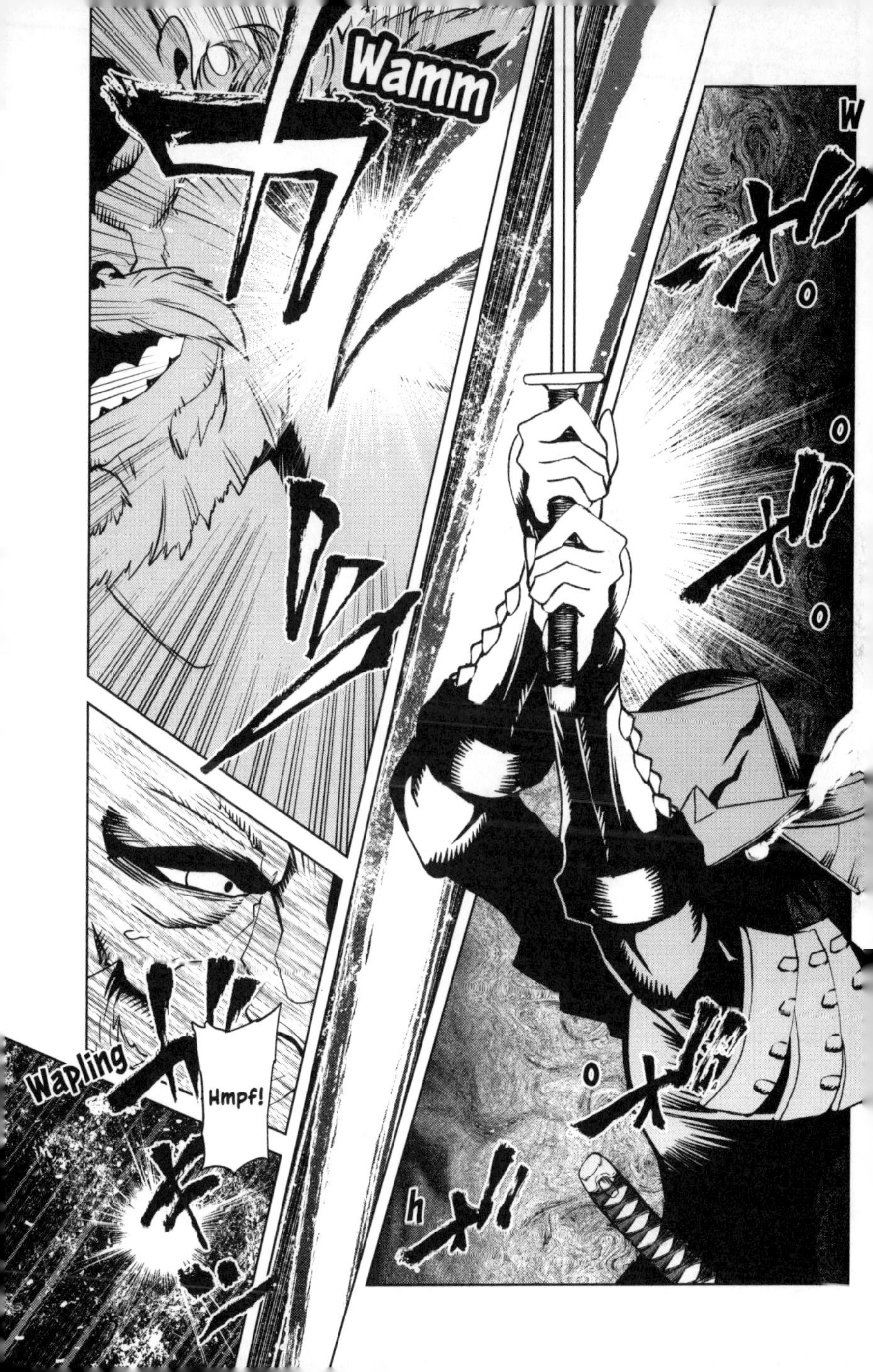
Wamm
Hmpf!
Wapling

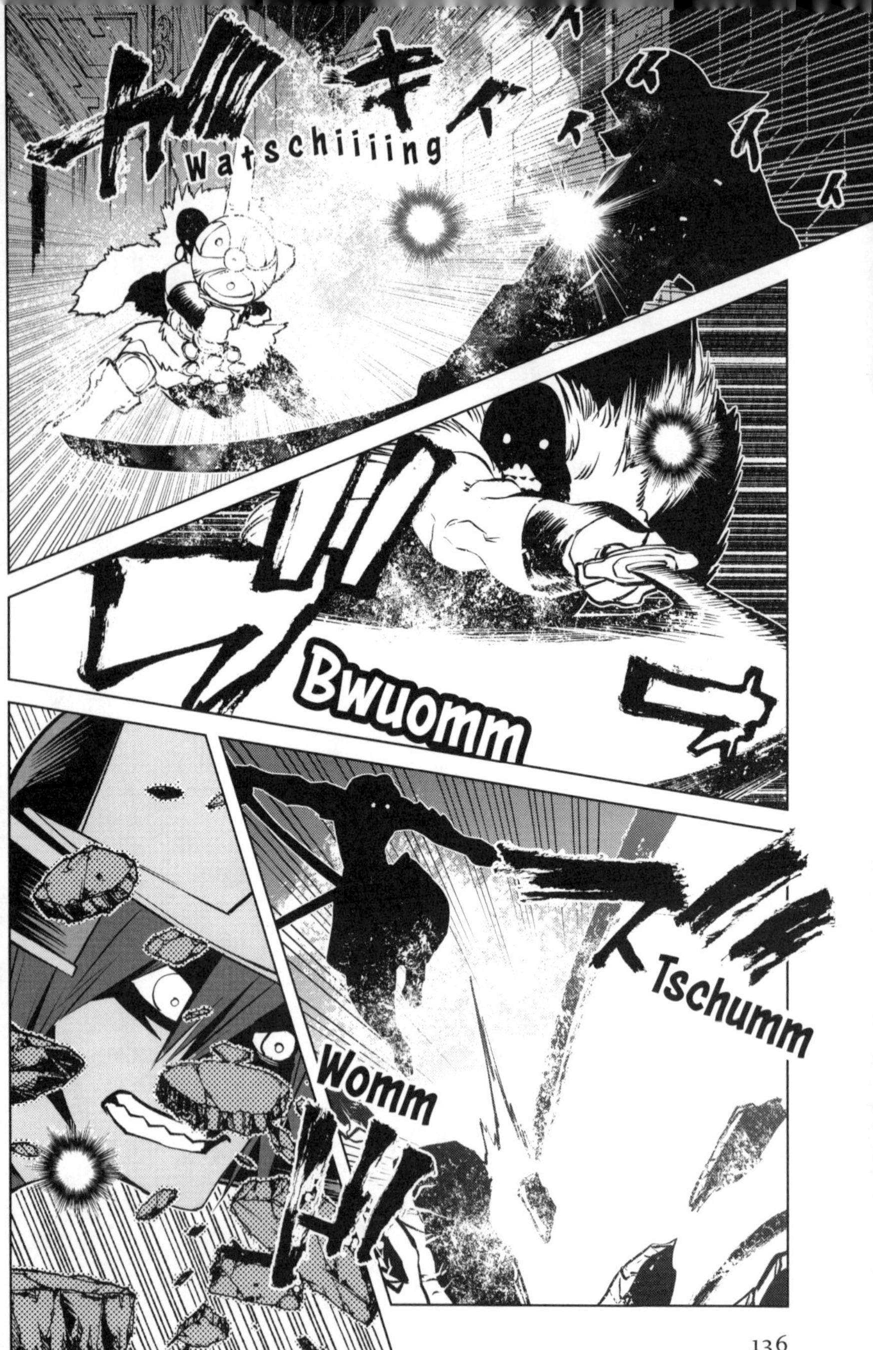
Watschiiiing
Bwuomm
Tschumm
Womm

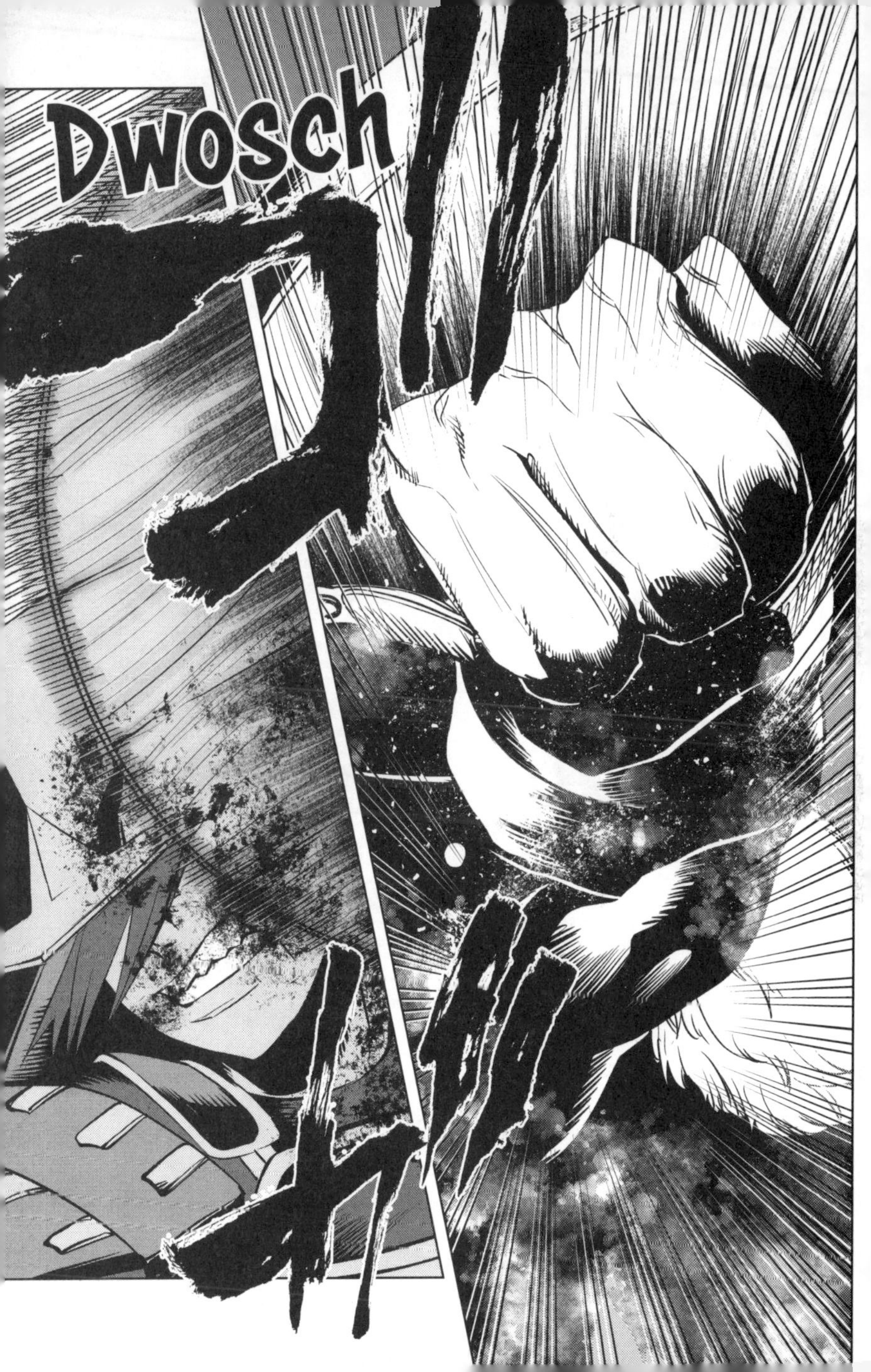
Dwosch

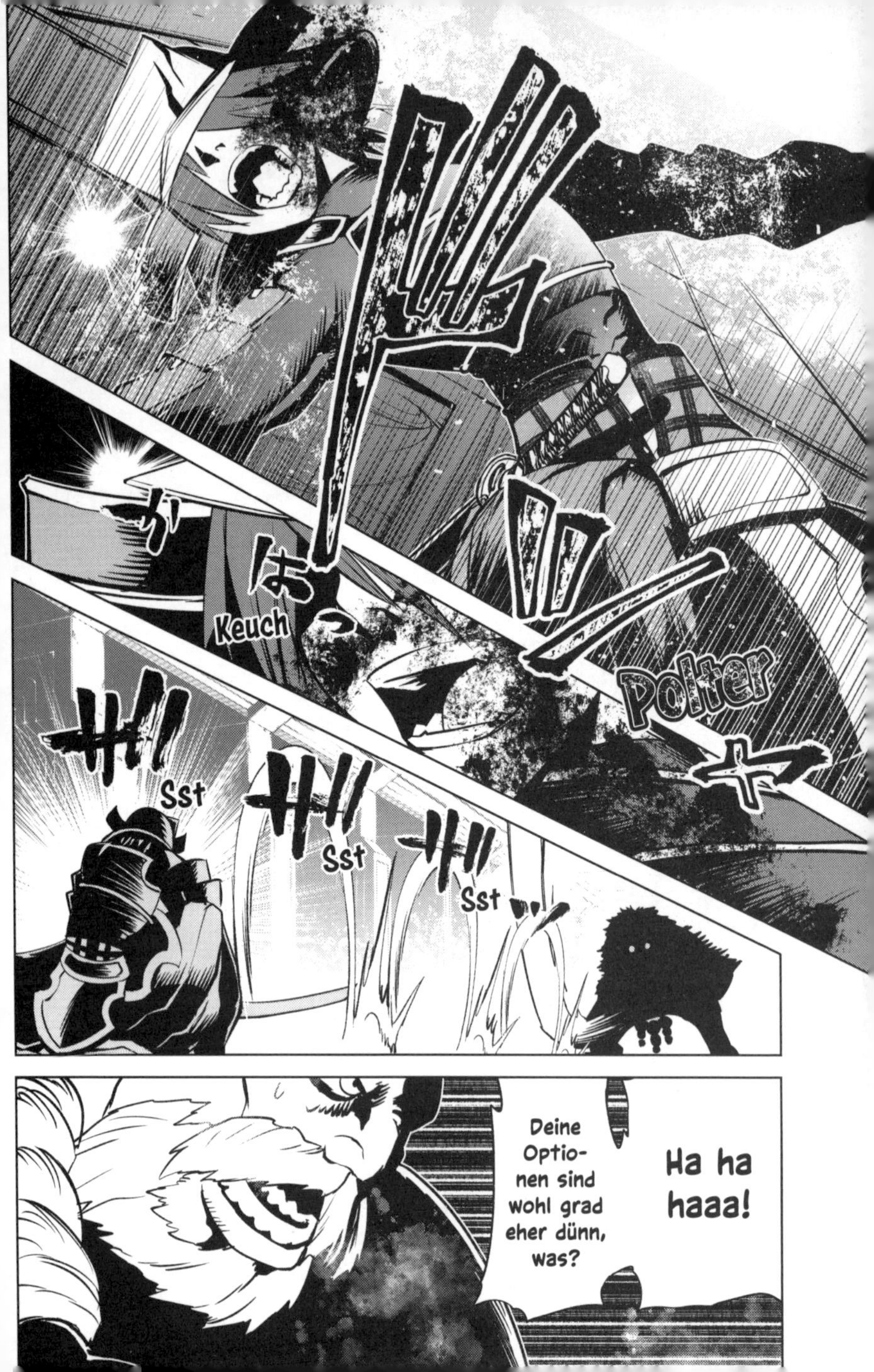
Polter
かはっ
Keuch
Sst
Sst
Sst
Ha ha haaa!
Deine Optionen sind wohl grad eher dünn, was?

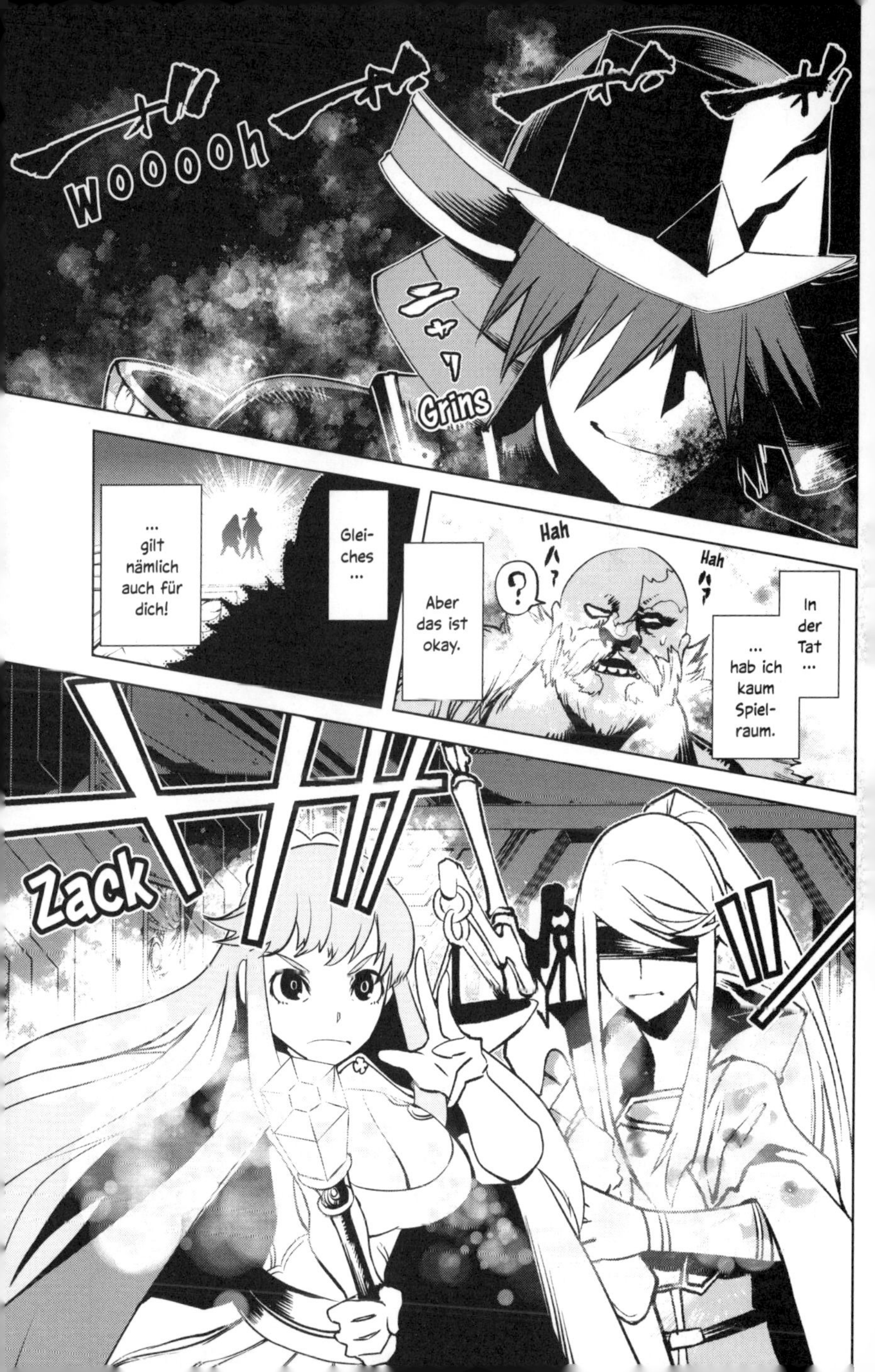
Woooh
Grins
In der Tat ...
... hab ich kaum Spielraum.
Hah
Hah
?
Aber das ist okay.
Gleiches ...
... gilt nämlich auch für dich!
Zack

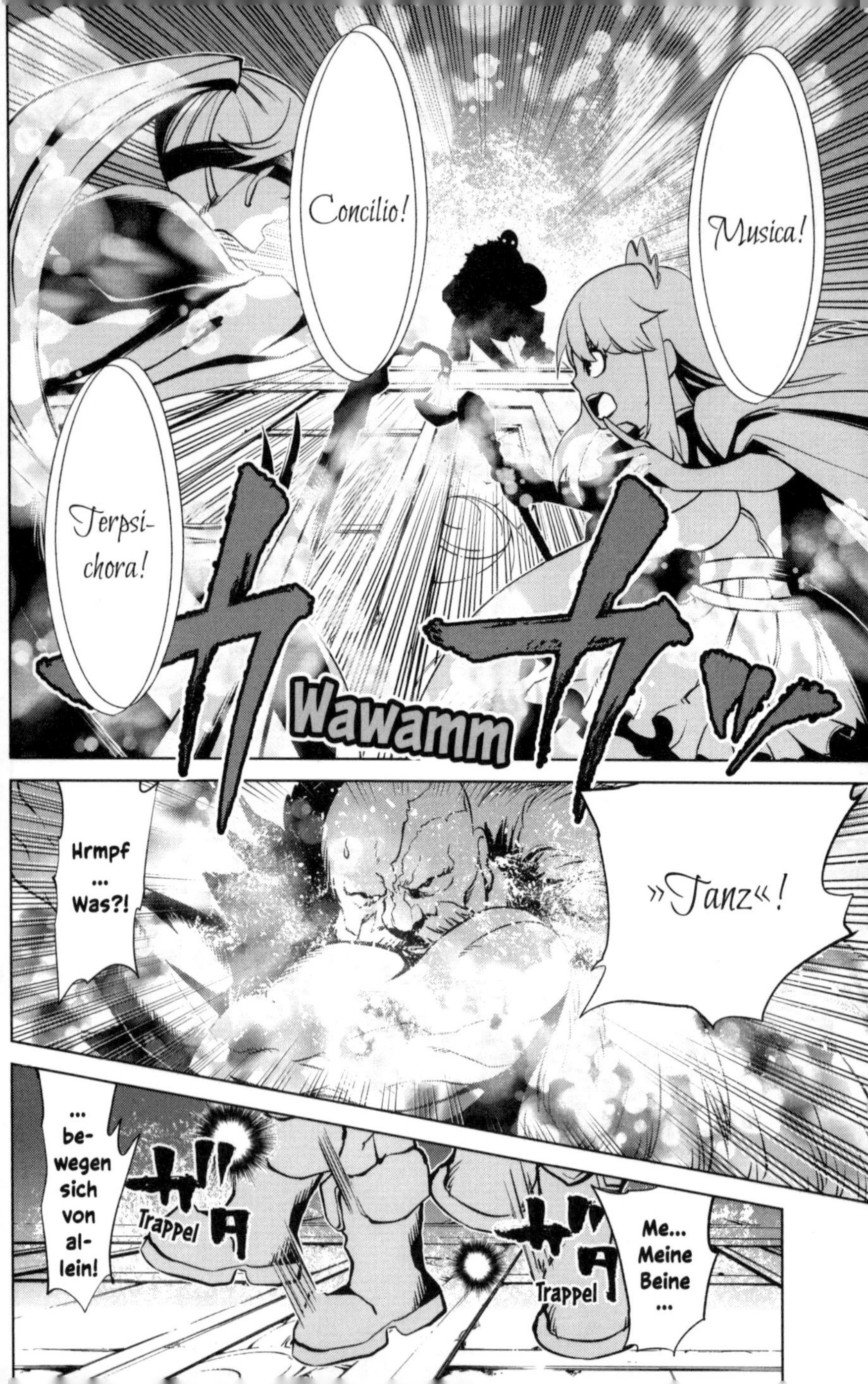
Musica!
Concilio!
Terpsi-chora!
Wawamm
»Tanz«!
Hrmpf ... Was?!
Me... Meine Beine ...
Trappel
Trappel
... be-wegen sich von al-lein!

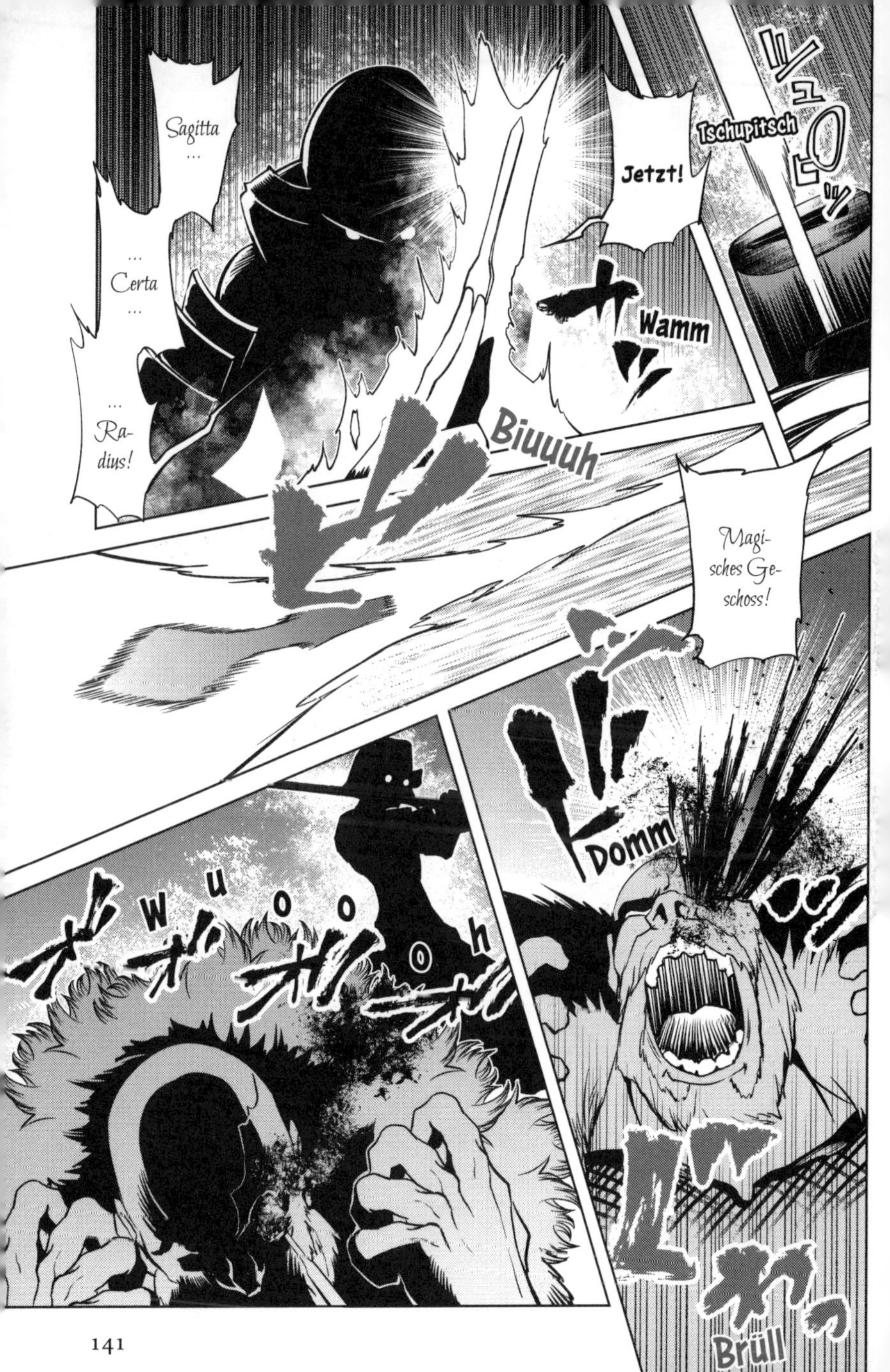
Tschupitsch
Jetzt!
Sagitta …
… Certa …
… Radius!
Wamm
Biuuuh
Magisches Geschoss!
Domm
Wuooooh
Brüll

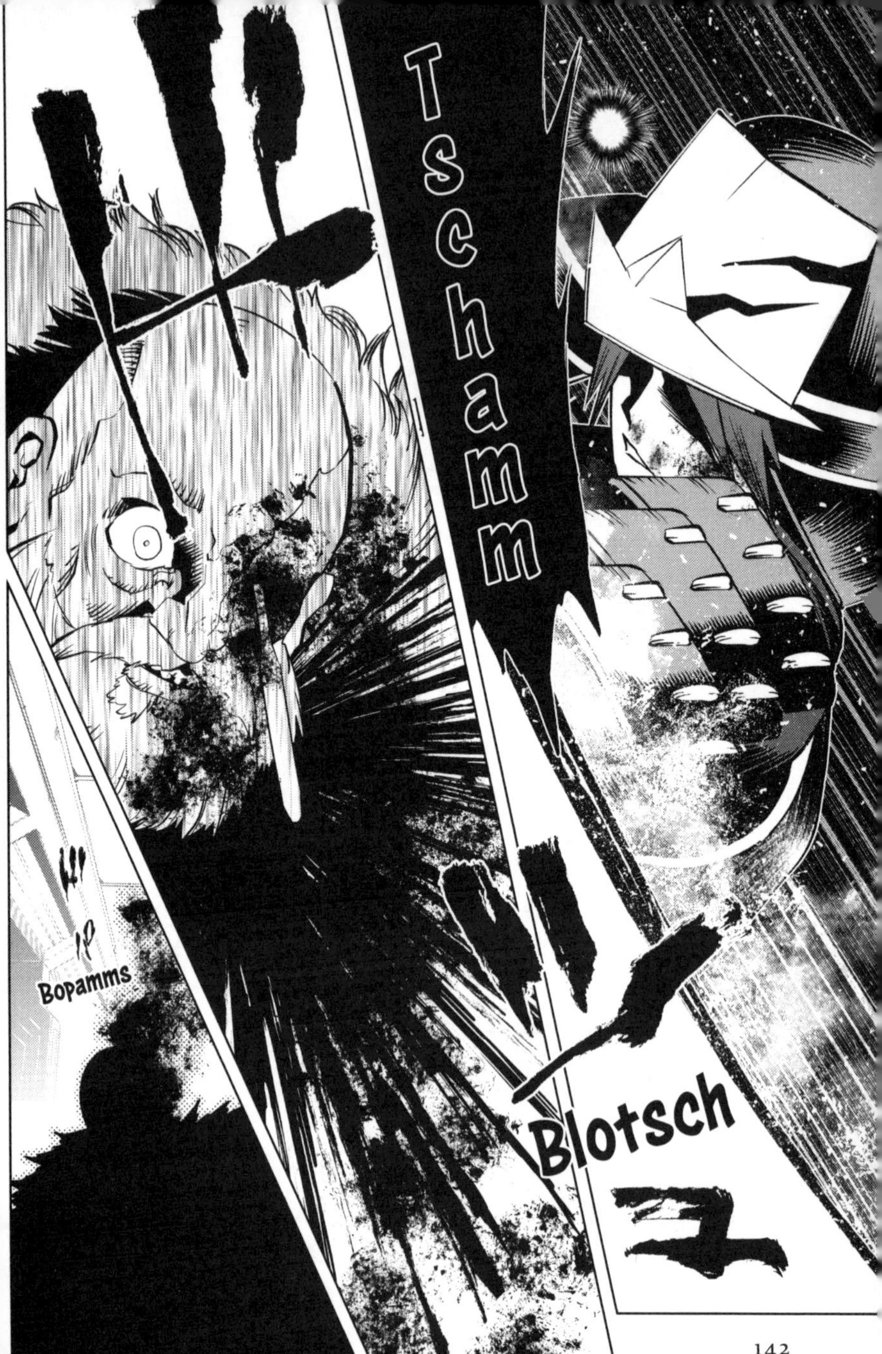
Tschamm
Bopamms
Blotsch

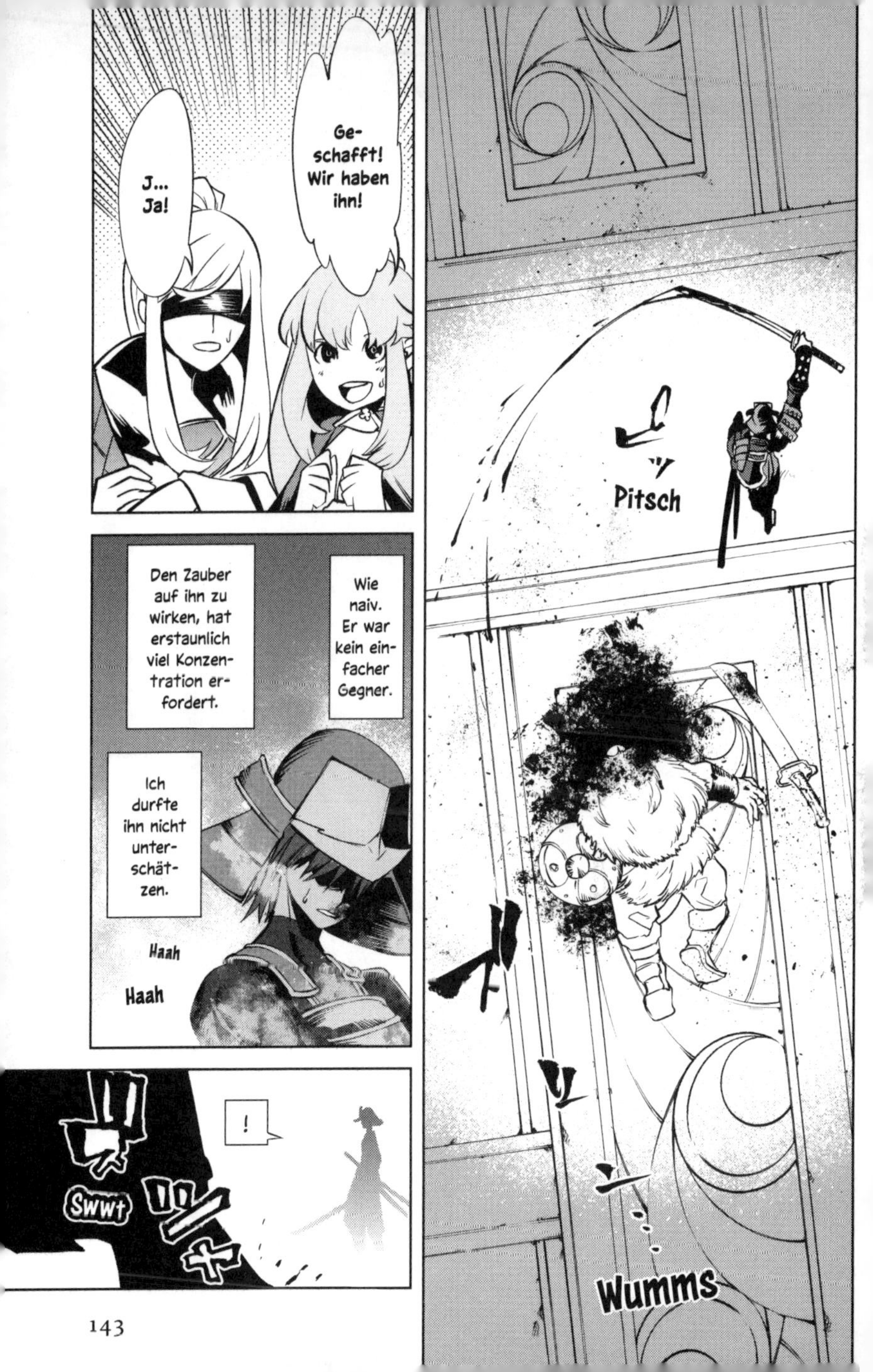

Ge-
schafft!
Wir haben
ihn!
J...
Ja!
Pitsch
Wie
naiv.
Er war
kein ein-
facher
Gegner.
Den Zauber
auf ihn zu
wirken, hat
erstaunlich
viel Konzen-
tration er-
fordert.
Ich
durfte
ihn nicht
unter-
schät-
zen.
Haah
Haah
Wumms
!
Swwt

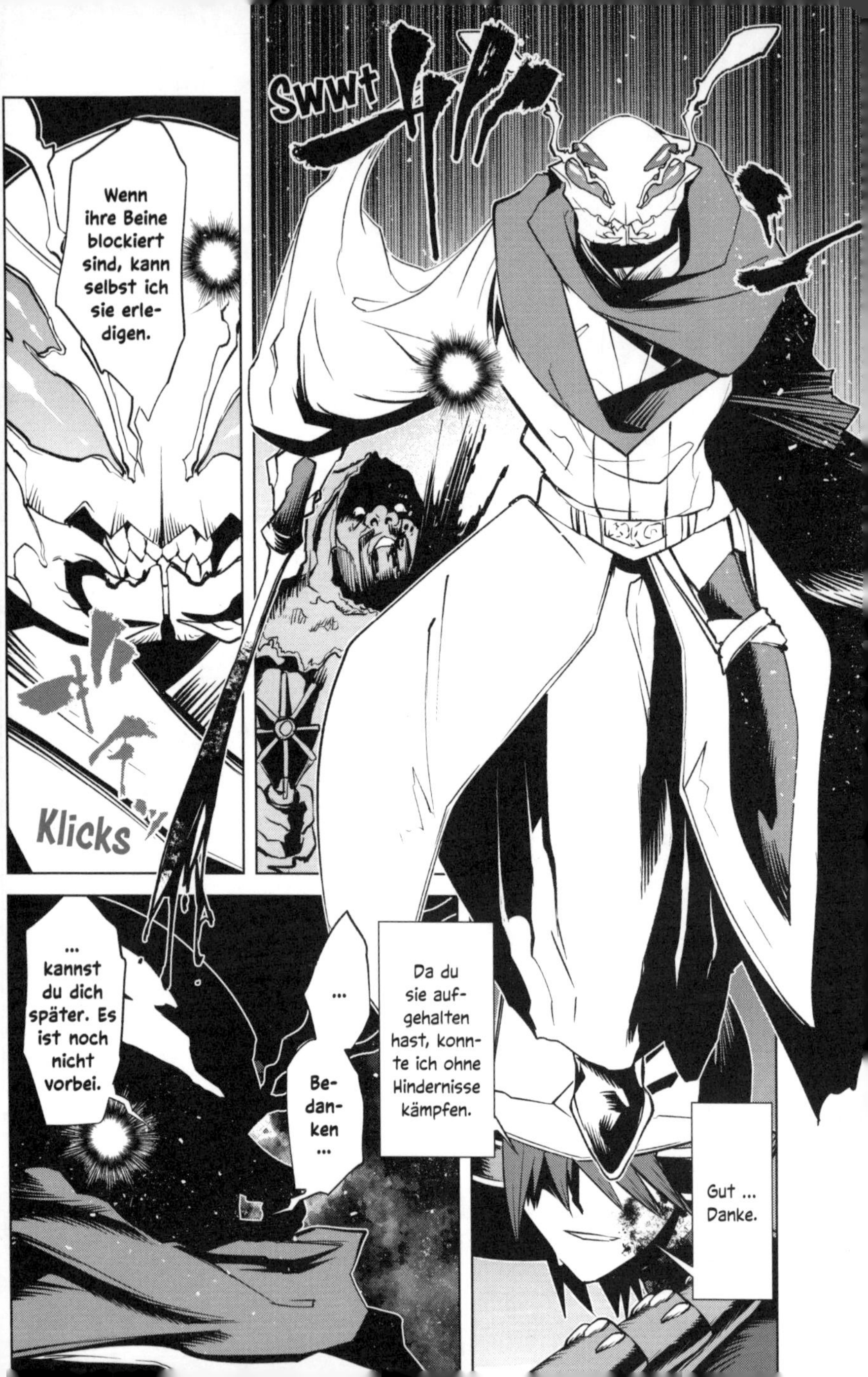
Swwt
Wenn ihre Beine blockiert sind, kann selbst ich sie erledigen.
Klicks
Gut ... Danke.
Da du sie aufgehalten hast, konnte ich ohne Hindernisse kämpfen.
... Bedanken ...
... kannst du dich später. Es ist noch nicht vorbei.

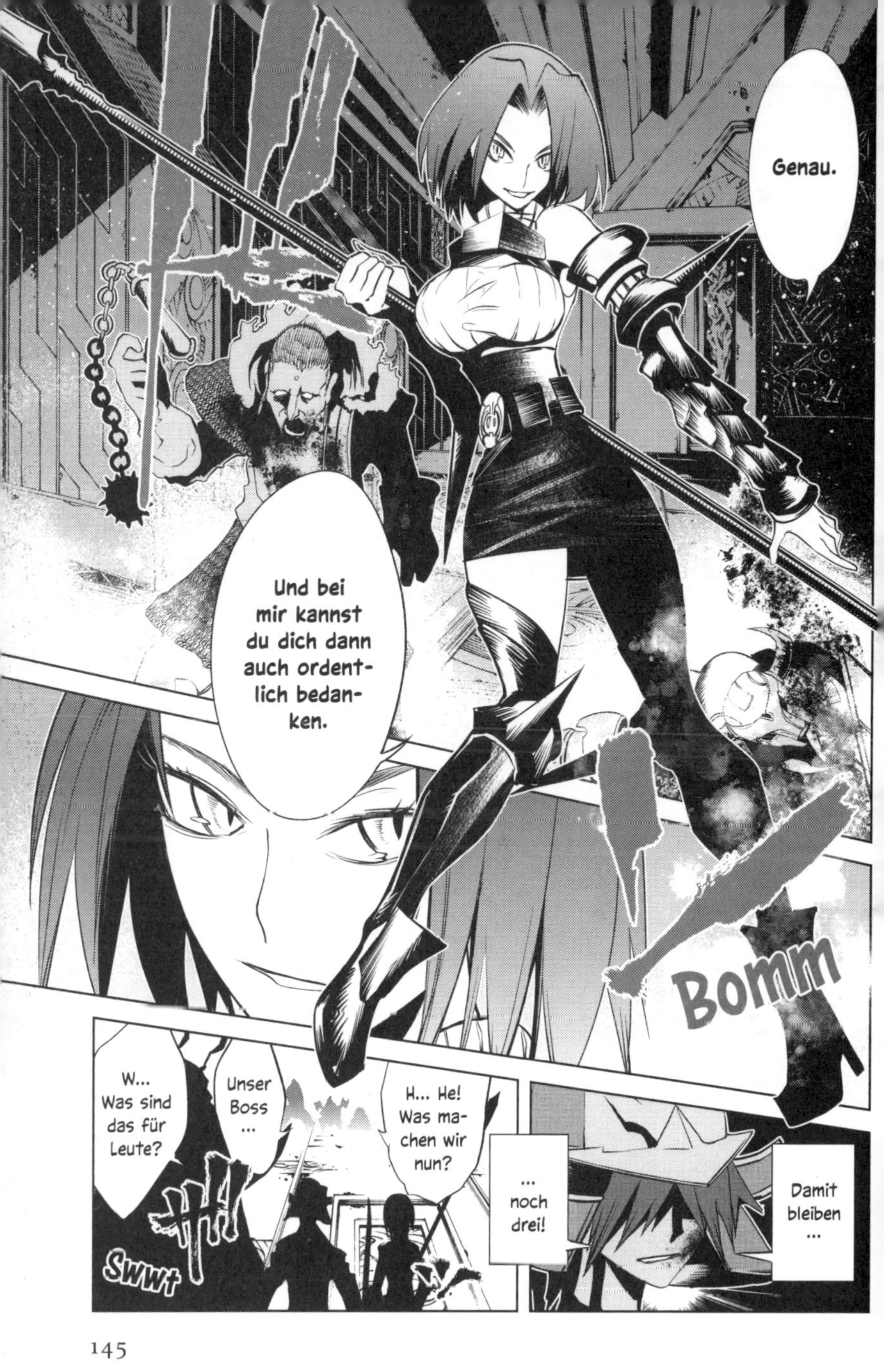
Genau.
Und bei mir kannst du dich dann auch ordentlich bedanken.
Bomm
Damit bleiben ...
... noch drei!
H... He! Was machen wir nun?
Unser Boss ...
W... Was sind das für Leute?
Swwt

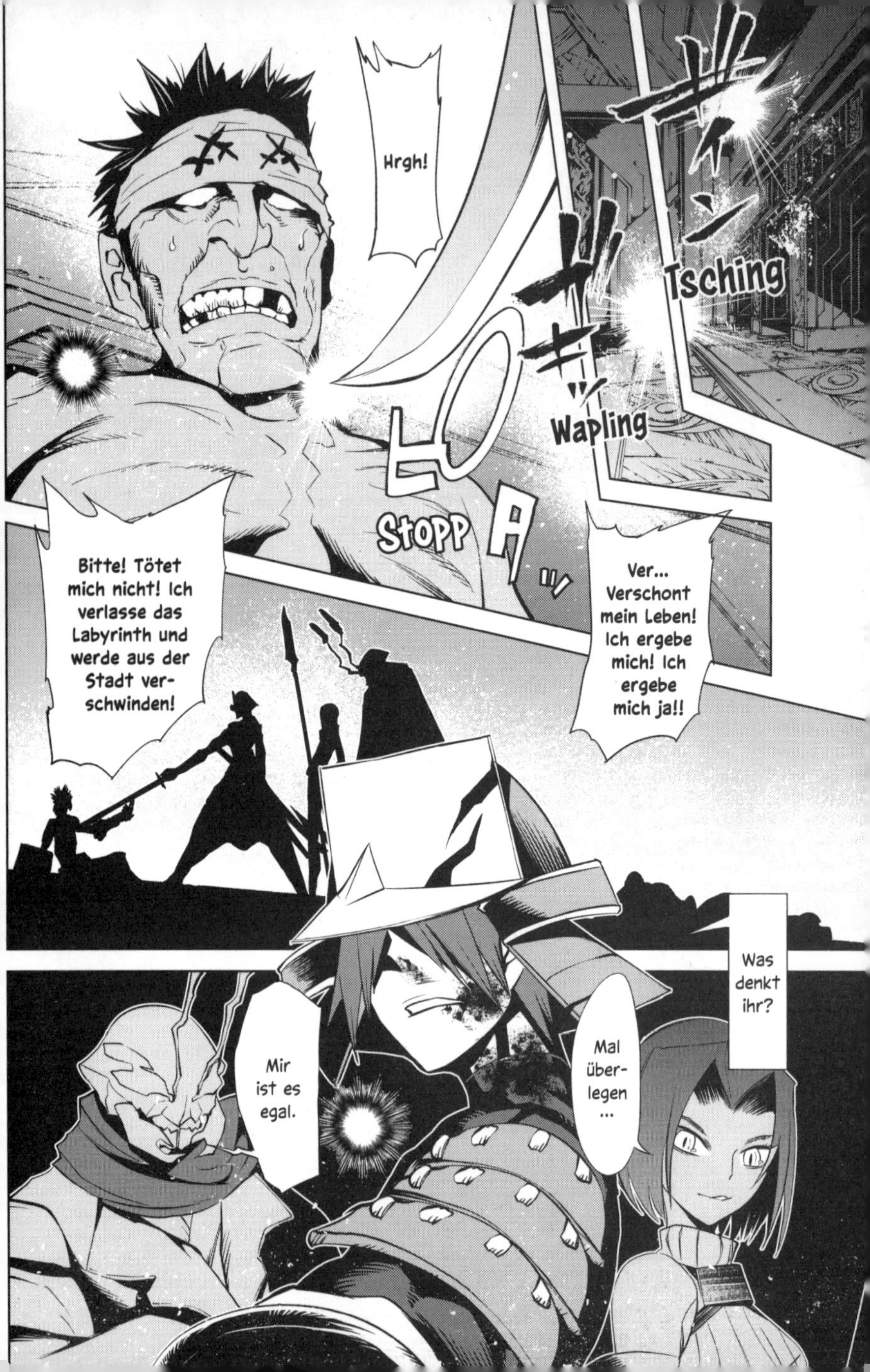
Tsching
Wapling
Hrgh!
Stopp
Ver... Verschont mein Leben! Ich ergebe mich! Ich ergebe mich ja!!
Bitte! Tötet mich nicht! Ich verlasse das Labyrinth und werde aus der Stadt verschwinden!
Was denkt ihr?
Mal überlegen ...
Mir ist es egal.

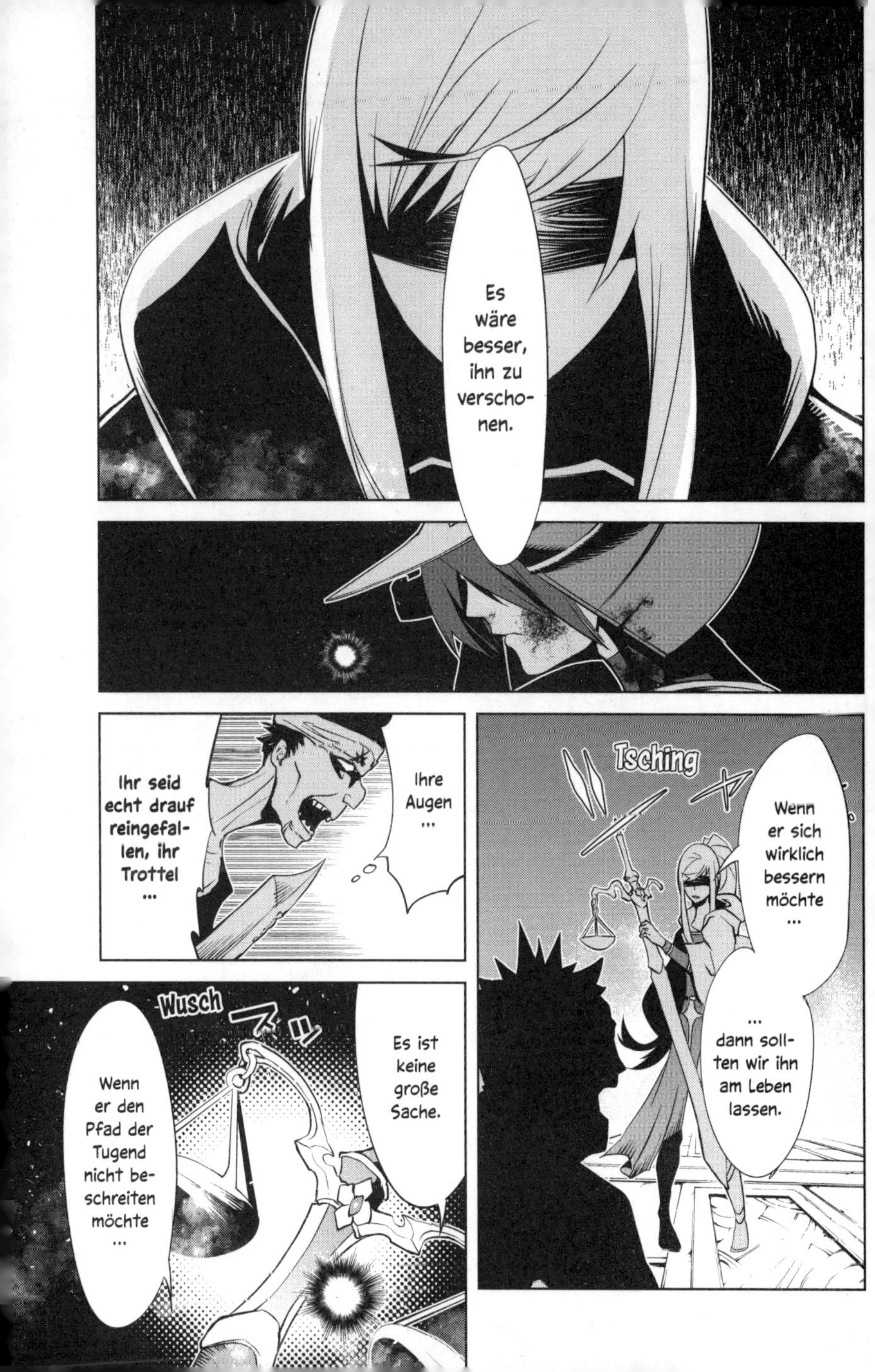

Es wäre besser, ihn zu verschonen.
Tsching
Wenn er sich wirklich bessern möchte ...
... dann sollten wir ihn am Leben lassen.
Ihre Augen ...
Ihr seid echt drauf reingefallen, ihr Trottel ...
Wusch
Es ist keine große Sache.
Wenn er den Pfad der Tugend nicht beschreiten möchte ...

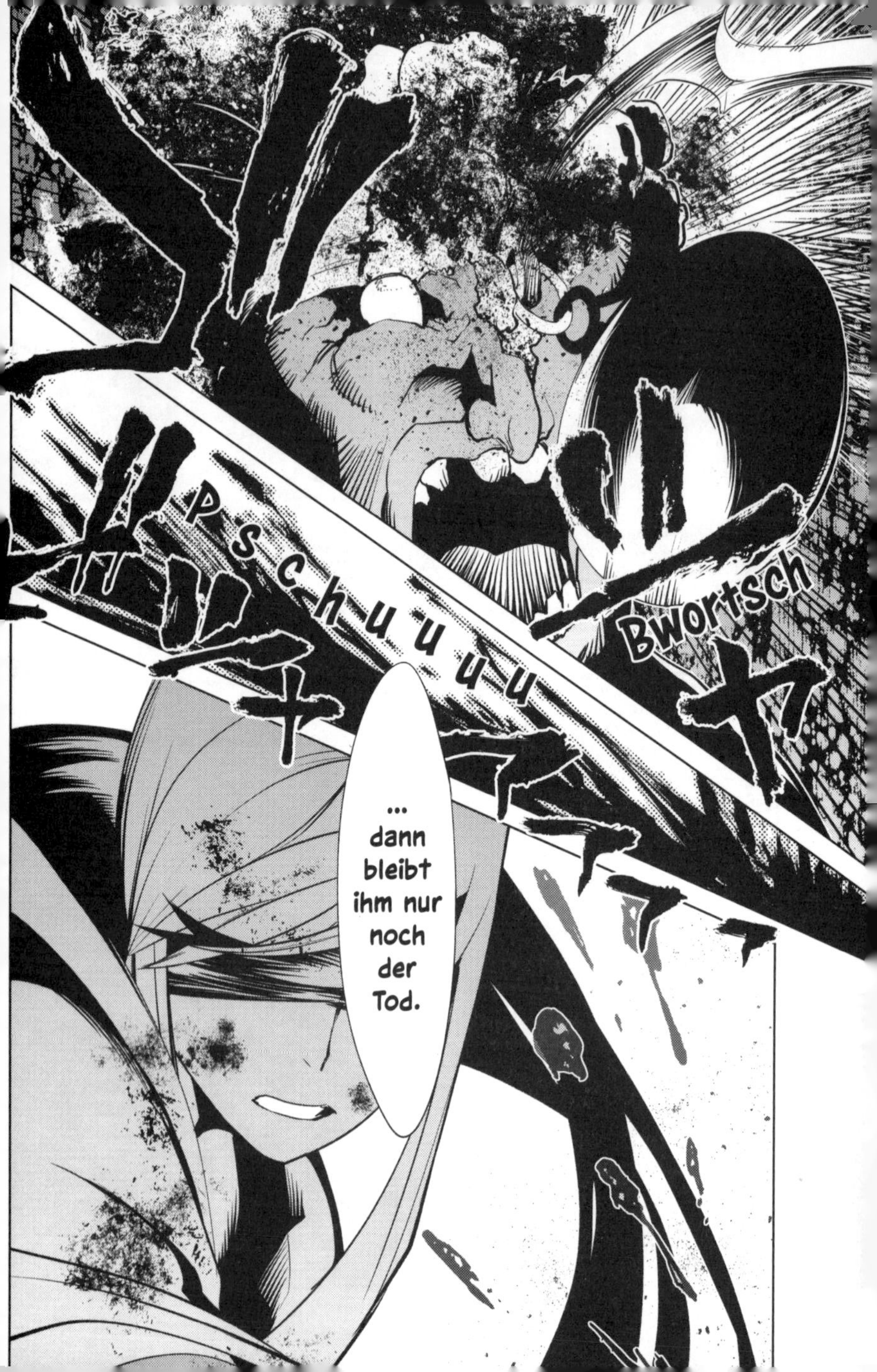
Pschuuuuu
Bwortsch
... dann bleibt ihm nur noch der Tod.

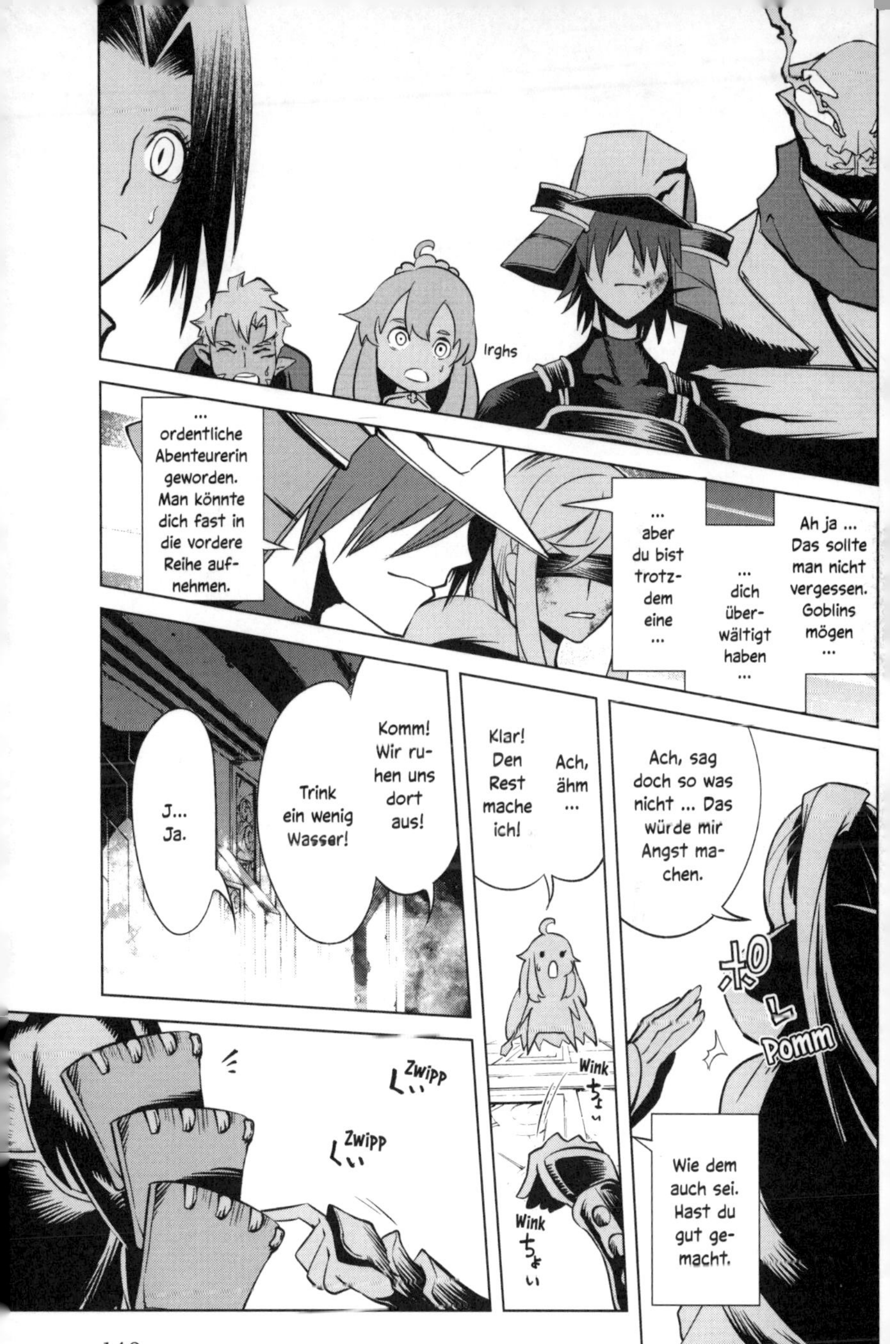
Irghs
Ah ja ... Das sollte man nicht vergessen. Goblins mögen ...
... dich überwältigt haben ...
... aber du bist trotzdem eine ...
... ordentliche Abenteurerin geworden. Man könnte dich fast in die vordere Reihe aufnehmen.
Ach, sag doch so was nicht ... Das würde mir Angst machen.
Pomm
Wie dem auch sei. Hast du gut gemacht.
Ach, ähm ...
Klar! Den Rest mache ich!
Wink
Wink
Komm! Wir ruhen uns dort aus!
Trink ein wenig Wasser!
J... Ja.
Zwipp
Zwipp

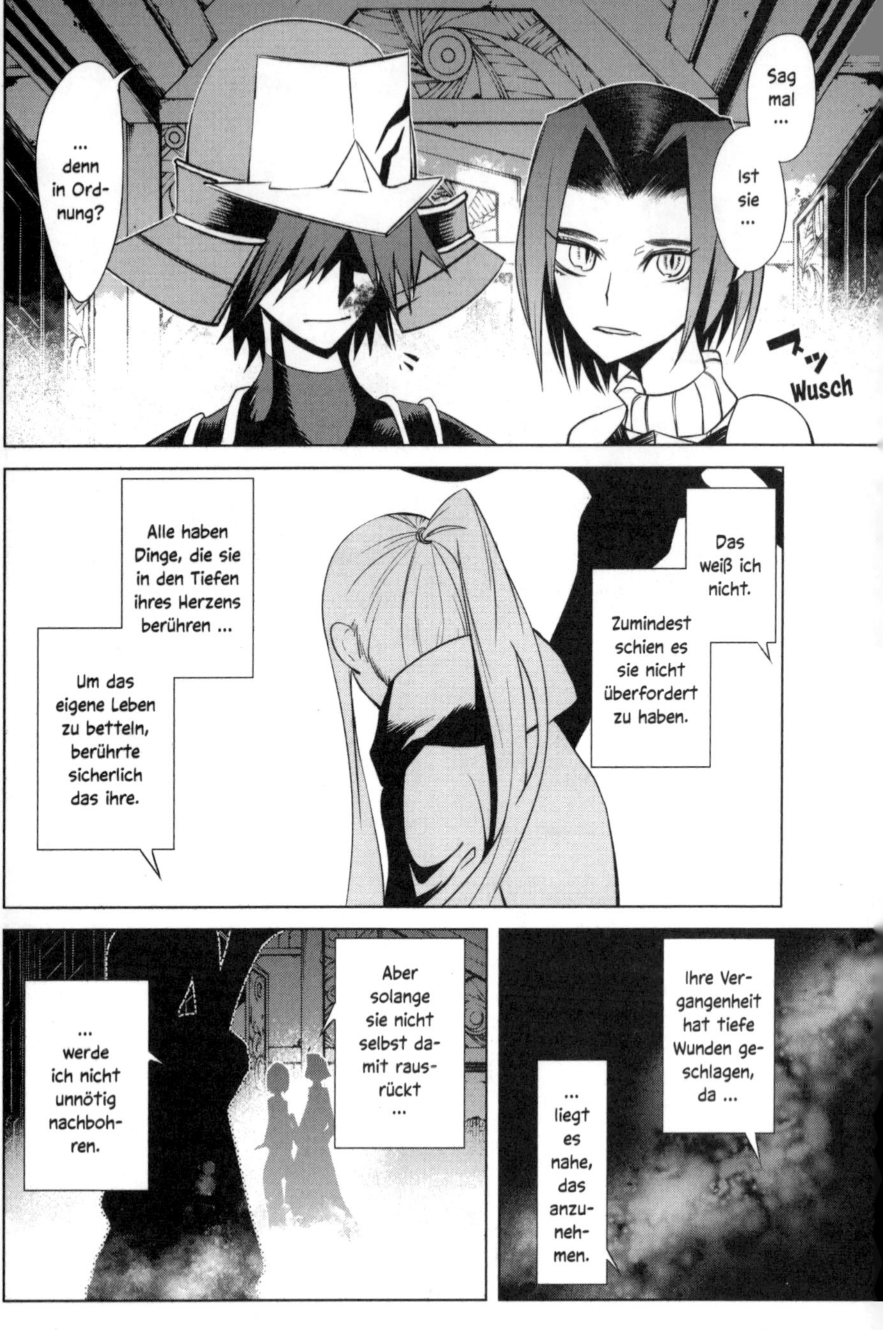
Sag mal ...
Ist sie ...
... denn in Ordnung?
Wusch
Das weiß ich nicht.
Zumindest schien es sie nicht überfordert zu haben.
Alle haben Dinge, die sie in den Tiefen ihres Herzens berühren ...
Um das eigene Leben zu betteln, berührte sicherlich das ihre.
Ihre Vergangenheit hat tiefe Wunden geschlagen, da ...
... liegt es nahe, das anzunehmen.
Aber solange sie nicht selbst damit rausrückt ...
... werde ich nicht unnötig nachbohren.

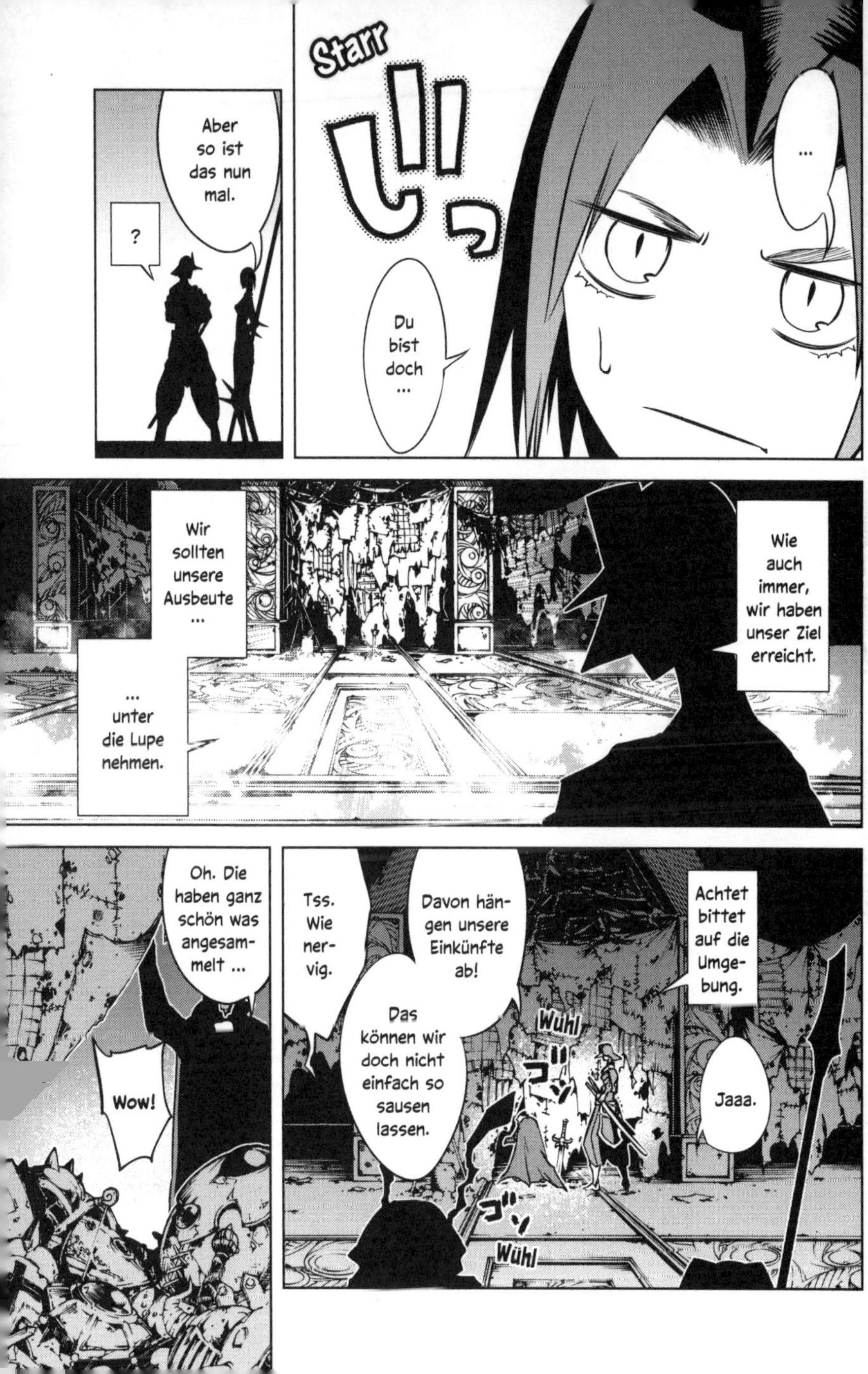
Starr
...
Du bist doch ...
Aber so ist das nun mal.
?
Wie auch immer, wir haben unser Ziel erreicht.
Wir sollten unsere Ausbeute ...
... unter die Lupe nehmen.
Achtet bittet auf die Umgebung.
Jaaa.
Davon hängen unsere Einkünfte ab!
Tss. Wie nervig.
Das können wir doch nicht einfach so sausen lassen.
Wühl
Wühl
Oh. Die haben ganz schön was angesammelt ...
Wow!

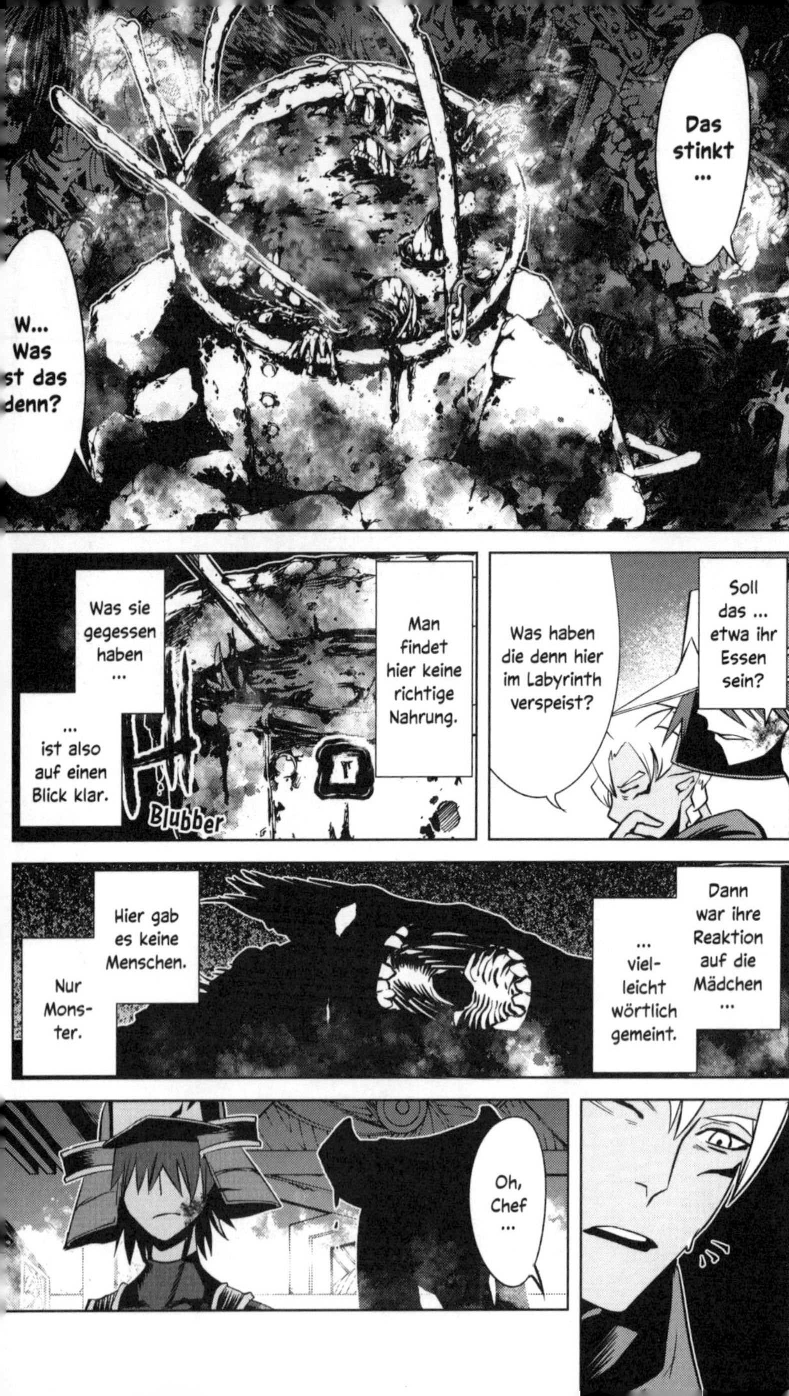
Das stinkt ...
W... Was st das denn?
Soll das ... etwa ihr Essen sein?
Was haben die denn hier im Labyrinth verspeist?
Man findet hier keine richtige Nahrung.
Was sie gegessen haben ...
... ist also auf einen Blick klar.
Blubber
Dann war ihre Reaktion auf die Mädchen ...
... viel-leicht wörtlich gemeint.
Hier gab es keine Menschen.
Nur Mons-ter.
Oh, Chef ...

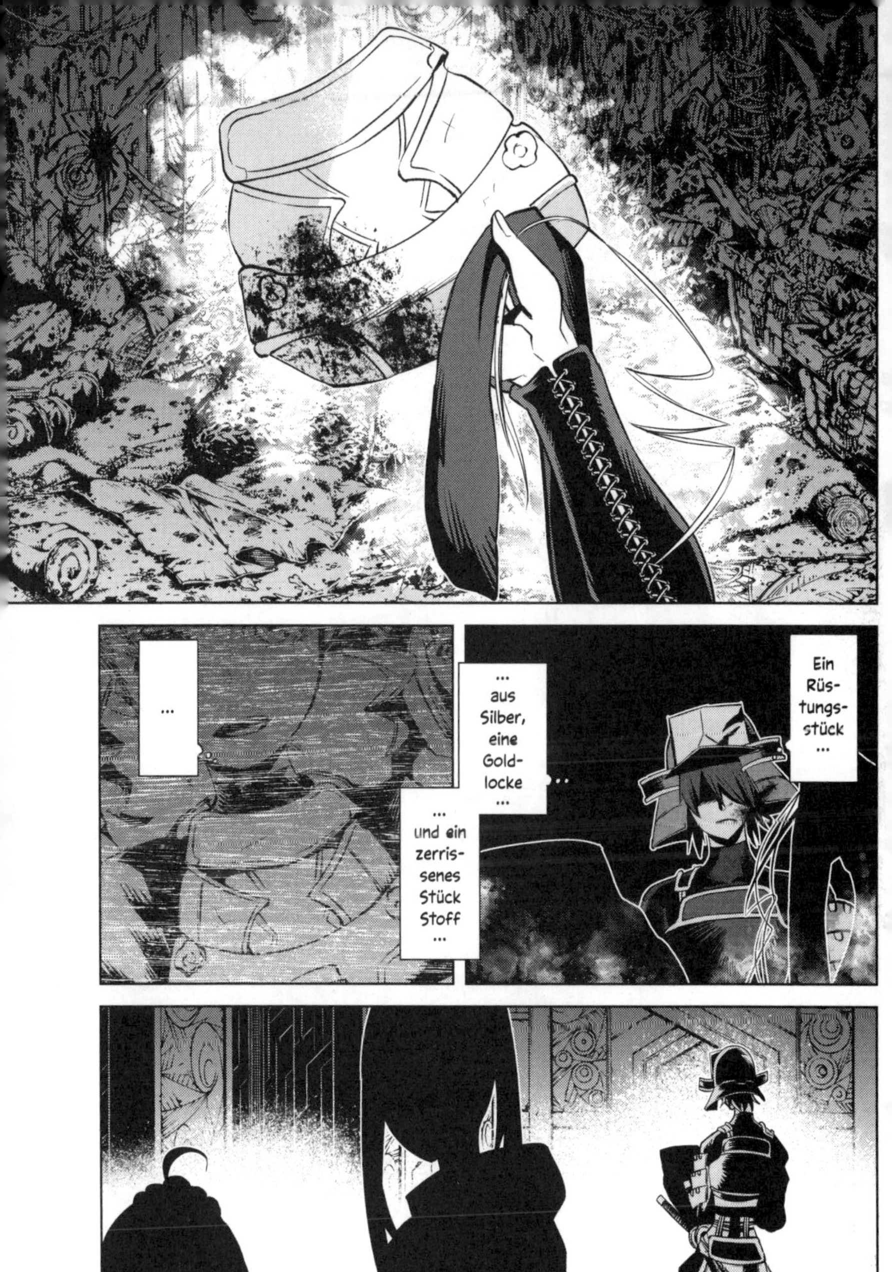
Ein Rüstungsstück ...
... aus Silber, eine Goldlocke ...
... und ein zerrissenes Stück Stoff ...
...

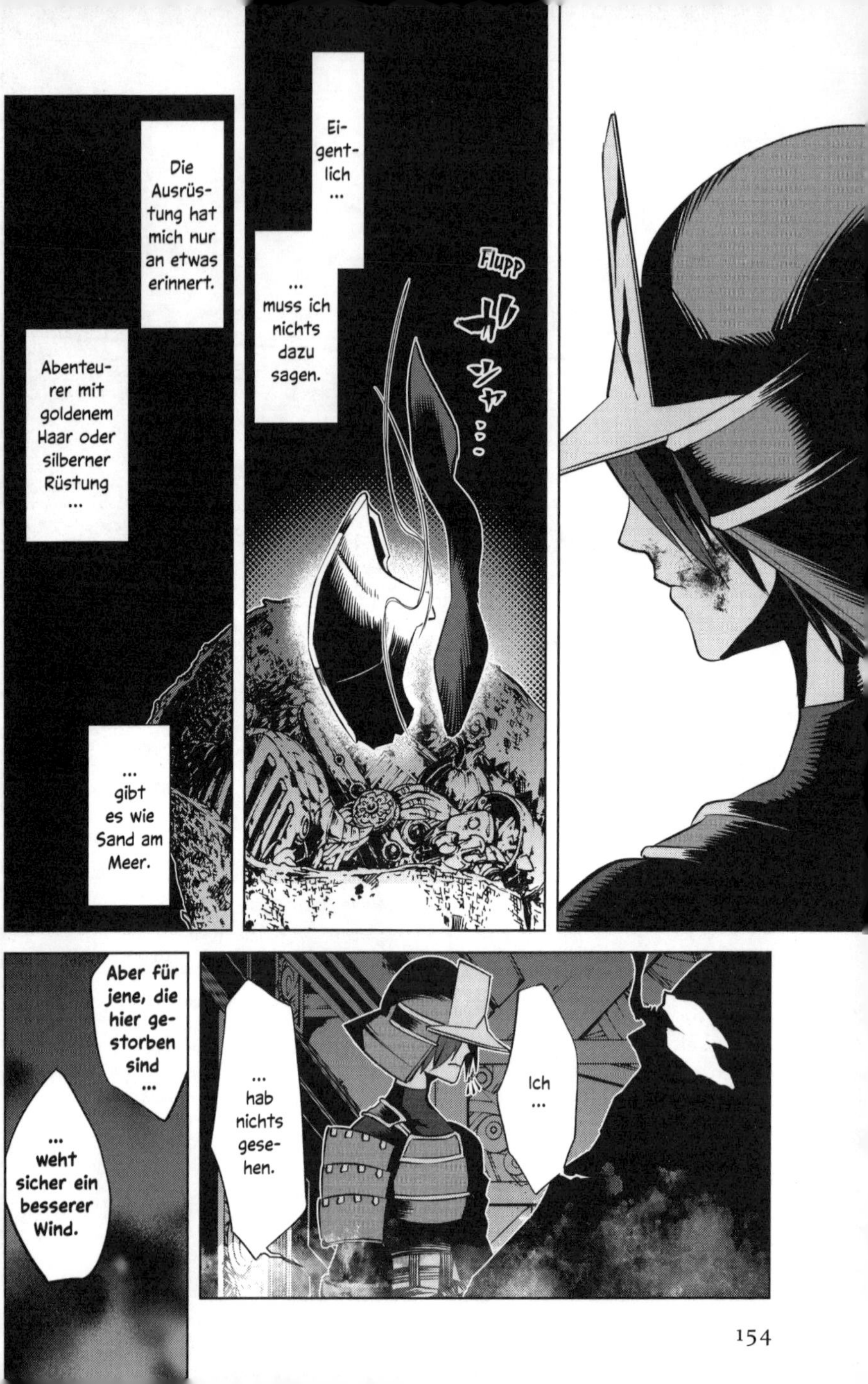
Eigentlich ...
... muss ich nichts dazu sagen.
Flupp
Die Ausrüstung hat mich nur an etwas erinnert.
Abenteurer mit goldenem Haar oder silberner Rüstung ...
... gibt es wie Sand am Meer.
Ich ...
... hab nichts gesehen.
Aber für jene, die hier gestorben sind ...
... weht sicher ein besserer Wind.

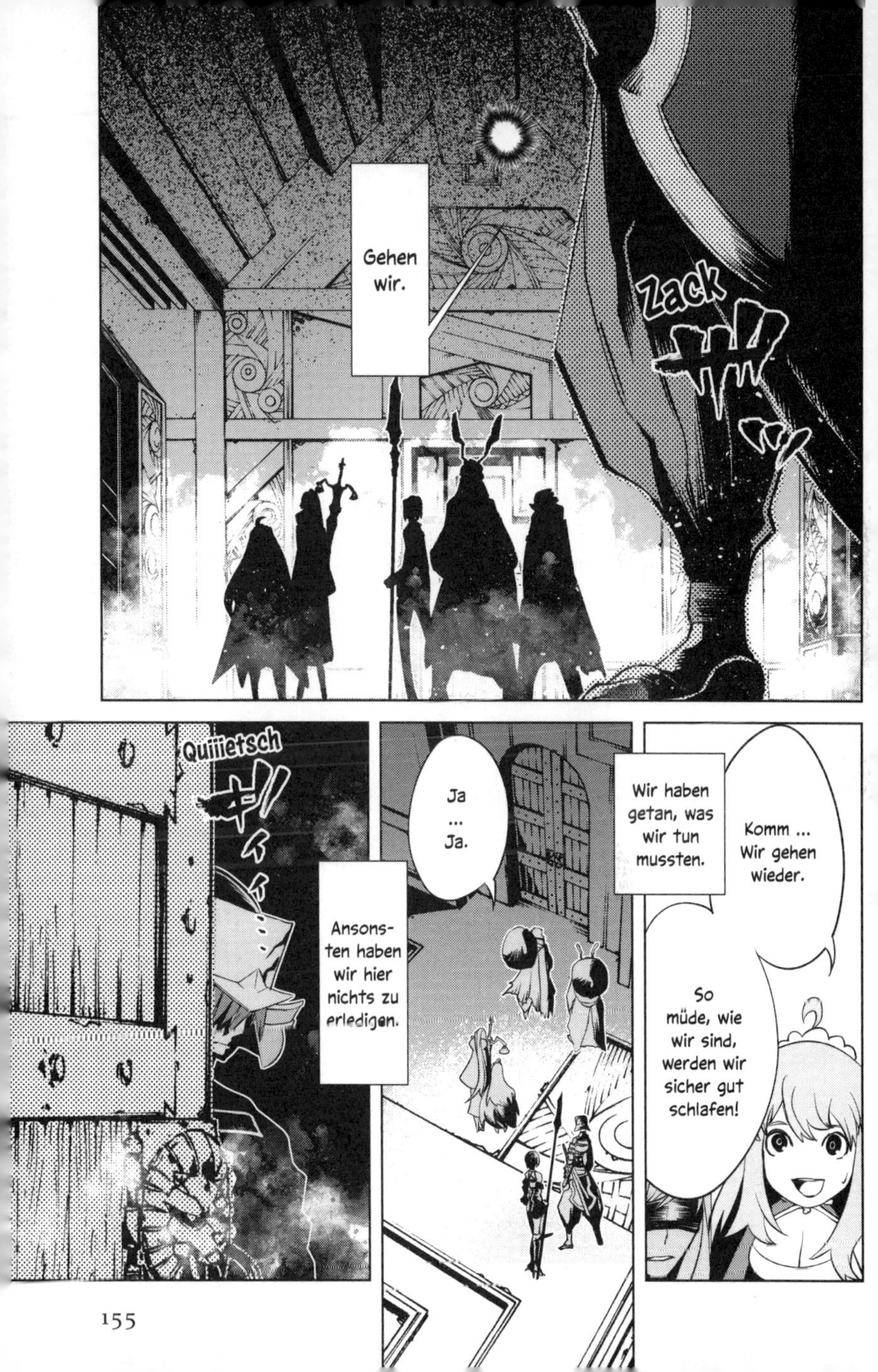

Gehen wir.
Zack
Komm ... Wir gehen wieder.
So müde, wie wir sind, werden wir sicher gut schlafen!
Wir haben getan, was wir tun mussten.
Ja ... Ja.
Ansonsten haben wir hier nichts zu erledigen.
Quiiietsch

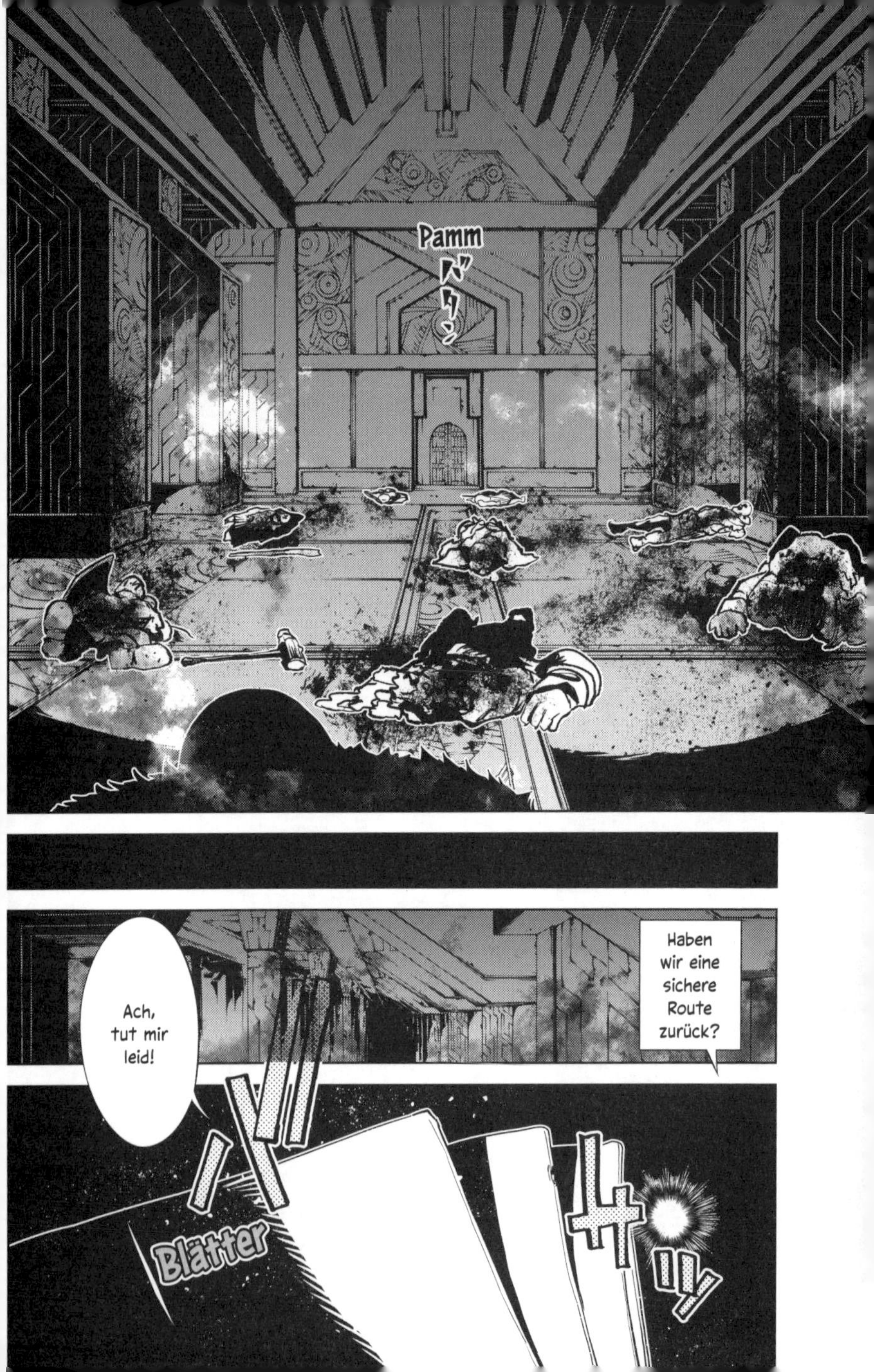
Pamm
バタン
Haben wir eine sichere Route zurück?
Ach, tut mir leid!
Blätter

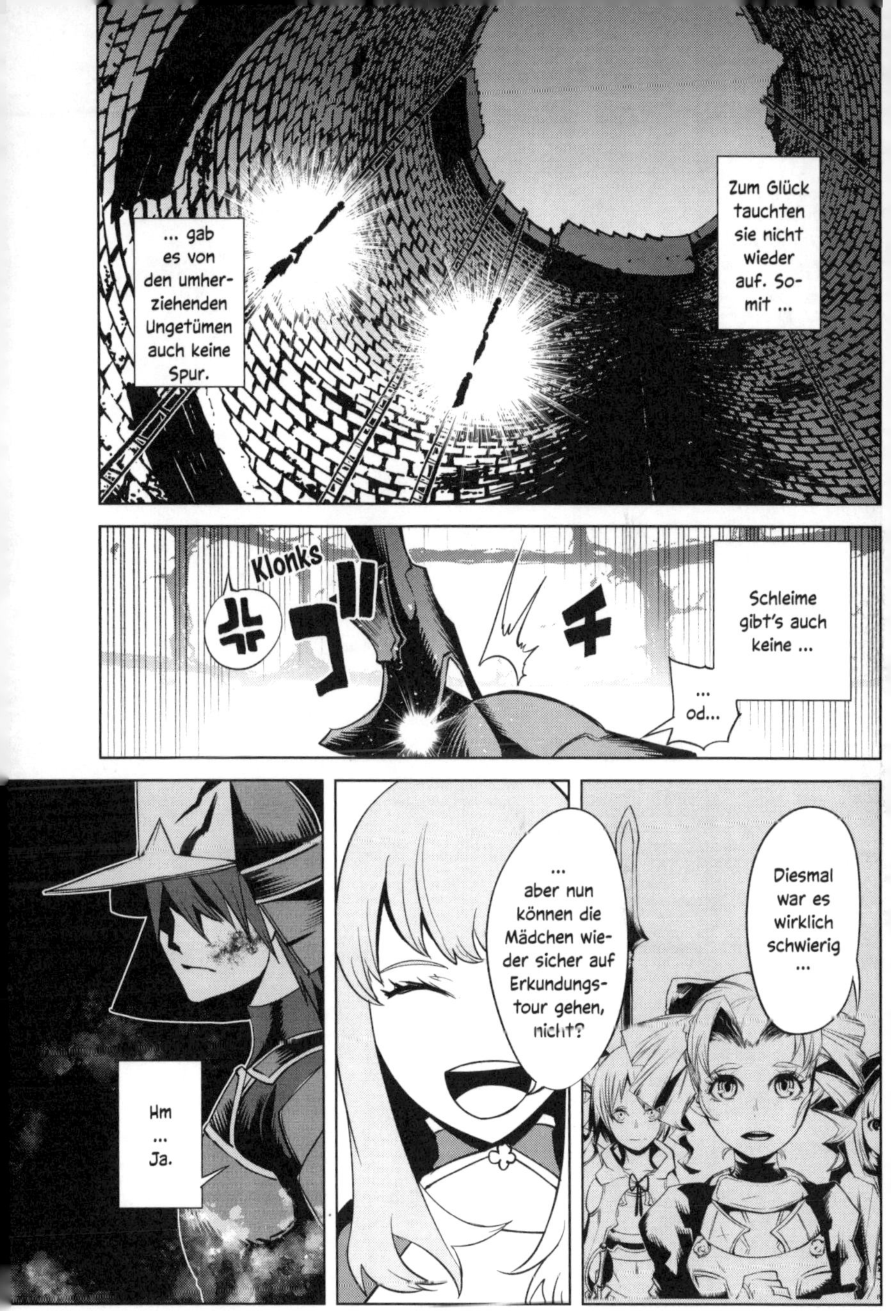

Zum Glück tauchten sie nicht wieder auf. Somit ...
... gab es von den umherziehenden Ungetümen auch keine Spur.
Schleime gibt's auch keine ...
... od...
Klonks
Diesmal war es wirklich schwierig ...
... aber nun können die Mädchen wieder sicher auf Erkundungstour gehen, nicht?
Hm ... Ja.

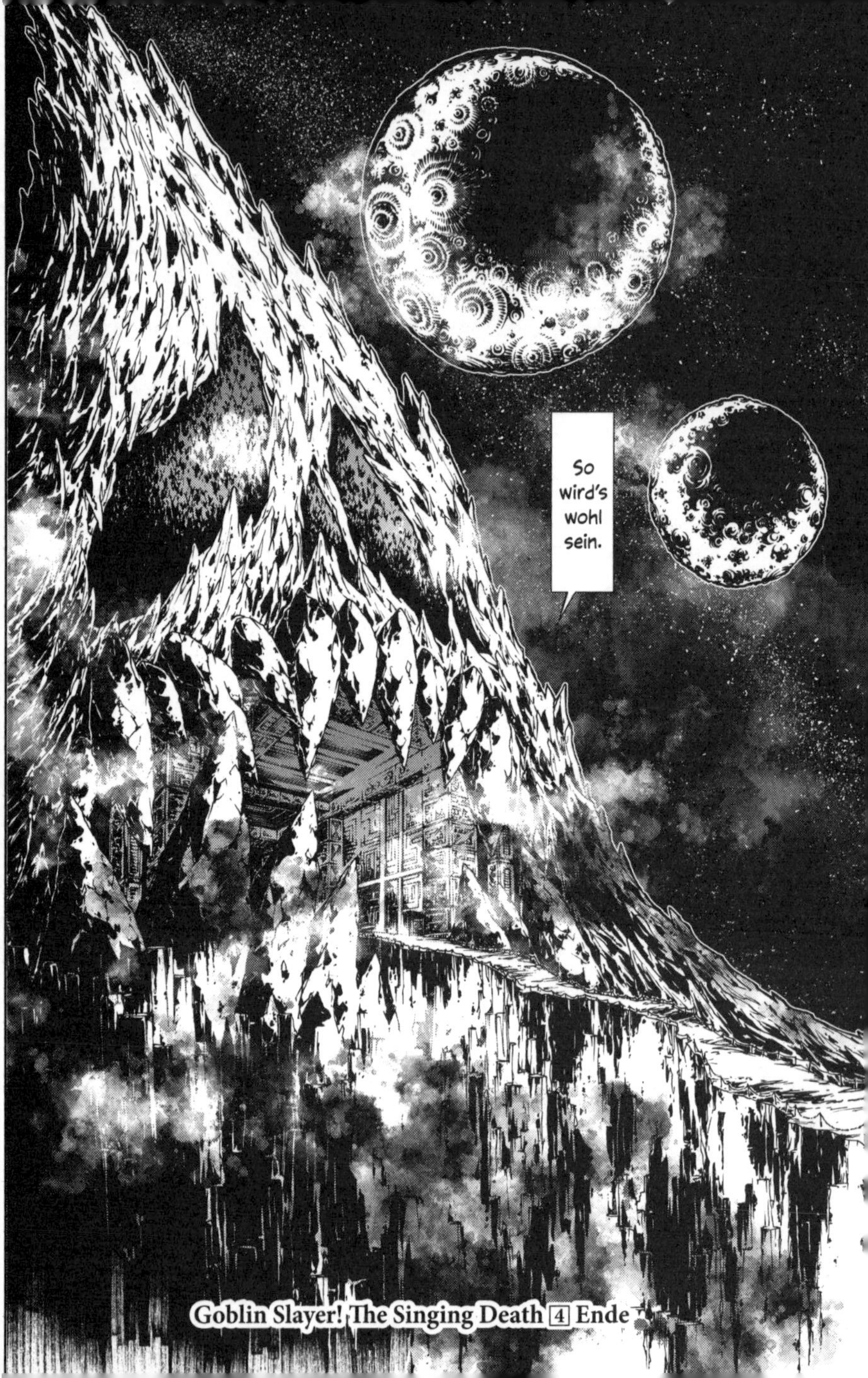
So wird's wohl sein.
Goblin Slayer! The Singing Death 4 Ende

GOBLIN SLAYER!

Even the gods can't control the dice

THE SINGING DEATH

GOBLIN SLAYER!

Even the gods can't control the dice

THE SINGING DEATH

Bonus: Über den Austausch zwischen ihr, ihm und ihr

Kumo Kagyu

»Entschuldige, hättest du gerade etwas Zeit für mich?«, sagte plötzlich jemand aus der Dunkelheit zur Bischöfin und sie hob ihr schmales Gesicht. »Ja …?«

Die Umgebung war wie gewohnt äußerst laut und belebt. An diesen Geräuschen erkannte sie die Schenke.

Früher hätte sie sich am Rand herumgedrückt und kleingemacht, aber jetzt musste sie das nicht mehr. Stattdessen saß sie aufrecht, den zierlichen Körper durchgestreckt und erwiderte die Frage direkt.

Abenteurer entwickelten sich im Labyrinth nicht nur in Bezug auf ihren Schlachtenruhm und ihre Fähigkeiten weiter. Deshalb konnte die Bischöfin mit einem Anflug von Stolz sagen: »Ähm, verzeiht, aber ich führe Identifikationen nicht länger durch …«

Auf ihre Andeutung, dass ihr Gegenüber leider darauf verzichten müsste, lachte der Besitzer der Stimme mit zusammengebissenen Zähnen. Die Klerikerin legte den Kopf leicht schief. Was für eine Miene mochte der Diamantritter wohl gerade machen? Bis sie es herausfand, sollte es noch eine Weile dauern.

*

»T… Tut mir leid. Da war ich wohl zu voreilig …«, meinte die Bischöfin mit gesenktem Kopf und fiel ein wenig in sich zusammen.

»Aber nein, nichts passiert. Ich war ja derjenige, der dich so plötzlich angesprochen hat«, entgegnete der Diamantritter, den dabei das schlechte Gewissen plagte, und winkte ab. Doch kaum hatte er die Geste gemacht, fragte er sich, ob diese für die Frau überhaupt eine Bedeutung hatte. Er fuhr fort: »Sei ganz unbesorgt. Für mich ist dieses Gespräch auch recht ungewöhnlich.«

»A… Aha. Dann … tut mir das leid«, sagte die Bischöfin und richtete sich wieder auf, indem sie sich ordentlich auf den Stuhl setzte. Ihr gegenüber nahm der Diamantkrieger Platz. Ein silberhaariges Mädchen blieb wie ein Schatten an seiner Seite. Die drei saßen wie ganz gewöhnliche Abenteurer um einen runden Tisch im Gasthaus Zum Goldenen Ritter.

Allerdings …

»Nicht doch … Zuerst möchte ich mich bei dir entschuldigen.«

»Wie bitte?«

»Obwohl ich über deine Umstände Bescheid wusste, habe ich überhaupt nichts unternommen.«

»Nun, das ist …«

Natürlich musste die Bischöfin gar nichts sagen, denn der Diamantritter war sich seines Fehlverhaltens bereits bewusst. Selbst Abenteurer, die das Herz am rechten Fleck trugen, streckten nur selten eine helfende Hand aus, wenn sie nicht darum gebeten wurden. Zumindest handhabte man es hier in der Festungsstadt so, der letzten Bastion im Angesicht des Todes. Man setzte das voraus. Schließlich hatten sich die Abenteurer hier an diesem Ort selbst dazu entschlossen, diesen Weg einzuschlagen. Auch wenn sie ihr nächster Schritt in den Tod führen sollte, so waren sie stolz darauf, dass sie die Richtung selbst hatten wählen können. Niemand kam auf die Idee, den Kurs von jemand anderem angesagt zu bekommen.

Und dennoch …

Jetzt, da sie sich wieder auf diese Art gegenübersaßen, war es eine Schande, dass er ihre Lage ignoriert hatte. Beim Gedanken an das Blut, das in seinen Adern floss, wurde ihm manchmal ganz übel. Doch weder das eine noch das andere hatten eigentlich mit der Bischöfin zu tun.

»Es macht mir nichts aus … Es war meine eigene Entscheidung, diesen Weg zu gehen«, quittierte die Klerikerin das schlechte Gewissen des Ritters und lächelte. Auch wenn sie eigentlich nichts mit seinem Schuldbewusstsein zu tun hatte, nahm ihm ihre Akzeptanz dennoch eine große Last von den Schultern. Rührte ihre Antwort von der Tugend einer Geistlichen oder war es ihre ganz persönliche Stärke?

Wahrscheinlich beides, oder?

Sich so offen äußern zu können, war für den Diamantritter eine wahre Freude.

»Ich wollte eigentlich nur sagen … dass es wunderbar ist, dass du eine neue Gruppe gefunden hast.«

»Mhm …«

Die Bischöfin legte eine Hand auf ihre geröteten Wangen und nickte schüchtern lächelnd. Anscheinend freute sie sich über das Lob der Gruppenmitglieder genauso, als wäre sie selbst gelobt worden.

»Ja, das ist es wirklich. Ins Labyrinth gehen wir heute nicht mehr, aber ich wurde eingeladen, Zauber zu lernen …«

Nichts ist wichtiger als das.

Seine Gesichtszüge wurden weicher, als der Bischöfin bei ihren ausgiebigen Erklärungen nichts auffiel.

»Läuft es gut mit der Frau?«, warf das silberhaarige Mädchen auf einmal mit scharfer Stimme ein.

»Mit welcher Frau?«, entgegnete die Bischöfin verwirrt und legte den Kopf schief. Die andere sagte nüchtern: »Na, der mit dem Speer.«

Auf die Frage hin, ob so jemand in der Gruppe wäre, nickte die Bischöfin ohne Zögern: »Ja. Sie scheint aber schlechte Erfahrungen gemacht zu haben.« Trotz allem lächelte die Klerikerin weiterhin glücklich, als sie über die Kameradin redete. »Es läuft ganz wunderbar. Sie ist ein sehr netter Mensch.«

»Soso«, erwiderte das silberhaarige Mädchen wenig interessiert, als wäre es ihr eigentlich egal gewesen. Allerdings, wenn die Sache sie gar nicht beschäftigt hätte, dann hätte sie sicherlich nicht nachgehakt. Der Diamantritter wusste jedenfalls genau, dass sie diesbezüglich sehr neugierig gewesen war.

Aber wenn sie merkt, dass ich das weiß, würde sie sicher nur wütend werden.

»Was ist?«

»Nichts.«

Er schluckte seine Gedanken einfach mit einem festen Lächeln herunter, doch das Mädchen erriet sie schon an seiner Haltung und grummelte.

Wie nahm die Bischöfin das Verhalten der beiden wohl auf?

»Ihr versteht euch gut, oder?«

»Ja, nicht wahr?«, erwiderte der Diamantritter stolz, während das silberhaarige Mädchen schmollte. »Hrmpf.«

Da erscholl auf einmal …

»Ähm, Entschuldigung?«

… eine muntere, helle Stimme an dem runden Tisch. Alle Blicke wandten sich zu ihr. Dort stand eine junge Frau mit makelloser Rüstung, die wohl eine Späherin war.

»Wisst ihr, wie ich bis zur ersten Kammer des Labyrinths gelange?«

Die schwarzhaarige Frau hatte die Ärmel hochgekrempelt und sah überheblich aus, aber das wirkte nicht negativ.

»Oho.« Dem Diamantritter schien ihr Tatendrang zu gefallen und er lachte etwas frech. »Ist das nicht etwas unverfroren?«

»Nö, nicht wirklich… Es ist doch sicherer, vorher jemanden zu fragen, statt einfach hineinzustürmen, nicht?« Die Frau schien keinerlei Scheu zu haben.

»Von der Karte des Labyrinths hängt aber nun mal unser Leben ab. So leicht machen wir es dir also nicht, weißt du?«

»N… Na ja …«, hob die Bischöfin an, und ihre blinden Augen flitzten verlegen hin und her. Sie wirkte, als wäre sie einer Prüfung ausgesetzt. Sie legte einen dünnen Finger an die Lippen und sagte: »Der Weg zur ersten Kammer zählt doch sozusagen schon zum Allgemeinwissen, oder …?«

Was brachte es einem denn, die Route zu verheimlichen? Und einer Anfängerin eine solche Information teuer zu verkaufen, wäre auch nicht sehr nett. Was würden andere Abenteurer denken, wenn sie davon erfahren würden?

Selbstredend lag es in ihrem eigenen Ermessen, die Sache zu handhaben, aber wenn sie einfach alles umsonst herausgab, würde es womöglich einen schlechten Einfluss auf die Anfängerin ausüben. Aus diesem Grund sagte die Bischöfin: »Ich verrate es dir … sofern du nach deiner sicheren Heimkehr in den Tempel gehst, um zu beten. In Ordnung?«

»Juhu! Vielen Dank!«

Wenn die Bischöfin das Gepäck der Anfängerin um einige Almosen erleichterte, wäre das sicher ein angemessener Preis. Sie glaubte an den Erhabenen Gott, doch der Gott dieser Stadt war der Gott des Handels. Es war ein gutes Geschäft, das beide Seiten berücksichtigte und eine willkommene Herausforderung – zumindest für die Frau, die hier in der Schenke zuvor Gegenstände identifiziert hatte.

Während sich der Diamantritter die freudige Anfängerin und die sanft lächelnde Klerikerin so besah, meinte er: »Tatsache, die Gruppe, die du gefunden hast, ist wirklich gut.«

Wie sollte man das Wachstum eines Abenteurers sonst in Worte fassen?

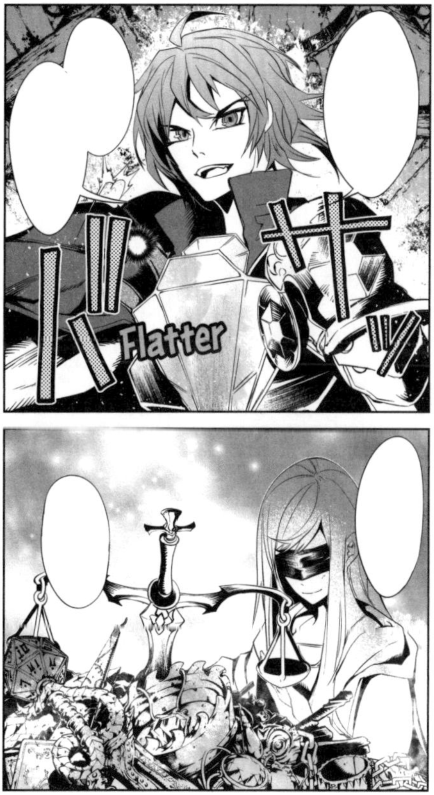
バサッ
Flatter

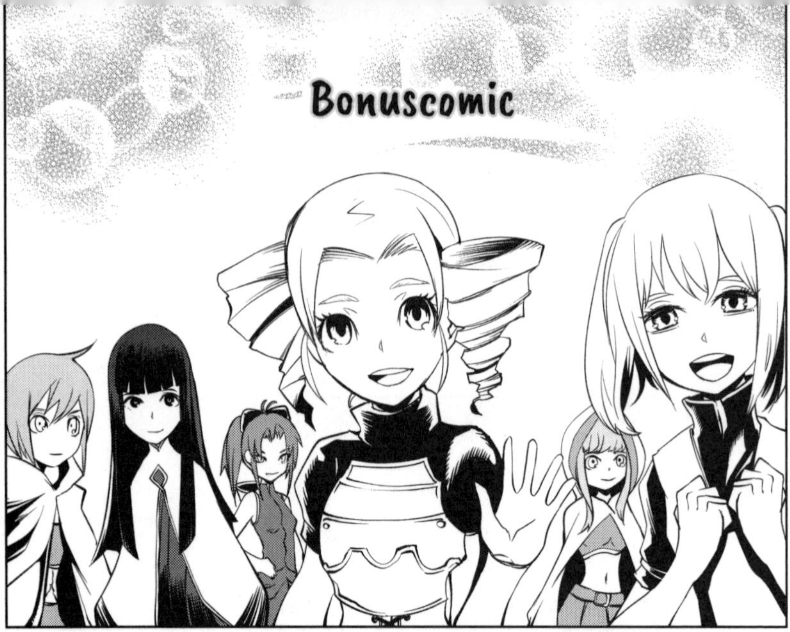

Der mysteriöse ferne Osten Story: Aoki

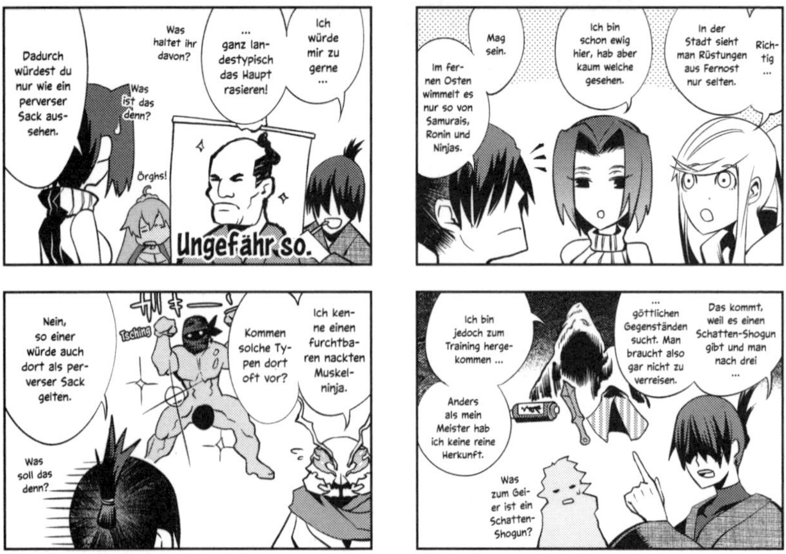

Kumo Kagyu

Hallo, ich bin es, Kumo Kagyu! Im Labyrinth geht es in die zweite Ebene. Weiter und weiter! Tiefer und tiefer! Das Ziel, auf das sie zusteuern, fällt in die Zeit aus der Hauptgeschichte von *Goblin Slayer*.

Aoki Shogo

Mit dem vierten Band hab ich langsam das Gefühl, ich könnte die Charaktere der Hauptfiguren ganz gut verstehen. Wenn man ihren Alltag an freien Tagen zwischen den aufregenden Kämpfen sieht, kann ich dabei hoffentlich noch ein paar ihrer Eigenarten herausarbeiten.

Fantasy 16 +

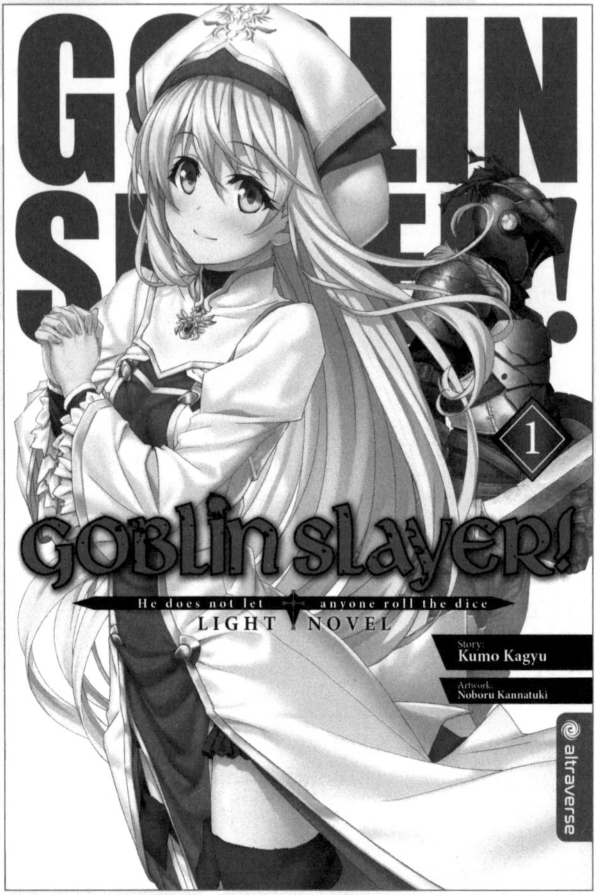

Goblin Slayer! Light Novel

Kumo Kagyu | Noboru Kannatuki

Zusammen mit ihren Kameraden gerät eine junge Priesterin in den Hinterhalt einer Horde Goblins. Sie wähnt ihr Schicksal schon besiegelt, als plötzlich eine Gestalt in Rüstung vor ihr erscheint und sie vor einem grausamen Tod rettet. Es ist der Goblin Slayer, ein einsamer Abenteurer, der nur ein Ziel hat: Goblins töten.

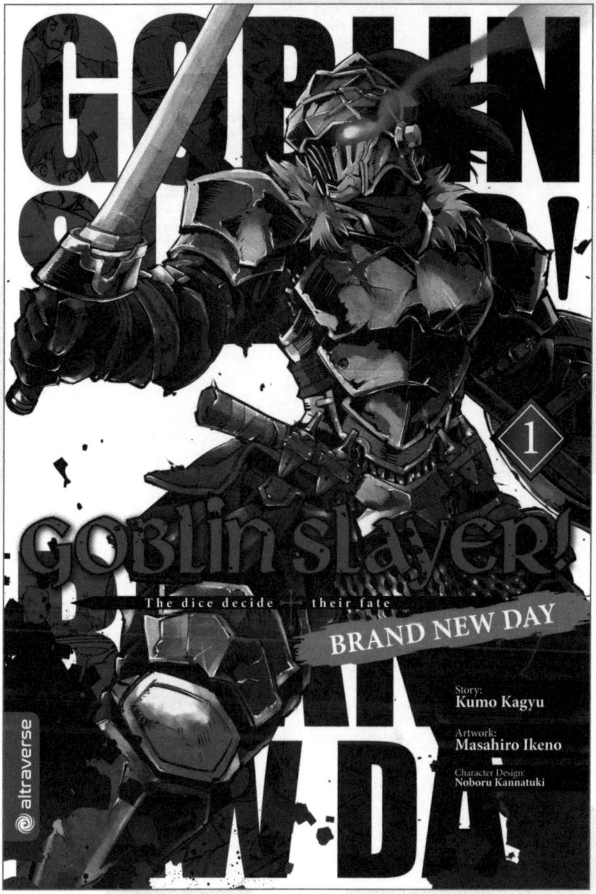

Goblin Slayer! Brand New Day

Kumo Kagyu | Masahiro Ikeno | Noboru Kannatuki

In seiner Zeit als Abenteurer hat Goblin Slayer bereits zahllose Goblins getötet und ist vielen anderen Abenteurern begegnet, die er mittlerweile als Kameraden schätzt. Diese Geschichte ist diesen Kameraden gewidmet.

Action 16 +

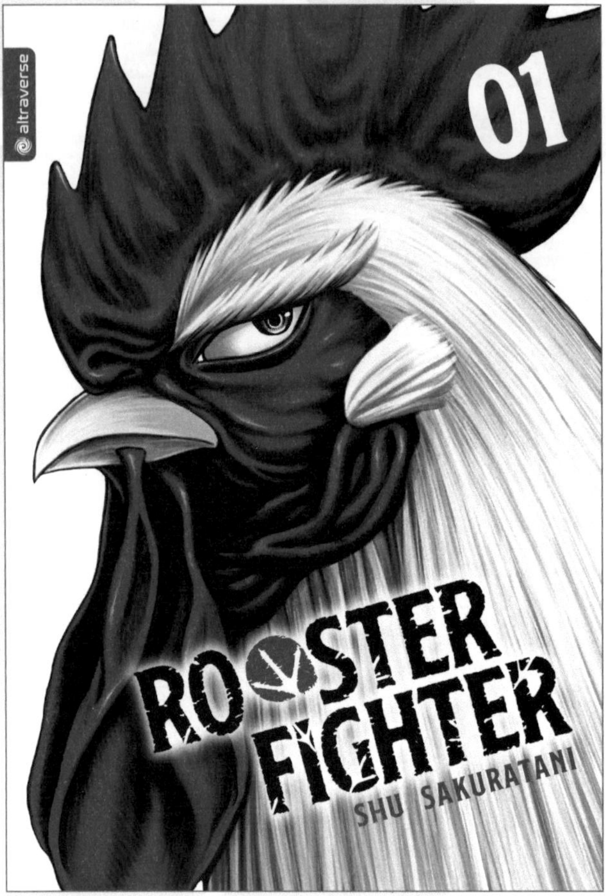

Rooster Fighter

Shu Sakuratani

Die Erde wird von grausigen und brutalen Monstern aus dem All angegriffen. Sie zerstören ganze Straßenzüge und attackieren rücksichtslos Mensch und Tier. Die Lage erscheint aussichtslos, eine Abwehr der Killermaschinen praktisch unmöglich. Doch dann erhebt sich ein tapferer Hahn und stellt sich den Aggressoren entgegen ... denn manchmal muss ein Hahn tun, was ein Hahn tun muss!

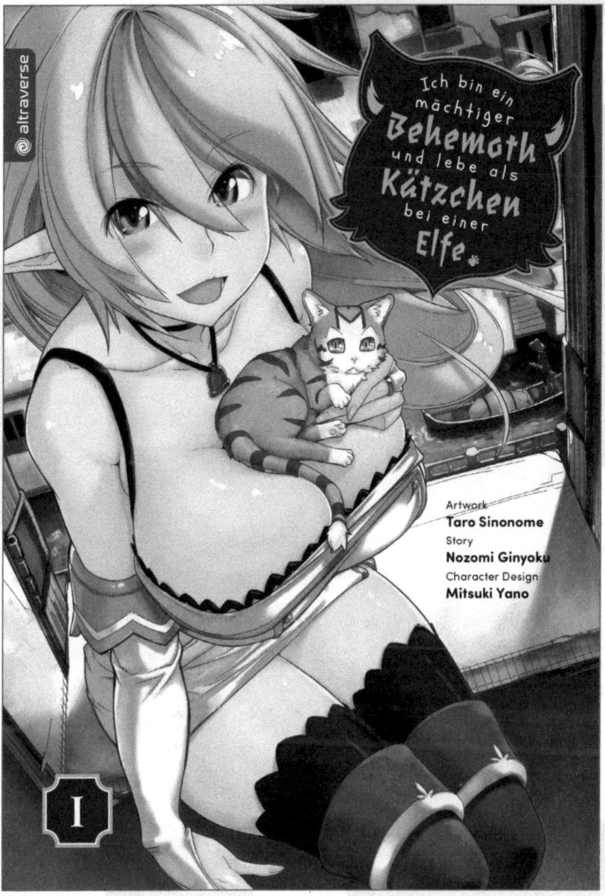

Ich bin ein mächtiger Behemoth und lebe als Kätzchen bei einer Elfe

Nozomi Ginyoku I Taro Sinonome I Mitsuki Yano

Die wunderschöne Elfe Aria verdient sich ihr tägliches Brot mit dem Erkunden von Dungeons und dem Erlegen von Monstern. Eines Tages stößt sie auf ein kleines Kätzchen und rettet es. Was sie allerdings nicht weiß, ist, dass es sich dabei um einen Behemoth, ein S-Rang-Monster, mit der Seele eines wiedergeborenen Ritters handelt. Ein wildes, aber süßes Abenteuer nimmt damit seinen Lauf.

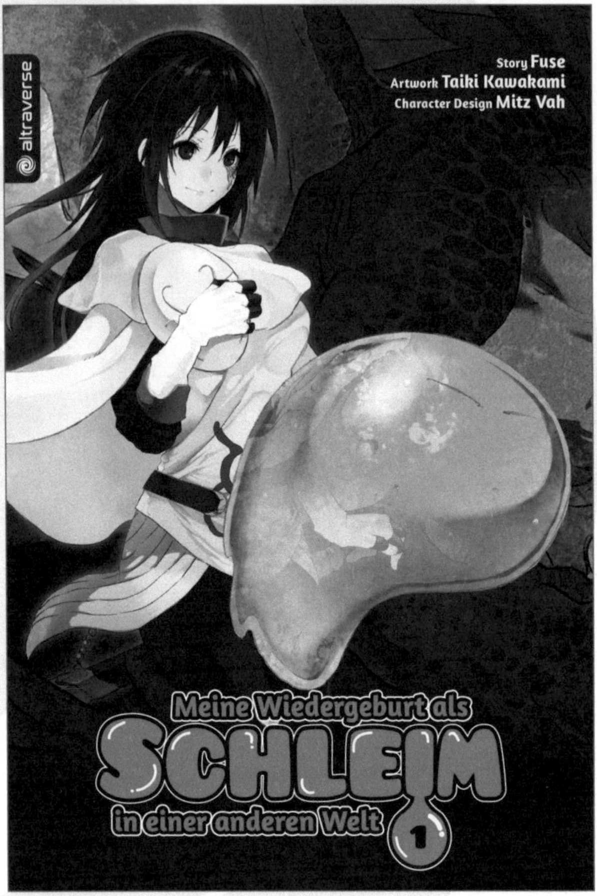

Meine Wiedergeburt als Schleim in einer anderen Welt

Fuse | Taiki Kawakami | Mitz Vah

Satoru Mikami wurde ermordet. Aber statt im Jenseits zu landen, wird er in einer anderen Welt als Schleim wiedergeboren. Verwirrt, aber mit mächtigen Skills ausgerüstet, begibt er sich auf ein wabbliges Abenteuer durch eine Welt voller Goblins, Drachen und Zwerge!

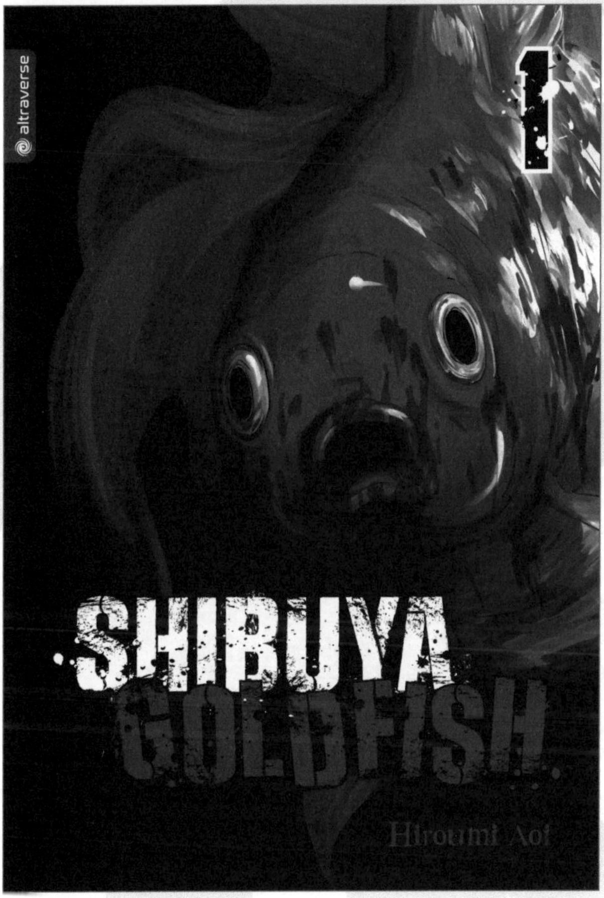

Shibuya Goldfish

Hiroumi Aoi

Für den großen Filmfan Hajime geht ein (Alb-)Traum in Erfüllung. An dem Tag, als er zum Dreh seines eigenen Streifens nach Shibuya kommt, tauchen riesige Goldfische aus dem Nichts auf und fallen über die Menschen des belebten Stadtbezirks her. Was erst absurd klingt, wird bald zu einem erbitterten Überlebenskampf, dessen Ausgang alles andere als gewiss ist ...

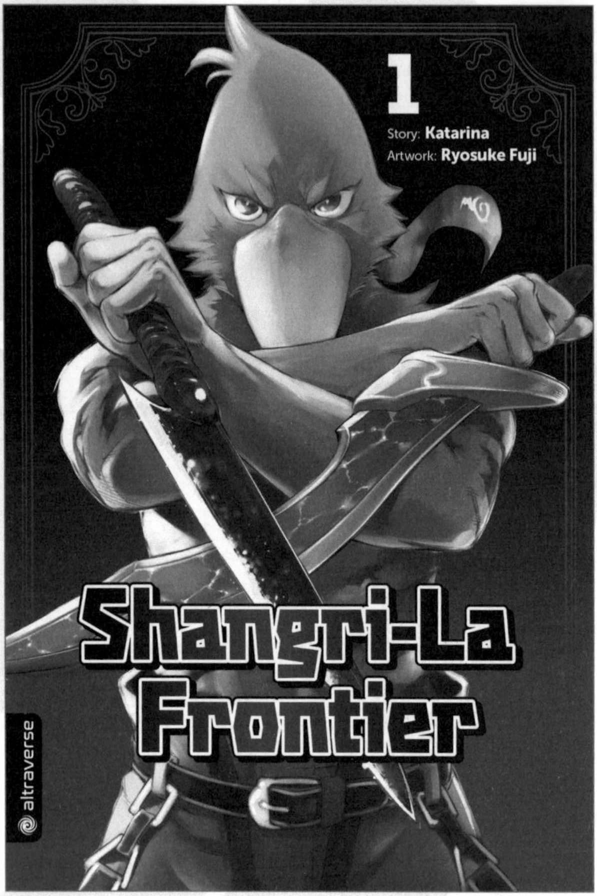

Fantasy 13+

Shangri-La Frontier

Katarina | Ryosuke Fuji

Rakuro interessiert sich nur für das eine: möglichst schlechte Videospiele. Mit nichts verbringt er seine Freizeit lieber als damit, sich die Perlen schlecht produzierter Games zu schnappen und zu bezwingen. Als ihm das VR-Game *Shangri-La Frontier* nahegelegt wird, erwartet ihn in jeder Hinsicht ein episches Abenteuer.

Fantasy 16 +

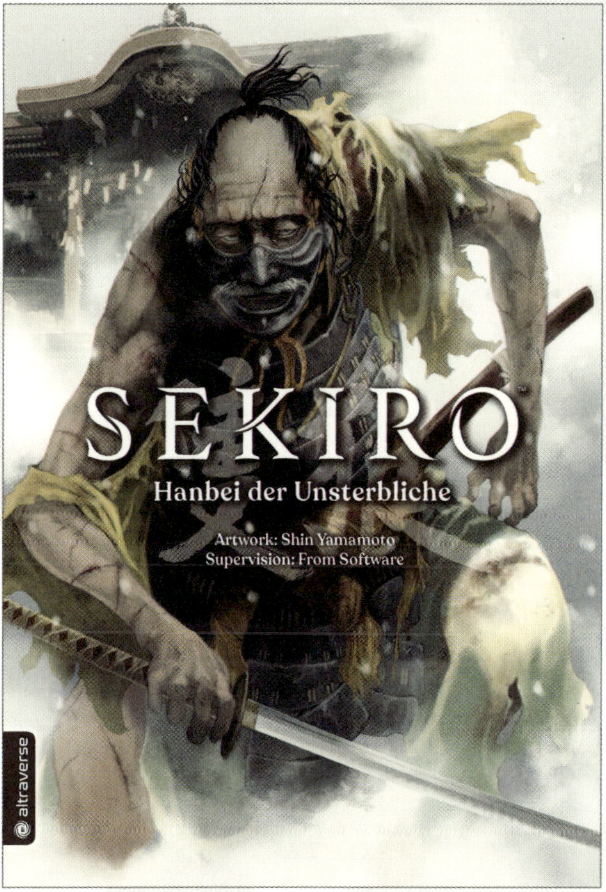

Sekiro – Hanbei der Unsterbliche

Shin Yamamoto | From Software

Japan in der Sengoku-Zeit: Ein Zeitalter, in dem die Verlierer wirklich alles verloren. Der Schwertheilige Isshin Ashina trifft auf einen einsamen Samurai, der, egal wie oft man ihn niederstreckt, nicht stirbt. Sein Name: Hanbei der Unsterbliche.

altraverse

Deutsche Ausgabe / German Edition
Altraverse GmbH – Hamburg 2022
Aus dem Japanischen von Lasse Christian Christiansen

Redaktion: Esther Hornbrook, Kathrin Zimon
Herstellung: Vivien Bergau, Shanice de Sutter
Lettering: Vibrant Publishing Studio

Druck: CPI books GmbH, Leck
Printed in Germany

MIX
Papier
FSC FSC® C083411

ISBN 978-3-7539-0683-6
1. Auflage 2022

www.altraverse.de